성전의 상인들

프란치스코 교황 VS 부패한 바티칸

성전의
상인들

잔루이지 누치 지음
소하영 옮김

매일경제신문사

※ 일러두기

1. 바티칸 전문용어에 익숙하지 않은 독자의 이해를 돕기 위해 저자주와는 별개로 역자주를 (*) 로 표기해 각 부분 하단에 별도 설명하였습니다. 저자주는 원서의 형식을 지켜 책 말미에 한꺼번에 기재하였습니다.
2. 유로, 달러 등 외화의 경우 이 책이 편집될 당시(2016년 5월) 기준으로 계산해 원화를 병기하였습니다.

바티칸시국 기관 조직도

경제평의회
* '교황청 조직 및 경제 문제 조사를 위한 15인 추기경 평의회'를 대체함

국무원
국무원장
피에트로 파롤린 추기경

* 2013년 10월,
타르치시오 베르토네
추기경의 후임으로
파롤린이 임명됨

**교황 직속
교황청 재무
관리 및 구조조정
자문 위원회
(COSEA)**
위원장
조셉 자라

경제사무국
국장
조지 펠 추기경

프란치스코 교황

**사도좌 재산 관리처
(APSA)**
처장
도메니코 칼카뇨 추기경

**9인 추기경 자문단
(C9)**

* 이전에는 8인 추기경
자문단(C8)이었으나
국무원장 파롤린이
들어오면서 명칭이
바뀜

**교황청 종교 사업 기구
자문 위원회**
위원장
라파엘레 파리나 추기경

**교황청
재무심의처**
처장
주세페 베르살디 추기경

종교 사업 기구 감독 이사회
의장
산토 아브릴 이 카스텔료 추기경

**바티칸시국
행정처**
장관
주세페 베르텔로 추기경

종교 사업 기구
(IOR 또는 바티칸은행)
회장
장 바티스트 드 프랑쉬

[교황청 주요 사건 발생순서]

〈 2013년 〉

2월 10일
베네딕토 16세 교황이 로마의 주교직, 즉 교황직을 사임하다. 2월 28일, 성좌가 공석 상태가 되자 추기경단이 교황청의 운영을 돌보다.

3월 13일
아르헨티나의 호르헤 마리오 베르고글리오(Jorge Bergoglio) 추기경이 콘클라베를 통해 로마 가톨릭교회의 266번째 교황으로 선출되다. 교황명을 프란치스코로 정하다.

4월 13일
프란치스코가 로마 교황청을 개혁하기 위한 추기경 자문단을 임명하다.

6월 24일
교황이 교황청 종교 사업 기구 자문 위원회를 설립하다.

6월 27일
국제 감사관들이 교황청 재정에 숨겨진 변칙, 타성, 의심스러운 부분을 교황에게 비밀편지로 상세히 설명하다.

7월 3일
비밀회의에서 프란치스코가 로마 가톨릭교회의 권력자들 앞에서 심각한 재정 상태를 신랄하게 비판하고 곧 닥칠 위험을 경고하다.

8월 2일
교황 직속 교황청 재무 관리 및 구조조정 자문위원회인 CO-SEA가 바티칸에 대한 재무 감사를 시작하다.

8월 5일
COSEA가 바티칸은행의 400개 계좌를 동결시키다.

10월
요청한 정보를 받지 못한 COSEA가 조사에 난항을 겪다.

12월 19일
COSEA의 감사 활동을 둘러싼 긴장이 고조되다. 방해, 침묵, 부인 등의 공작으로 인해 프란치스코 사람들의 감사 활동이 더뎌지다.

〈 **2014년** 〉

1월 30일	국무원이 비밀계좌 정보가 들어 있는 29쪽 분량의 문서를 COSEA에 건네다.
2월 18일	추기경 자문단이 COSEA의 주요 조사 내용을 모두 알게 되다.
2월 24일	프란치스코가 조지 펠 추기경을 경제사무국의 초대 국장으로 임명하다.
3월 30일	교황청 재무심의처의 문서 보관소에 있는 금고 안의 내용물과 COSEA의 문서들이 도난당하다.
7월 8일	프란치스코가 교황청의 부동산과 투자를 관리하는 APSA 일반과의 직무와 책임을 경제사무국에 넘기다.

〈 **2015년** 〉

3월	교황청 여러 기관에서 도청장치가 발견되다.

곪아터진 바티칸을 고발하다!

상처 입은 바티칸

1978년 9월 12일 오후였다. 요한 바오로 1세(John Paul I, 1912~1978년) 교황은 프리메이슨의 강력한 로비 활동에 교황청 내 신부 120명이 연루되어 있다는 사실을 발견했다. 그날은 그가 교황에 오른 지 겨우 18일째 되는 날이었다. 그 소식으로 인해 바티칸 전체가 술렁였다. 추기경, 주교, 고위급 신부들이 복음 대신 프리메이슨 형제단에 헌신한 것이다. 용납하기 어려운 상황이었다. 9월 19일, 교황은 교황청을 근본적으로 개혁하기 위해 계획안을 작성했다.

9월 28일 늦은 오후, 요한 바오로 1세는 국무원장인 장 마리 빌로(Jean-Marie Villot) 추기경을 부른다. 자신이 직접 만들고, 시행하려는 개혁안을 보여주기 위해서였다. 그 명단에 오른 첫 번째 인물은 바티칸은행의 실력자 폴 카시미르 마르친쿠스(Paul Casimir Marcinkus) 주교였다. 마르친쿠스의 이름 아래에는 그의 측근들과 바티칸은행의 회장 이름도 적혀 있었다.

이들은 마약 중개상 출신으로 마피아 자산을 운용한 금융가 미켈레 신도나(Michele Sindona), 그리고 마피아의 돈세탁을 돕는 과정에서 거액의 돈을 빼돌린 이탈리아 암브로시아노 은행의 은행장 로베르토 칼비(Roberto Calvi) 등과 아주 친밀한 관계였다. 그들은 모두 다음 날, 짐을 싸서 교황청을 떠나라는 명령을 받을 예정이었다.

요한 바오로 1세와 국무원의 회의는 시작한 지 두 시간이 지나도록 끝날 줄 몰랐다. 다음 날 새벽, 한 수녀가 침대에 누워 죽어 있는 교황을 발견했다. 요한 바오로 1세의 책상에는 그가 발표하려던 연설의 원고가 놓여 있었다. 예수회(Jesuit Order) 앞에서 그 연설문을 발표하기로 되어 있던 9월 30일의 하루 전날이었다.

그로부터 시간이 훌쩍 흐른 2013년 7월 3일은 성 토마스 사도 축일이었다. 프란치스코 교황은 평상시처럼 아침 일찍 일어났다. 프란치스코는 교황에 당선된 3월 이후로 줄곧 바티칸의 사제용 기숙사인 카사산타 마르타 게스트하우스에서 생활해왔다. 그는 교황 자리에 오르자마자 이전의 관행을 깨고 교황에게 제공되는 호화 사저에 살기를 거부했다. 그날도 여느 때와 다를 바 없는 평범한 날처럼 보였다. 그러나 교황은 산타 마르타 예배당에서의 설교 시간에 심상찮은 은유를 사용했다.

"저희는 자비를 행하시는 예수에게서 상처를 발견합니다. (…) 예수님의 상처를 긍휼할 용기를 저희에게 허락해 달라고 토마스 성인에게 기도합시다."

이날 역사에 기록될 만한 일이 일어난다. 콘클라베(Conclave)*를 통해 그가 교황으로 선출된 지도 약 4개월이 지났다. 그가 전 세계의 가톨릭 신자들에게 약속했던, 그 대대적인 개혁을 시작할 때가 된 것이다.

이는 또한 전쟁의 시작을 의미했다. 오늘도 바티칸 궁전의 비밀스러운 장소에서는 전쟁이 계속되고 있다. 나는 대중에게 한 번도 공개된 적 없는 비밀문서들에 근거해 이 전쟁에 대해 이야기하려고 한다. 프란치스코 교황은 오로지 자신의 용기와 의지만으로 거대한 무리의 끝없는 악행과 대결하고 있다.

교황청**의 재정을 의논하기 위한 회의가 소집되었다. 이 비밀회의에는 관습에 따라 교황청 조직 및 경제 문제 조사를 위한 15인 추기경 평의회(The C15 Council of Cardinals)가 참석했고, 의장은 바티칸의 국무원장인 타르치시오 베르토네(Tarcisio Bertone)가 맡았다. 교황은 참석할 의무가 없었음에도 불구하고, 회의에 적극적으로 참석하겠다는 뜻을 밝혔

---

* 교황을 선출하는 추기경단의 비밀선거.
**가톨릭교회의 법률적·사목적 최고 권위의 주체를 뜻하는 용어. 사도좌(Apostolic See)라고도 불린다. 이 책에서 교황청은 바티칸과 구분되어 사용되고 있다. 바티칸시국이라는 국가는 1929년 '교황청에 작은 영토와 세속적인 독립과 사법권을 누릴 수 있는 권리를 제공한다'는 라테란 조약에 의해 세워졌다. 교황청에게 독립적인 영토는 중요한 요소이지만, 교황청 성립에 필요불가결한 요소는 아니다. 교황청은 강력하고 독립적인 주권을 가진 법률상의 실체로서 국제적으로 인정받는다. 국제 관계에서의 정식 명칭은 바티칸시국이 아니라 교황청이다. 일례로 외국 주재 대사들은 교황청에서 파견하는 것이지, 바티칸시국에서 파견하는 것이 아니다.

다. 권력자들이 모두 모인 자리에서 꼭 해야 할 말이 있었기 때문이다.

프란치스코는 이 자리에서 바티칸이 어떤 상처를 입었는지 모두에게 낱낱이 알렸다. 또 보수 세력과 개혁 세력 간의 균열을 예고했다. 그리고 현재, 이 두 세력 간의 전례 없는 균열이 어떤 결과로 이어질지는 여전히 예측할 수 없는 상태다.

확고하고 굳센 개혁가, 프란치스코

교황의 말은 모두 녹음되었고, 나는 교황과 바티칸 내부자들이 참석한 자리에서 어떤 일이 벌어지고 있는지를 알게 된 첫 번째 저널리스트가 되었다. 나는 교황청에서 감추고 있었던 최근의 비밀들로부터 조사를 시작했다.

지금부터 아르헨티나의 예수회 출신 교황이 한발 한발 내디뎠던 십자가의 길***을 추적할 것이다. 이는 선과 악 사이에 벌어지고 있는 치열한 전쟁이다. 전쟁터의 한쪽에는 교황의 사람들이, 그 맞은편에는 교황의 적들이 도열해 있다. 적들은 현상 유지를 원하며 그 어떤 변화도 거부한다.

회의에는 프란치스코 교황과 15인 추기경 평의회, 그리고 교황청의 재정을 관장하는 여러 기관의 장들이 참석했다. 바티칸의 중앙은행이나

*** 예수가 십자가를 지고 걸었던 수난의 길로, 재판을 받은 빌라도 법정에서부터 골고다 언덕까지 800m에 달하는 길과 골고다 언덕에서 십자가 처형에 이르기까지의 전 과정을 의미한다. '슬픔의 길' 혹은 '고난의 길'로 불리기도 한다.

다름없는 APSA(사도좌 재산 관리처)의 처장도 자리했다. 이 기관은 성 로마 교회(Holy Roman Church)의 거대한 부동산 자산을 관리한다.

바티칸시국 행정처 장관도 있었다. 바티칸시국 행정처는 박물관, 상업 활동, 건축물 및 시설의 일반적인 유지와 특별 보수, 우체국, 전화국 등을 관할하는 조직이다.

또한 바티칸의 모든 기관을 감독하는 교황청 재무심의처 처장과 종교적인 사업과 자선 활동에 배정된 자산을 관리하는 바티칸은행 회장도 있었다. 바티칸의 중요 인물들이 모두 모인 셈이었다.

내가 이 회의에 대해 알고 있는 모든 것은 앞서 말한 녹음 기록과 당시 회의에 참여했던 몇몇 사람들의 증언에 근거한다. 나는 그들의 직접적인 증언을 통해 긴장감이 감돌았던 회의장의 분위기, 경악한 사람들의 표정 등을 보다 생생하게 그릴 수 있었다.

무엇보다도 나는 이 녹취록을 통해 놀랍도록 단호한 교황의 모습을 볼 수 있었다. 평소 대중 앞에서의 다정하고 따뜻한 모습은 온데간데없었다. 가까운 이들과 함께한 자리에서의 교황은 확고하고 굳센 개혁가였다. 물론 대중에게 미소 지으며 따뜻한 말을 건네는 프란치스코와 권력욕으로 가득 찬 교황청을 단호하게 개혁하려는 프란치스코가 같은 사람인 것은 당연하다.

프란치스코가 밝혀낸 교황청의 진실은 여느 언론의 무미건조한 보도나 띄워주기 식 기사와는 상당히 다르다. 입에 담기 어려울 정도로 충격적인 죄가 사도 궁전(Apostolic Palaces)* 내부에 간직되어왔던 것이다.

단 한 번도 유출된 적 없는 비밀문건

나는 방대한 양의 자료를 입수했고, 그중 가장 중요한 문건들을 이 책에 직접 인용했다. 이 비밀문건들은 교회의 주요 인사들이 믿기 어려울 정도로 많은 돈을 낭비하고 있다는 사실을 입증한다. 가장 최악은 종교 생활과 밀접한 영역에서 부정을 저지른 경우였다. 예를 들어 시복시성**을 위한 절차는 수백만 달러의 돈이 오고가는 시장터나 다름없었다.

베드로 성금의 관리에서도 만만치 않은 부정이 일어났다. 베드로 성금이란 전 세계의 교구가 신자들의 헌금을 모아 로마로 보내는 돈이다. 가난한 자를 구호하기 위해, 교회의 목회 임무를 충족시키기 위해, 그리고 프란치스코의 목표를 위해 사용되어야 한다. 기부금이 원래의 목적대로 쓰이고 있지 않다면 대체 어디로 가는 걸까? 지금부터 돈의 경로를 재구성함으로써 이 돈이 어디로 흘러드는지도 분명하게 밝혀낼 것이다.

이러한 진실을 밝혀낼 수 있었던 것은 교회의 기밀문서를 접할 수 있도록 도와준 사람들 덕분이다. 그들은 바티칸의 뿌리 깊은 위선에 고통스러워했다. 진실을 알고 있으면서도 가만히 손 놓고 있기란 어려운 일

---

* 바티칸 궁전 또는 교황궁. 성 베드로 대성당의 오른쪽에 있는 건물들의 집합체로, 교황이 거주하며 집무를 보는 곳이다.
**순교했거나 특별히 덕행이 뛰어났던 이를 기리며 복자(福者) 또는 성인(聖人)의 품위로 올리는 예식

이다. 하지만 그들은 진실을 애써 모른 척하고 일상을 지켜나갈 수밖에 없었다. 그들은 새로운 교회를 약속한 프란치스코와 그의 개혁을 방해하고 신망을 깎아내리는 세력 간의 어마어마한 차이를 매일 목격한다.

나의 전작들은 여러 세기 동안 성 로마 교회를 보호해온 오메르타(omerta)*를 무너뜨리는 데 일조했다. 나는 계속해서 바티칸의 진실을 추적해왔다. 그리고 이번에는 프란치스코의 혁명에 반대하는 자들을 고발하고 몰아내는 데 기여하고자 한다.

나는 교황을 옹호하기 위해 이 책을 쓴 것이 아니다. 그보다 큰 목표는 오늘날, 변화에 적대적인 교회의 지도자들과 권력 집단이 교회에 미치는 병폐를 저널리즘의 관점에서 분석해보는 것이다. 다시 말해 나는 복음의 원칙들과 상충하는 타산적인 행위들, 때로는 불법적이기까지 한 행위들을 바티칸 당국이 오랫동안 모른 체 해왔다는 사실을 있는 그대로 비춰보고자 한다.

반복하건대 나를 움직이게 하는 것은 반교권주의(anti-clericalism)**가 아니다. 나에게는 교회가 자행하는 모순적인 행위들을 가톨릭 신자들과 비신자들 모두에게 알려야 한다는 저널리스트로서의 사명감이 있다. 프란치스코의 개혁 목표는 권력과 특권을 지키기 위한 철옹성이 되어버린 교회를 가난한 자와 도움이 필요한 자들의 안식처로 변화시키는 것이다.

---

* 마피아 계통 조직에서 쓰이는 용어로, 외부인에게 내부의 사정을 말하지 않는다는 침묵의 계율.
**대표적인 반교권주의로는 오직 성경에 기반을 둘 것을 주장하며 로마 가톨릭의 권위주의를 반대했던 종교개혁자들의 운동이 있다.

2012년 5월, 나의 책《교황 성하(Sua Santità)》가 출판되자 교황청은 예의 반계몽주의적인 태도로 나의 정보원들을 사냥하려고 했다. 얼마 안 있어 베네딕토 16세***의 집사인 파올로 가브리엘레(Paolo Gabriele)가 체포되었다는 소식이 뉴스의 헤드라인을 장식했다. 그는 《교황 성하》의 근거가 된 중요한 문건을 제공해준 나의 정보원이었다. 재판은 신속하게 진행되었고 그는 절도죄를 선고받았다. 비밀문서의 복사본을 기자에게 제보해 바티칸 내부의 문제를 세상 사람들에게 알려줬으므로 상을 받아도 모자란데 범죄자 취급을 받은 것이다.

파올로는 직장을 잃었다. 가족과 함께 살고 있던 집에서도 나가야 했다. 그는 교황이 매일 얼마나 어려운 장애물에 부딪히고 있는지 알리고 싶어 했다. 이 사건이 있은 지 1년도 채 지나지 않은 시점에서 베네딕토 16세가 사임하게 된 것도 결국 한계를 만났기 때문일 것이다.

베네딕토 16세는 자신의 집사를 사면했다. 그리고 요즘도 파올로에게 건강하게 지내고 있는지, 일자리는 구했는지, 자식들은 학교에 잘 다니고 있는지 등 안부를 묻는다. 크리스마스에는 그의 가족에게 선물을 보내기도 한다. 한편 바티칸의 추기경들과 최고위급 성직자들은 기밀문서 유출이라는 전례가 생긴 이래 계속 두려움 속에 살고 있다.

*** 제265대 교황. 그는 2005년부터 2013년 2월 27일까지 교황직을 수행하다가 고령 및 건강상의 이유로 자진 사임을 선언했다. 교황의 생전 사임은 중세인 1294년 첼레스티노 5세의 사임 이후 처음이다.

차 례

PART 9
전쟁 제1막 :
예산 감축과 관료주의 폭력

PART 10
전쟁 제2막 :
떠오르는 펠 추기경

PART 1

프란치스코 교황의
충격적인 고발

MERCHANTS
IN THE TEMPLE

"저는 항상 제 수첩을 확인합니다.
어디를 가든 검은 서류 가방에 수첩을 넣고 다니죠.
제 가방 안에는 면도기와 성무일과서, 다이어리 수첩,
그리고 읽을 책 한 권이 들어있어요."

- 프란치스코 교황 -

01

프란치스코,
비밀문건을 건네받다

2013년 7월 28일 이른 아침, 프란치스코 교황은 평소와 다름없이 이런저런 종교적 의무들을 수행한 후 사도 궁전으로 갈 채비를 했다. 늘 그렇듯 그는 일정이 적힌 수첩을 먼저 확인했다. 교황은 자신의 습관에 대해 다음과 같이 말한다.

"저는 항상 제 수첩을 확인합니다. 어디를 가든 검은 서류 가방에 수첩을 넣고 다니죠. 제 가방 안에는 면도기와 성무일과서, 다이어리 수첩, 그리고 읽을 책 한 권이 들어 있어요."[1]

교황은 그날의 일정을 찬찬히 살폈다. 아침에는 교황청의 사서이자 문서 보관 담당자인 대주교와의 미팅이 있었다. 하지만 가장 중요한 일정은 정오의 미팅이었다.

미팅은 접근이 통제된 비밀스런 장소에서 열리기로 되어 있었다. 그곳은 교황청 3층에 있는 살라 볼로나(The Sala Bologna)라는 이름의 방으로, 그레고리 13세(1502~1585년) 교황이 주문한 호화스러운 공간이었다. 그레고리 13세는 프레스코 기법으로 그린 거대한 천문도를 통해 자신의 야망을 사람들에게 간접적으로 보여주고자 했다. 사실 프레스코화는 그 어느 때보다도 이 시간에 잘 어울렸다. 프란치스코의 야망은 그레고리의 야망만큼이나 파격적이었으며 궁금증을 불러일으키는 것이었기 때문이다.

프란치스코는 이전부터 가톨릭교회의 실상을 세상에 알리고, 그간 교황청이 일삼은 암거래와 누려온 특권에 대항하고자 했다. 프란치스코는 완만하고 점진적인 혁명을 바랐지만 이는 곧 규칙도 한계도 없는 치열한 전쟁을 예고했다. 프란치스코의 적들은 강력하고 속임수에 능했으며 능청스러울 만큼 위선적인 자들이었기 때문이다.

앞서 말했던 것처럼 비밀회의가 열리는 작은 방에 교황이 들어서자, 방 안에는 팽팽한 긴장감이 감돌았다. 그 자리에는 교황청의 재산 관리와 관련한 주요 인물들이 모두 모여 있었다.

이 자리의 공식적인 목적은 2012년도 연차 재무 보고를 검토하고 통과시키는 것이었다. 그러나 또 하나의 사안이 다뤄질 것이라는 사실을 모두가 알고 있었다. 프란치스코는 교황에 당선됐을 때부터 교황청 개혁에 대한 의지를 표명했었다. 교황에 당선되고 한 달 후인 2013년 4월,

프란치스코는 교황청의 통치를 도울 자문단을 꾸렸다. 이 자문단은 오대륙 출신의 추기경 여덟 명으로 구성되었다. 로마에 거주하면서 바티칸을 제멋대로 좌지우지해온 추기경들의 포악한 관행을 뿌리 뽑는 것이 목적이었다.[2]

6월 24일, 교황은 종교 사업 기구 자문 위원회(Commission for Reference on the IOR)를 설립했다. 이 위원회는 그동안 수많은 스캔들의 배경이었으나 그 누구도 털끝 하나 건드리지 못한 바티칸은행의 내부를 역사상 처음으로 파헤치고 조사하는 임무를 맡았다. 이미 베르토네 추기경을 의장으로 한 종교 사업 기구 감독 위원회(IOR Supervisory Commission)라는 조직이 있기는 했다. 그러나 프란치스코 교황은 보다 강도 높은 감독을 원했다. 바티칸은 공식 성명을 통해 다음과 같이 밝혔다.

"종교 사업 기구 자문 위원회는 종교 사업 기구(IOR, Istituto per le Opere di Religione)인 바티칸은행의 다양한 활동과 그 합법성에 대한 정확한 정보를 수집할 것입니다. 또한 새로운 위원회는 종교 사업 기구의 전체 자료 및 기록을 즉시 확보하고 빠른 시일 내에 조사 결과를 산출해야 할 것입니다."

다시 말해 프란치스코는 자신에게 직접 보고를 올리는 새로운 조직을 통해 공정하게 조사하고, 사실을 명명백백하게 밝혀내겠다고 천명했다.[3]

교황의 이러한 조치에 교황청은 엄청난 충격에 빠졌다. 사실 그것은 프란치스코가 구상한 전체 개혁 작업의 일부에 불과했지만 이를 알아챈 사람은 아무도 없었다. 프란치스코 교황이 언론 플레이만 크게 하고 실제로는 피상적인 수준의 조사만 할지, 아니면 권력 집단을 뿌리 뽑고 문제의 근원을 파헤쳐내려 할지를 두고 추기경들은 갈팡질팡했다. 이제 교황이 된 지 몇 개월밖에 안 된 그가 바티칸의 거대한 자금 흐름 속 비밀을 파악했다면 얼마나 파악했을까? 2013년 7월 3일, 프란치스코와 추기경 자문단은 그들의 목적 달성의 해답을 한 기밀문서에서 찾아냈다. 그들은 자신의 이름이 적힌 기밀문서를 한 부씩 건네받았다. 그중에서도 두 쪽 분량의 내용이 매우 중요했다. 일주일 전에 교황청 재무심의처의 국제 감사관 다섯 명이 프란치스코 앞으로 보내온 서신이었다.

자문위원, 교황청 재무심의처 처장 등이 교황보다 먼저 그 서신을 읽었다. 파산의 위험으로부터 바티칸시국을 구하고 싶다면, 지금 당장 긴급 조치를 취해야 한다는 내용이었다. 서신을 읽은 추기경들은 충격을 받을 수밖에 없었다. 그들은 이 서신을 기밀문건으로 만들고, 현 상황을 교황에게 알리기로 결심했다. 아래 인용한 서신은 이 책을 통해 처음 공개되는 것이다.

교황 성하께

교황청과 바티칸시국 행정처의 회계 장부들에는 투명성이 전적으로 부재합니다. 이로 인해 바티칸시국 전체는 물론 각 단일 독립체의 실제적인 재정 상태를 측정할 수 없는 지경입니다. 다시 말해 현재의 재정 파탄에 대한 책임이 어느 한 사람에게만 있지 않다는 뜻입니다. (…) 수치 및 통계 자료들을 분석한 결과, 바티칸의 재정이 중대한 위기에 처했다는 것을 확인했습니다. 그리고 바티칸 전체에 심각한 구조적 결함이 있다는 확신을 갖게 되었습니다.

백 번 양보해도 바티칸의 재정 관리가 부적절하게 이뤄지고 있다고 할 수밖에 없습니다. 첫째로 교황청과 바티칸시국 행정처의 예산 측정 방식과 의사 결정 과정은 정상이 아닙니다. 그들은 현행법에 분명하게 명시되어 있는 지침들을 무시합니다.[4] (…) 적어도 '우리는 법의 적용을 받지 않는다'는 식의 태도가 바티칸에 만연해 있다고 판단됩니다.

지출은 완전히 통제 불능 상태입니다. 특히 인사 관련 지출이 그러하며, 그 밖에도 제대로 관리되지 않는 지출이 많습니다. 다양한 종류의 활동이 중복으로 행해지고 있습니다. 중복된 활동과 연계된 계좌를 동결한다면 상당한 자본을 아낄 수 있고 문제를 보다 효과적으로 관리할 수 있을 것입니다.[5]

금융 투자 활동에 관해서는 이렇다 할 뚜렷한 지침을 찾을 수가 없었습니다. 이것은 기존의 지침들이 가진 심각한 한계입니다. 관리자에게 재량권을 남용할 수 있는 여지를 줌으로써 바티칸을 더욱 큰 위험 속으로 몰아넣고 있기 때문입니다. 교황청, 바티칸시국 행정처, 연금기금, 건강보험기금, 그 외 다른 기금들의 투자 활동에 즉각적인 조치가 필요합니다. (…) 기금의 관리자들은 예산 마련에 대한 책임을 통감하고 기금을 보다 현실적이고 효과적인 방식으로 운영해야 합니다.

저희의 조언과 제안이 지나치게 가혹한 것으로 보일 수도 있다고 생각합니다. 저희는 오로지 교회에 대한 애정을 가지고 현재 바티칸이 처한 문제의 해결을 돕고자 이런 말씀을 드린 것이니 성하께서 저희의 진심을 헤아려 주시길 바랄 따름입니다. 부디 교황 성하의 겸손하고 독실한 자식들인 저희들과 저희 가족들을 축복해주십시오.

편지를 읽은 아고스티노 발리니(Agostino Vallini)의 얼굴이 창백해졌다. 베네딕토 16세가 추기경으로 임명한 그는 2008년부터 로마 교구의 대목(代牧)으로 일했다. 이 문건이 가져올 폭발적인 파장을 감지한 그는 문건이 외부로 유출되지 못하게 해야 한다고 호소했다. 발리니는 서둘러 주의를 환기시키면서 교황에게 다음과 같이 말했다.

"이 문서는 교황의 인장으로 봉인해야 합니다. 그리고 이 문서가 기밀로 보관되기를 바랍니다. (…) 단순히 우리를 위해서가 아니라… 왜 다들 아시지 않습니까."

발리니의 머릿속에는 이 문서가 절대 바티칸 담장 밖으로 흘러나가지 못하게 해야 된다는 생각뿐이었다. 그는 이 보고서가 여론에 엄청난 영향력을 끼칠 수 있다는 사실을 잘 알았다. 그는 천천히 고개를 돌려 동료들의 의중을 살폈지만, 고요한 침묵만이 흐르고 있었다. 다들 겉으로는 아무렇지 않아 보였지만 마음속에서 긴장, 경악, 충격과 같은 감정들이 소용돌이치고 있는 것이 분명했다.

추기경들은 바티칸이 처한 경제적 위기 중 아주 일부만을 알고 있었다. 그들이 받는 정보와 보고서, 숫자들은 사실 조각난 자료에 불과했고 그마저도 뒤죽박죽이었다. 그나마 다양한 부처들을 관리하는 추기경 8인이 전반적인 상황을 보다 올바르게 포착해냈다.

교황청의 일원들은 정보를 투명하게 공개해야 한다는 새로운 요구를 좀처럼 받아들이지 못했다. 프란치스코는 이러한 상황을 이미 예상했던 것 같다. 판을 뒤집을 수 있는 뭔가가 필요했고, 그래서 감사관들의 우려와 경고가 담긴 편지를 공개한 것이다.

교황이 자리에서 일어났다. 그는 16분 동안 멈추지 않고 교황청의 뿌리 깊은 문제들을 고발했다. 이전의 그 어떤 교황보다 더 신랄한 말투였다. 그의 말은 본디 외부에 공개되면 안 되는 것이었다. 자리에 참석한 모든 사람들에게 비밀의 보장이 요구되었다. 하지만 이번에는 그렇지 못했다. 교황의 혁신적인 조치 때문에 태업(sabotage), 조작, 절도 등이 일어날 것이라 예상한 누군가가 교황의 고발을 녹음한 것이다.

교황이 운을 떼자 방 안이 쥐 죽은 듯 고요해졌다. 하지만 녹음 버튼을 누르는 찰칵 소리를 눈치챈 사람은 아무도 없었다. 음질은 매우 훌륭했다. 녹음된 프란치스코의 목소리는 평온하고 건조했지만 동시에 확고하면서도 결연했다. 천천히, 더듬거리며 말했지만 모호한 데가 없이 분명했다. 그는 자신이 준비한 고발 내용을 하나씩 마칠 때마다 길게 숨을 골랐고 서두르지 않았다. 과연 로마의 주교다웠다.

중간중간의 침묵은 그의 말에 극적인 효과를 높였다. 이후 프란치스코는 추기경들이 어느 편에 설 것인지 정할 수 있도록 기다렸다. 오랫동안 나쁜 일을 저질러온 추기경들에게도 선택의 기회가 주어졌다.

우리는 교황청의 재정을 보다 명확하고 투명하게 관리해야 합니다. 기억을 잘 못하실 수도 있기 때문에 저는 여러분들을 돕기 위한 몇 가지를 말씀드리고자 합니다.

첫째, 우리 모두는 콘클라베 기간에 열린 회합을 통해 바티칸에 고용된 인원의 수가 지나치게 많아졌다는 사실을 함께 확인한 바 있습니다. 이것은 충분히 아낄 수도 있는 돈이 크게 낭비되고 있다는 사실을 의미합니다. 칼카뇨 추기경이 저에게 말해준 바로는 지난 5년 동안 인건비가 30% 이상 증가했다고 합니다.[6] 뭔가가 잘못된 것이 분명합니다! 우리는 이 문제를 반드시 바로잡아야 합니다.

교황은 새로운 고용 대부분이 정실 인사에 근거하고 있다는 사실을 모르지 않았다. 그중에는 목적이 모호한 프로젝트에 고용된 사람도, 개인적인 친분으로 고용된 사람도 있었다. 교황청은 직원이 몇 천 명인 글로벌 기업에 비교할 수 있다. 그런 곳에 인사부가 열네 개나 있다는 것은 우연일 리 없다. 교황청에서는 주요 기관 각각에 인사부를 따로 두고 있었다. 프란치스코는 더욱 크고 또렷한 목소리로 문제점을 비판했다.

 두 번째, 투명성의 문제가 아직도 해결되지 않았습니다. 지출 과정에서 정확한 절차가 생략되고 있습니다. 보고서를 작성한 감사 기관이나 몇몇 추기경 등에 따르면, 이러한 정황이 재무제표에서 포착됩니다. 따라서 지출의 근원과 지불의 형식을 명확하게 밝히고 투명성을 높이는 작업이 필요하다고 생각됩니다. 견적 산출과 지불 방식에 관한 규약을 새롭게 만들어야 합니다. 이 규약은 엄격하게 지켜져야 합니다.

어떤 기관의 장이 저에게 이런 말을 한 적이 있습니다. 그들이 자기에게 송장(送狀)을 가져왔기 때문에 그 금액을 전부 지불해줄 수밖에 없다며…. 아니요. 우리는 지불하지 않을 것입니다. 누군가가 제대로 된 견적서와 공식적인 인가 없이 일을 진행했다면 우리는 그 돈을 지불하지 않을 것입니다. 그럼 누가 그 돈을 낼까요?

[프란치스코 교황은 마치 회계 담당자와 대화하는 것처럼 말한다.]

우리는 아닙니다. 우리는 규약을 가동하고 엄격하게 지켜야 합니다. 우리로 인해 이 불쌍한 직원이 볼썽사나운 꼴을 당하게 되더라도 우리는 지불하지 않을 것입니다! 가여운 꼴을 당할지언정 우리는 지불하지 않습니다!

투명성, 이것은 가장 정직한 회사들이 지키고 있는 운영 방식입니다. 우리는 그들을 따라 해야 합니다. 투명성을 높이는 첫 번째 방법은 지불 방식과 관련된 규약이 될 것입니다. 무엇을 구매하거나 건축 사업을 벌이기 전에는 반드시 적어도 세 곳에서 견적서를 받아보고 그중에서 가장 효율적인 것을 선택해야 합니다.

한 가지 예를 들어보죠. 도서관을 짓는다고 합시다. 견적서에서는 100 정도의 지출이 예상되었지만 결과적으로는 200이 지불되었습니다. 어떻게 된 걸까요? 하다 보니 예상했던 것보다 비용이 더 들었다고요? 좋습니다. 그런데 그것은 제대로 된 비용 산출 과정을 거친 것일까요? 누군가는 이렇게 말하겠죠. 우리가 초과된 비용을 지불해야 한다고요. 아니요. 우리는 그러지 않을 겁니다! 그들에게 직접 비용을 지불하라고 하세요. (…) 우리는 지불하지 않을 겁니다! 이것은 제게 매우 중요한 문제입니다. 제발 규약을 지키세요!

───────────────

다음으로 프란치스코는 바티칸의 재무 장부에 드러난 극도의 피상성에 대해 이야기한다. 그는 화가 나 있다. 그는 "우리는 지불하지 않을 겁니다"라는 말을 일곱 번 반복한다. 수많은 관리자들이 너무나 오랫동안 그리고 믿기 어려울 정도로 쉽게, 제대로 된 견적 산출 과정을 거치지 않고 비용을 지출해왔다. 이러한 활동들은 어떠한 감독도 받지 않았다. 말도 안 될 정도로 부풀려진 송장도 문제없이 통과되었다. 많은 사람들이 이렇게 이익을 취했다. 심지어 도움이 필요한 사람들에게 가야 할 기부금에도 손을 댔다.

다음으로 교황은 수년간 교회의 돈을 잘못 관리해온 부처들의 수장을 호명하고 공개적으로 비난한다. 기관장들이 기본적인 관리감독을 소홀히 했다는 그의 비난은 냉정하고 직접적이며 비수를 찌르는 것을 넘어 굴욕적으로 들릴 정도다. 교황은 관리자들 모두가 자신이 제기한 문제를 분명하게 이해해야 한다고 강조한다.

프란치스코는 국무원장인 타르치시오 베르토네를 똑바로 쳐다봤다. 교황과 가까이 앉아 있는 사람들은 교황의 얼굴에서 그 어떤 친밀함이나 관대함도 읽을 수 없었다. 대신 차가운 질책의 시선이 느껴질 뿐이었다. 이것은 베르토네에 대한 간접적인 비난이었다.[7] 사실 바티칸에서 모든 자원을 관리하고 운영하는 주체는 국무원이다. 베르토네가 국무원장이 된 이후 국무원은 과거 어느 때보다도 막강한 권력을 갖게 되었다. 비현실적인 정적이 방 안을 가득 채운 가운데 교황이 마지막 한 방을 날렸다. 모두가 가장 쉬쉬하고 싶어 하는 화제를 꺼내든 것이다.

이 정도라면 우리의 재정이 거의 통제 불능 상태에 있다고 말해도 과언이 아닐 겁니다. 분명한 사실이지요. 우리는 계약서를 검토할 때마다 그것이 합법적이고 투명한지를 아주 주의 깊게 확인해야 합니다. 계약서는 무척이나 교묘하게 우리를 속이기 때문이지요. 그렇지 않습니까?

계약의 기본 골조에는 아무런 문제가 없을 수도 있지만 작은 글씨로 적힌 세부항목들, 이렇게들 부르는 것 같은데 맞지요? 이 세부항목을 읽다보면 이상한 점을 발견하게 됩니다. 그런 것들을 눈여겨 살펴봐야 합니다! 공급자들은 정직한 거래를 약속하고 제품과 서비스를 공정한 시장 가격으로 제공해야 합니다. 그러나 그들 모두가 그렇게 정직하지는 않지요.

02
바티칸 재정은
통제 불능의 수렁에 빠져 있다

바티칸의 재정은 파산이라는 막다른 골목에 내몰린 상태였다. 한쪽에서는 견적 비용을 부풀렸고, 계약서에는 속임수가 난무했다. 공급자는 바티칸에 한물간 물건을 비싼 가격으로 떠넘겼다. 재정은 통제 불능의 수렁에 빠져 있었다.

다른 한편에서는 정실 인사와의 불투명한 금융 거래가 들끓었다. 이로 인해 바로 전 교황이었던 베네딕토 16세가 채택한 정책들은 변화를 불러오지 못했다. 어쩌면 이것이야말로 그가 사임을 선택한 진짜 이유인지도 모른다.

프란치스코가 바티칸의 실정을 고발한 곳은 그가 교황으로 선출된 바로 그 방이었다. 새로운 교황이 선출되기 전날 밤 열린 비밀회의에서는 바티칸의 부정행위들과 미래에 대한 우려가 공유되었다. 그는 역대 교황 중 처음으로 프란치스코라는 이름을 선택했다. 가난과 청빈의 삶을 살았던 것으로 대표되는 성인 프란치스코의 이름을 택한 이유도 어쩌면 교회의 앞날에 대한 걱정과 우려 때문일지 모른다.

교황의 말은 아직 끝난 것이 아니었다. 지출 관련 문제들을 비판하면서 그의 목소리는 이미 높아질 대로 높아진 상태였다. 하지만 그가 가장 큰 분노를 느끼는 문제는 아직 꺼내지도 않은 상태였다. 그것은 바로 수입원 관리의 문제였다.

가톨릭 신자들의 기부금과 유산으로 진행되는 투자에 어떤 관리도 이뤄지지 않았다. 앞으로 자세히 다루겠지만 지금부터 밝혀내고자 하는 문제는 매우 단순하다. '신자들이 낸 돈이 옳은 일에 사용되고 있는가? 아니면 교황청의 행정 기관에 의해 부정한 곳으로 흘러 들어가고 있는가?' 이 질문에 답하기 위해서는 철저한 조사가 필요하다.

프란치스코는 걱정이 어찌나 깊었던지, 또 다른 사례를 들어 좌중을 더욱 압박했다. 감사 기관에서 묘사한 바티칸의 상황은 그에게 아르헨티나를 떠올리게 했다. 그는 아르헨티나의 군사 정권 아래에서 어두운 날들을 경험했다. 그리고 부에노스아이레스의 교회가 아주 부정한 곳에 투자했다는 사실을 알게 되었다.

 제가 지방 성직자로 지낼 때 회계사가 투자에 관해서 어떤 태도를 취해야 하는지 말해주었습니다.[8] 아르헨티나의 예수회 지방 교구가 얼마나 많은 훌륭한 신학대들을 갖고 있는지, 얼마나 정직하고 믿을 만한 은행에 투자하고 있는지에 관해서도 이야기해줬죠.

나중에 새로운 회계사가 전반적인 상황을 알아보기 위해 은행에 찾아갔습니다. 그는 교회가 투자한 돈이 어떻게 쓰이고 있는지 물었죠. 거기서 그는 60%가 넘는 투자금이 무기 제조에 흘러들어갔다는 사실을 알게 되었습니다!

투자, 윤리, 위험을 철저하게 관리감독해야 합니다. 왜냐하면 우리는 구미가 당기는 제안을 받을 경우 잘못된 방향으로 현혹될 때가 있기 때문입니다. 누군가가 우리에게 '여기 투자하면 높은 이익을 볼수 있다'고 말해도… 너무 믿지는 맙시다. 우리는 투자를 체계적으로 평가할 수 있어야 합니다. 무엇에 어떻게 투자해야 하는지에 관한 명확한 지침이 필요합니다. 우리는 투자에 신중을 기울여야 하고 위험성이 높지는 않은지 최대한 꼼꼼히 살펴야 합니다.

누군가가 저에게 잘못된 투자로 스위스에서 1,000만 유로(약 130억 원) 이상의 돈을 잃었다는 이야기를 했습니다. 다 사라져버린 것이지요. 또한 어떤 부처에서는 위성 행정이 이뤄지고 있다는, 그러니까 같은 기관에 속해 있지만 독자적인 운영이 이뤄지는 부처들이 존재한다는 루머도 있습니다. 이러한 부처들의 투자는 재무제표에 기록이 남지 않지요. 어떤 부처들은 그들 자신의 돈을 따로 갖고 있고 심지어 사적으로 운용하기도 합니다.

우리의 재정 장부는 뒤죽박죽입니다. 우리는 장부의 기록을 바로잡아야 합니다.

이러한 사례들을 계속 얘기했다간 여러분들을 너무 걱정스럽게 만들 수 있기 때문에 이쯤에서 끝내겠습니다. 형제들이여, 우리는 교회의 선을 위해 문제들을 해결하고자 이 자리에 모였습니다. 제가 부에노스아이레스에 있을 때 알고 지내던 나이 많은 소교구 사제 한 명이 있습니다. 그분은 돈 문제에 관해서는 지극히 현명한 사람이었습니다. 그분은 제게 이렇게 말했습니다.

"우리가 눈에 보이고 손에 잡히는 돈도 제대로 관리하지 못한다면 어떻게 신자들의 보이지 않는 영혼을 돌볼 수 있겠습니까?"

03
프란치스코의 신랄한 비판

교황은 교회의 재정 관리 상태를 혹독하게 비판한다. 그는 서신을 보낸 국제 감사관들의 성도 이름도 밝히지 않지만, 그들이 갖고 있는 우려와 걱정을 그 자리에 있던 사람들에게 분명하게 전달한다. 그는 또한 세계적인 투자은행인 UBS, 블랙록, 골드만삭스에 맡긴 돈의 처참한 결말에 대해서도 알게 되었다. 이 은행들이 두 눈을 치켜뜨고 지켜보는 가운데 초기 투자금 9,500만 유로(1,300억 원)의 절반이 날아갔다.

국왕이자 가톨릭교회 전체의 영적 지도자이며, 바티칸시국의 국가원수인 교황이 현재 바티칸이 처한 상황을 저 밑바닥까지 들여다보고 싶다고 말하자 당연히 좌중의 불안감은 급격히 커졌다. 그는 모든 종류의 기관, 기부금, 지출 내역까지 살펴보고 싶어했고 곧 새로운 위원회를 구성할 것이라고 선언했다. 이 위원회는 교황이 바라는 대로 회계 장부를 샅샅이 뒤져서 바티칸의 '상처들'을 찾아내고, 바티칸시국을 재조직하고자 했다.[9]

여러분들이 오랫동안 해온 작업은 좀처럼 진전을 보지 못하고 있습니다. 이와 관련해서는 다들 공감하시리라 생각합니다. 그래서 저는 여러분들을 돕고자 합니다. 여러분들이 해온 작업을 기반으로 삼아 문제의 해결책을 찾는 특별 위원회를 구성할 생각입니다. 이 위원회의 구성원은 종교 사업 기구(바티칸은행)를 위해 설립된 위원회의 구성원과 동일합니다. (…) 여러분들 중 한 명이 이 위원회의 사무총장이 되든, 또는 의장이 되든 간에 작업에 속도를 좀 내주시길 바라고 있습니다. 어찌 됐든 이 끝나지 않는 작업으로부터 어떠한 결론을 얻기 위해 우리는 최선을 다해야 합니다.

우리는 모두 선한 사람입니다. 그러나 하느님께서 우리에게 요구하시는 것은 교회의 선을 위한 경영, 사도적 사업의 선을 위한 경영입니다. (…) 저는 이 추기경들의 회합에 적어도 한 번은 감사단을 초대해 반나절 정도 서로 정보와 걱정거리, 진행 상황 등을 공유하는 자리를 갖자고 제안합니다. (…) 여러분들께서도 제안하고 싶은 것이 있으시면 지금 말씀해주시기 바랍니다.

제가 여러분께 드리고 싶은 말은 이 정도입니다. 여러분께 진심으로 감사드립니다. 혹시 질문이나 의견이 있으십니까?

교황이 말을 마치자 발리니 추기경이 정적을 깨고 입을 열었다. 그는 자신이 재무 관련 직책을 맡고 있지 않다고 말했다. 바티칸의 현 상황에 책임질 만한 일을 하지 않았다는 점을 분명히 하기 위해서였다. 바티칸의 앞날에 대한 낙관적인 의견도 내놓았다.

"우리의 개혁 활동은 애초에 계획한 대로 착착 진행되고 있습니다. 각 부처의 장들은 적절한 자산관리 기술을 자신의 부처에 도입하고 안정화하기 위해 많은 노력을 하고 있습니다."

즉 발리니는 감사관들과 교황이 주장한 것만큼 문제가 심각하지 않다는 것이었다. 그렇다면 누구의 말이 옳은 걸까? 발리니는 계속해서 다음과 같이 말했다.

우리는 국제 감사관들의 의견을 새겨들어야 하겠지요. 하지만 감사관들은 자신들의 전문인 재무 분야에 대해서만 바른 견해를 제시할 수 있다고 생각합니다. 그들이 중요한 지적을 해준 것에 대해서는 감사하게 생각합니다. 그러나 바티칸에 생긴 문제 혹은 역기능의 원인은 단 한 가지 때문입니다. 우리가 행정 문화를 제대로 만들지 못했다는 것이지요.

때로 나쁜 짓을 저지르는 사람이 있을 수도 있겠지요. 그렇다고 해도 그것은 특별한 경우일 뿐 흔한 일은 아니라고 생각합니다. (…) 그리고 맞습니다. 위성 행정이 실제로 존재하고 그것들을 뿌리 뽑기 위해 싸워야 합니다. 우리는 새로운 관리 문화를 정착시키는 데 노력을 집중해야 합니다.

그렇지만 한 말씀 드리자면 그 작업은 이미 몇 년 전부터 시작되어 현재도 진행 중이고, 진전을 보이고 있습니다. 지금처럼이라면 교황께서 갖고 계신 걱정도 조만간 덜어지리라 봅니다.

발리니 추기경은 현재 바티칸이 처한 곤경의 원인이 단지 관리 문화가 부족하기 때문이라고 믿는다. 관리 문화의 소홀이 바티칸에 재정적 손실을 불러온 유일한 원인이라는 것이다. 그리고 맞다. 누군가 부당한 이득을 취했을 가능성도 있다.

교황은 즉각 대답한다. "발리니 추기경이 말씀하신 것은 사실입니다. 관리 문화에 관한 것 말이죠. (…) 우리는 즉흥적으로 해결합니다. 아르헨티나도 똑같은 상황입니다. 우리는 그때그때 말이나 규칙을 지어냅니다. 투명성이나 규약, 절차와 같은 문화가 존재하지 않지요."

교황은 그 자리에서는 개인들이 저지른 문제를 당장 건드리지 않고 말을 아낀다. 당분간은 추기경들을 너무 예민하게 만들거나 경계하게 만들어서는 안 됐다. 예산안과 대차대조표라는 캄캄한 구덩이를 탐사하는 것은 새로운 위원회의 몫이 될 것이었다.

04

감사관들의
'저주받은 편지'

감사단은 바티칸의 재정을 관리하는 모든 부처들의 회계 장부와 대차대조표를 검토하는 민감한 작업을 해왔다. 감사단은 각각 다른 유럽 국가 출신인 평신도 다섯 명으로 구성되어 있다.[10] 감사단은 바티칸에서 6개월에 한 번씩 회의를 한다. 이 회의에는 교황청 부처의 모든 장들을 대표하는 교황청 재무심의처의 일원들도 참석한다.

앞서 말한 사람들 외에도, 통역관 두 명과 속기사 한 명이 참석하여 회의 내용을 통역하고 기록한다. 이 회의의 모든 내용은 비밀로 유지된다. 2010년부터 현재까지의 회의록들을 보면 감사단은 바티칸을 병들게 하는 낭비, 부실 관리, 변칙성, 비효율성을 끊임없이 비판한 것으로 보인다. 동시에 그들은 상황을 호전시킬 수 있는 구체적인 제안들을 꾸준히 내놓았다.

그러나 감사단들은 자신들의 경고가 몇 년간 꾸준히 무시된 것처럼 느꼈을 것이다. 이렇다 할 만한 변화가 전혀 보이지 않았기 때문이다. 자신들의 건설적인 비판이 모조리 무시당하고 있다고 느낀 감사단의 불쾌함과 좌절은 더욱 커져만 갔다.

2010년 12월 22일, 바티칸의 무관심을 해결할 방법을 더 이상 찾지 못한 감사단은 당시 교황에게 편지를 써 보냈다. 그들은 당장 조치가 필요한 곳들에 대해 강조했다. 그때 보냈던 제안서들이 버림당했던 것처럼 이번에도 소용없을 게 뻔했다. 그렇기 때문에 우리는 다시 한 번 새 교황에게 편지를 쓴 그들의 투지를 높이 사야 할 것이다. 회계 전문가들은 새 교황이 더 과감한 결단을 내리고 속도를 내줄 것이라고 기대했다.

프란치스코는 감사관들에게 그 저주받은 편지를 보내달라고 한 적이 없었다. 감사단이 자발적으로 보낸 것이다. 편지를 보내기 바로 몇 주 전, 감사관들은 더 이상 지체할 시간이 없다는 위기감을 느꼈다. 그들은 바티칸의 재정 상황에 대해 자세하게 써서 교황에게 보내야겠다고 결심했다. 감사단이 보낸 편지는 프란치스코가 그간 바티칸의 다른 관리자들로부터 받아온 보고 내용과는 달랐다. 베네딕토 16세가 임명했던 관리자들이 보고한 내용은 낙관적이고 간결했으며 좋은 내용 일색이었다. 그들 중 몇 사람은 자신의 책임을 최소화하고자 교황에게 장밋빛 미래를 인식시키는 데 혈안이 되어 있었다.

비밀회의가 열리기 15일 전인 6월 18일, 교황청 재무심의처와 함께 일하는 감사관들이 교황의 새벽 미사에 참석했다. 그들은 교회에 대한 깊고 진솔한 애정으로 교황에게 비밀편지를 보낸 바로 그 감사관들이었다. 그리고 그날 9시, 그들은 회의를 시작했다.

회의는 여느 때처럼 베르살디 추기경이 주관했다. 내가 입수한 회의록을 보면 회의 참석자들은 열띤 토론을 했다. 회의장에 깔린 분위기는 비관적이었다. 과거에 감사단은 상황에 대한 우려를 표현하는 정도에 그치곤 했다. 하지만 이번에는 가차 없는 공격이 이뤄졌다.

이들은 모두 감사단에 속한 평신도들이었다. 견고한 실용주의적 사고를 가진 이 전문가 부대는 상황을 호전시키기 위해 지난 수년간 쏟아부었던 모든 노력이 무시당했다는 결론에 도달했다.

"지난 25년간 우리는 실질적으로 '아무것도 아닌 것'을 위해 노력한 셈이었습니다." 그들은 '교황의 직속 조직을 만드는 것이 좋겠다'고 제안했다. 그런 조직이 있으면 지시사항을 따르지 않는 사람들을 단호하게 처리할 수 있을 것이라고 생각했기 때문이다. 그날 아침 설교 시간에 프란치스코는 '사람들의 신뢰를 회복하려면 교회가 가난해져야 한다'고 말했다. 교황은 또한 '감독 기관인 교황청 재무심의처는 예산 관련 문제를 보다 과감하게 다뤄야 한다'고도 이야기했다. 그것은 어둠 속에서 나와 행동할 것을 촉구하는 분명한 메시지였다.

교황청 재무심의처의 회계사 스테파노 프랄레오니(Stefano Fralleoni)에 따르면, 위기를 불러온 원인은 바티칸의 몇몇 행정가들이 '재무제표를 만드는 기준을 전혀 알지 못하기' 때문이다. 그로 인해 '재무제표는 현실을 반영하지 못하고 견적이 실제와 동떨어진 것'일 때가 많았다.[11] 심지어는 다른 부처들의 재무 상태를 관리감독해야 할 교황청 재무심의 처가 대상 부처들에 대해 아는 것이 전혀 없다는 사실도 밝혀졌다. 이로 써 바티칸이 얼마나 말도 안 되는 지경에 처해 있는지 분명해졌다. 회계 사 프랄레오니는 다음과 같이 강조했다.

"교황청을 구성하고 있는 모든 독립체들의 목록을 작성하고 정기적 으로 확인해 문제를 수정해야 합니다. 사실 교황청 재무심의처는 오직 이 방법을 통해서만 부처들의 상황과 운영에 대해 완전하게 검토할 수 있습니다."

감사 기간 동안 감사단은 베네딕토 16세와 프란치스코가 도입한 투 명성 및 효율성 관련 규제들이 가장 사소한 것부터 제일 중요한 것까지 모조리 무시되고 있다는 사실을 알게 되었다. 한 감사관은 바티칸에서 판매되고 있는 물건들의 가격 책정 목록을 사례로 든다.

"바티칸에서는 한 기념품 펜의 가격을 지난 2년 동안 50센트(700원)에 서 조금도 올리지 않았습니다. 지금 물가로는 1유로 20센트(1,600원)가 되어야 하는데 말이죠. 바티칸의 중앙은행이라고도 할 수 있는 APSA의 기록을 보면 구매의 70% 이상이 필수적인 절차를 따르지 않고 주먹구 구식으로 이뤄집니다. 통제하기가 힘든 상황입니다."

프랄레오니가 이어서 다시 공언한다. "기존의 규제들에 대한 불순응 또한 중요한 문제입니다. 타성에 젖은 관행은 절대로 바뀔 줄 모릅니다. 교황청 부처들의 부기는 표준화되지 않았습니다. 교황이 승인한 회계 관런 규제들이 분명히 존재하는데도 말이죠. 또 다른 사례를 살펴볼까요? 최근 모든 부처에 적용되는 새로운 회계 관련 규제가 도입되었습니다. 그러나 몇몇 부처들은 몰래 비축해둔 자신들의 돈을 내부적으로 관리하고 있습니다. 물론 그들은 자신들의 수입원을 전부 신고하지 않지요."

이것이 바로 교황이 위성 행정이라고 표현한 문제이다. 바로 '같은 기관에 속해 있는데도 독자적인 운영이 이뤄지는' 부처들이다.

교황청 재무심의처는 회계 감사를 간섭으로 여기지만, 실제로 이는 매우 중요하다. 정기적인 감사를 받는 것만으로도 비효율성을 대부분 없앨 수 있지만, 현재의 바티칸은 통제 불능의 수렁에 빠져 있었다. 부동산 영역에서 무슨 일이 벌어지고 있는지만 봐도 알 수 있다.

다른 감사관이 계속해서 말한다. "터무니없는 지불 체납 말고도 세금을 더 내는 경우도 있습니다. 콘서트홀 컨실리에이션 오디토리움(Conciliation Auditorium)은 월세를 스스로 5만 유로(6,500만 원) 정도로 낮췄습니다. 그런데도 바티칸은 여전히 이전의 임대료에 근거해 세금을 내고 있습니다."

또 '전략적 투자'라는 것을 보자. 단어와는 다르게 이 투자는 엄청난 손실을 냈다. 예를 들어 바티칸시국 행정처는 이탈리아 은행인 방카 포폴라레 디 손드리오(Banca Popolare di Sondrio)의 주식을 샀고, 순식간에 192만 9,000유로(25억 원)를 잃었다.[12]

05

우리는 모른 척
눈감을 수 없다

바르셀로나에서 온 감사관 조셉 쿠이에(Joseph M. Cullell)는 가장 혹독한 분석 결과를 발표했다.

이제 교황청 재무심의처는 계속 기만당하면서 나태하게 있을 수 없는 형편입니다. 교황청 재무심의처는 우선순위를 정하고 규칙들이 제대로 지켜질 수 있도록 만들어야 합니다. (…) 우리의 재정은 불안정한 상태, 아니 완전한 혼돈 상태입니다. 바티칸은 어떤 기관에 전권을 주고 우선순위를 정하게 하며 그것을 이행하게 할지 정하는 문제에 관하여 타이파(Taifa) 왕국[13] 같은 모호한 태도를 견지해왔습니다. 단지 재정에 관한 문제만은 아닌 거지요. (…) 바르셀로나와 로마의 변두리 곳곳에서 가난을 관찰할 수 있고 곤경에 처한 아이들을 만날 수 있습니다. 경기가 침체되고 있다는 경계경보입니다. 우리가 이러한 경보를 못 본 척하고 기념물 재건 작업만 계속할 수는 없습니다. 실물 경제를 보면 이러한 상황이 일어나는 것은 말도 안 됩니다. 금융 투자에서 얻은 수익도 진짜인지 가짜인지 의심됩니다.

바티칸에서는 부적절한 상황들이 여러 방면에 걸쳐 펼쳐지고 있습니다. 작년에 연례 재무 보고서를 발표하는 데 전혀 거리낌이 없었던 바티칸시국 행정처, 묘수로 일정 기간 재무 손실을 숨겨온 바티칸 라디오, 지금 당장 문을 닫고 APSA로 대체해도 전혀 문제가 없을 바티칸은행…. 지금으로서는 바티칸은행이 할 수 있는 일이 별로 없기 때문에 다른 기관으로 대체해도 상관없습니다. 바티칸은행을 닫으면 교황과 로마 교회의 많은 문제들이 해결될 겁니다.

몰타에서 온 경제학자 조셉 자라(Joseph Zahra)는 프란치스코에게 사태의 심각성을 알려야 할 때가 되었다고 생각했다. 그는 바티칸의 작업 속도를 높이고자 다음과 같이 말했다.

현상 유지라는 관성을 버리고 이제 변화할 때가 되었습니다. 우리는 건널목에 서 있습니다. 이제 길을 건널지 말지 결정해야 합니다. 우리가 가져야 할 태도는 교황께서 제안하신 것과 같습니다. 즉 단호함과 용기입니다. 그리고 우리의 목표는 보다 큰 투명성, 정직성, 진지함을 성취하는 것입니다. 우리는 교황께서 직접 이러한 지침들을 발표해주신 이 기회를 살려야 합니다. 하루아침에 태도를 바꿀 수는 없습니다. 하지만 교황께서 말하신 것을 구체적인 안건들로 바꿔나가다 보면 목표를 점진적으로나마 달성할 수 있을 것입니다.

———————————————◆———————————————

그 자리에 모인 감사관들은 교황에게 상황을 즉각 알리기로 합의하고, 교황에게 편지를 보냈다. 그로부터 닷새 후인 6월 23일, 스페인 출신 산토 아브릴 이 카스텔료(Santo Abril y Castelló) 추기경이 이 일에 개입하게 되었다. 아브릴 이 카스텔료는 진지하고 정직하며 말을 아끼는 추기경이었다. 또한 프란치스코의 가까운 친구이자 그가 신임하는 몇 안 되는 측근들 가운데 하나였다. 그는 기만적인 성격을 지닌 교황청과는 거리가 멀었다.

그는 자신이 대주교로 있는 성 마리아 대성당 복원 사업에서 일어나는 미심쩍은 일들을 교황에게 알렸다.[14] 그 뒤로도 바티칸 내부에서 발생한 예산 부족액, 변칙들, 권력 다툼 등을 보고함으로써 신임을 얻게 되었고 감사관들의 우려가 담긴 편지를 프란치스코에게 전달할 수 있었다.

감사관들은 이제까지 쭉 교황이 바티칸의 상황을 제대로 알기를 바라면서도 바티칸이 곤경에 처하기를 바라지 않았다. 하지만 이번에는 다를 것이다. 반드시 전쟁을 치르게 될 것이었다.

PART 2

—

성인들을
찍어내는 공장

MERCHANTS
IN THE **TEMPLE**

"우리의 목표는 모인 돈이
가난한 사람과 도움이 절실한 사람들을 돕는 데
사용되게끔 하는 것입니다."

- 프란치스코 교황 -

01

지금까지 없었던
변화가 시작되다

　교황청이 자신의 개혁 시도를 막고 있다는 것을 프란치스코가 모르지는 않았다. 그리고 자신의 소망이 다수의 타성과 소수의 이해에 의해 뭉개지는 것을 막기 위해서는 전쟁이 불가피하리란 것도 알고 있었다. 그러한 소망을 지닌 것은 교황만이 아니었다. 교회의 많은 수녀들, 신부들, 수사들, 그리고 신자들도 같은 소망을 갖고 있었다. 2013년 3월 13일, 시스티나 성당의 굴뚝에서 솟아오르는 하얀 연기를 보고 새로운 교황의 선출 사실을 알게 된 이들은 그의 이름이 호명되기를 기쁨 반 걱정 반으로 기다렸다.

　교황으로서 처음으로 대성당 중앙 발코니에 올라서서 성 베드로 광장을 내려다보는 프란치스코의 옷에는 그 어떤 프릴이나 장식도 달려 있지 않았다. 그가 내뱉은 짧은 한마디는 광장에 모여 있던 신자 수백만 명의 가슴을 따뜻하게 감쌌다. "안녕하세요. 저를 위해 기도해주세요." 그는 군중에게 오히려 부탁을 청했다.

2013년 7월 18일, 교황이 살라 볼로냐 방에서 추기경들과 극적인 회합을 가진 지도 2주밖에 지나지 않았을 때였다. 교황은 바티칸의 재무 조사를 맡길 새로운 위원회를 임명했다. 위원회의 명칭은 교황 직속 교황청 재무 관리 및 구조조정 자문 위원회(COSEA, The Pontifical Commission for Reference on the Economic-Administrative Structure of the Holy See)였다. 이 위원회는 교황청의 재정 관리에 대한 모든 정보를 수집하여 프란치스코에게 직접 보고하는 일을 맡았다. 그들은 국무원장 베르토네가 의장으로 있는 15인 추기경 평의회의 권한을 축소시키지는 않을 테지만, 적어도 현존하는 권력자들에게 공개적인 도전장을 내밀 수 있었다. 장부를 검토하는 날이 가까워졌다. 이전의 베네딕토 16세와 그 이전의 요한 바오로 2세가 교황으로 있는 동안 교황청을 운영했던 사람들에게 무언의 질책을 보내는 것이 프란치스코의 전략이었다.

국무원장 대신 피터 웰스(Peter Wells)가 COSEA 위원 후보에 대해 조사하고 보고했다.[1] 몰타 출신의 조셉 자라가 위원장을 맡았다. 그는 교황에게 편지를 보내 교황청에 곧 닥칠 재정 위기를 경고했던 국제 감사관들 중 한 명이었다.[2] 그는 다국적기업의 경영자들 및 국제 금융을 좌지우지하는 리더들과 친분이 있었고 믿음직스러운 사람이었다. 그가 이 새로운 위원회의 위원장직을 맡아줄지가 프란치스코의 지대한 관심사였다. 프란치스코는 자라를 선발함으로써 새로운 시대를 연 것이었다. 이것은 교황청에 대한 일종의 경고장이나 다름없었다. 교황은 성 로마교회의 부정행위와 불투명한 이해관계를 고발하고자 하는 사람들에게 보상하려고 했다.

프란치스코의 태도는 전 교황과 비교했을 때 급진적인 변화에 가까웠다. 베네딕토 16세가 교황으로 있을 적에 바티칸시국 행정처 사무총장이었던 카를로 마리아 비가노(Carlo Maria Viaganò)는 교황청의 도를 넘은 지출 내역을 교황에게 보고했다. 예를 들면 성 베드로 광장에 세운 크리스마스트리가 50만 유로(6억 5,000만 원)에 달한다는 내용이었다.

그는 사실을 그대로 보고한 대가로 바티칸의 신용을 잃고 워싱턴의 교황 대사라는 한직을 맡아 미국으로 추방당했다. 비가노가 억울하게 추방당한 이 사건은 베네딕토 16세의 집사였던 파올로 가브리엘레가 기자인 나에게 연락하는 계기가 됐다. 가브리엘레는 나를 믿고 비가노와 베르토네, 교황 사이에 오간 서신 다발을 건넸고, 이 서신들은 바티칸의 낭비, 부패, 불의를 적나라하게 보여줬다.

자라는 자신이 이러한 직책을 맡게 될 것이라고 생각해본 적은 없었지만, 자신의 활동 범위를 넓힐 수 있는 자리였기에 위원장직을 바로 수락했다. 자라는 새로운 직무를 준비하기 위해 국제 감사관들이 연간 두 차례 진행하는 회의 기록들을 다시 읽기 시작했다. 베네딕토 16세가 교황이었을 때는 감사관들의 경고가 모두 무시됐다. 그러나 프란치스코가 교황으로 있는 지금은 달랐다. 프란치스코는 재무 영역에서 발생한 변칙들에 대해 제대로 알고자 했다. 그는 용기 내 진실을 말해준 사람들에게 감사를 표했다.

7월 18일, 교황이 자필 증서에 서명함으로써 COSEA가 공식적으로 설립되었다. 이 새로운 조직의 기능은 일곱 가지로 요약되었는데 교황은 세 번째 기능을 설명하면서 다음을 분명히 했다. '관련 행정 조직은 (…) COSEA가 어떤 요청을 하든 기꺼이 도와야 한다. 공식적인 비밀 사안과 다른 모든 접근 제한 영역들이 법적 근거에 의해 보호받을지라도 COSEA가 직무를 수행하는 데 필요한 문서와 데이터, 정보에 접근하는 것을 방해하거나 막지 못한다.' 즉 COSEA는 조사에 있어서 완전한 자율성과 자유로운 접근 권한을 갖는다는 말이다. 조사 대상자는 위원회의 모든 질문에 대답해야 하며 기밀 유지라는 변명은 답변을 피하기 위한 사유가 될 수 없다.

자라는 다른 일곱 명의 위원들과 함께 일하게 됐다. 그들은 조정관 한 명과 여섯 명의 자문관들로 모두 '교황이 임명한 사람들'이었다. 교황의 자필 증서에 따르면 그들은 COSEA가 다루게 될 사법적인 문제, 경제적인 문제, 재정적인 문제, 조직적인 문제에 관한 전문가들이다. 교회 세계와의 관계를 조정하는 일은 교황청 재무심의처의 사무총장인 루치오 앙헬 바예호 발다가 맡았다. 그는 오푸스 데이(Opus Dei)*의 회원이었으며 프란치스코의 신임을 얻은 사람이었다.[3]

교황은 자신이 참호로 둘러싸인 권력의 중심을 공격하는 위험한 게임을 벌이고 있다는 사실을 알았다. "상상할 수 없을 정도로 상황이 심각합니다." 그는 가까운 조력자들에게 이렇게 말하곤 했다. 교회 구조 내부의 많은 비정상적인 문제들은 '일종의 신학적인 유아론에 그 뿌리를 두고 있다'. 가장 근본적인 문제는 교회가 '병들어 쓰러지고 있다'는 것이었다.[4]

* 교황청이 승인해 스페인에 창설된 성직자 자치단.

02

COSEA :
교황이 임명한 사람들

COSEA 위원들은 거의 대부분 유럽 사람들이었다. 그중 예외인 조지 여(George Yeo)는 경제 및 금융 전문가로, 모국인 싱가포르에서 장관급으로 일한 경험이 있었다.[5] 바티칸에서 이런 여를 흡족하게 바라보는 인물은 바로 오스트리아 출신의 조지 펠(George Pell) 추기경이었다. 그는 교황청에서 자신의 입지를 다지고자 교황의 일거수일투족을 주의 깊게 지켜보고 있었다.[6]

가장 어린 위원이자 유일한 이탈리아인 위원은 여성이었다. 당시 서른 살의 프란체스카 샤우키(Francesca Chaouqui)는 이탈리아의 소도시에서 태어났고, 회계법인 언스트앤영의 홍보 및 커뮤니케이션 분야에서 일한 경험이 있었다. 그녀의 남편은 IT 전문가로 오랫동안 바티칸과 일해왔다. 그녀가 맡은 역할은 기자 회견에서부터 일간지 〈로세르바토레 로마노(L'Osservatore Romano)〉까지를 모두 아우르는 새로운 커뮤니케이션 담당 부서를 만드는 것이었다.

또 다른 위원으로는 장 바티스트 드 프랑쉬(Jean-Baptiste de Franssu)가 있었다. 그는 전략 컨설팅 분야의 전문가로 베르토네 추기경은 그를 바티칸으로 데려와 다양한 역할을 맡겼다. 바티칸에 온 첫해부터 프랑쉬의 지위는 수직상승했다.[7]

스페인 출신의 엔리케 야노스(Enrique Llanos)는 일찍부터 회계 및 경영 컨설팅 업계에서 선두를 달리는 KPMG에서 일했다.

가장 나이가 많은 위원은 프랑스인 장 비들랭 세베스트르(Jean Videlain-Sevestre)였다. 그 또한 컨설팅 및 투자 분야의 전문가로 시트로앵 앤 미슐랭에서 많은 경험을 쌓은 사업가였다. 그는 위원회의 조사 방침을 재빠르게 마련했다. '우리 위원회는 기대 이상으로 훌륭하고 독립적이면서 유능해야 합니다.' 그는 그토록 기다려온 첫 번째 모임이 있기 전날 밤에 이렇게 썼다. COSEA가 할 일은 교황이 부에노스아이레스의 대주교로 있을 적부터 생각해왔던 목표를 달성할 수 있도록 돕는 것이었다. "새로운 교황은 분명히 로마 교황청을 청소할 수 있을 겁니다"[8]라고도 말했다.

위원회는 카사 산타 마르타 건물 1층의 적당한 위치에 자리 잡은 127호를 사무실로 골랐다. 127호에서 계단을 올라 복도 하나만 더 지나면 바로 교황의 방이었다. 127호는 1과 2와 7을 더한 숫자인 '10구역'이라는 별명으로도 불렸다. '성 미카엘의 방'이라고 불리기도 했다. 까다로운 사안들을 수행하는 사람들의 수호천사이자 대천사인 미카엘*의 이름을 딴 것이다.

그들은 수집한 정보를 보호하기 위해 극도로 조심스럽고 신중하게 행동해야만 했다. 혁명이 곧 일어날 참이었다. 교황의 사람들은 앞으로 어떠한 위험이 따를지 알았다. 자라는 도청을 방지하기 위해 다국적 이동전화 회사인 보다폰과 계약을 맺었다. 모든 위원들은 몰타의 지역번호로 시작하는 특수한 전화번호와 아이폰5를 받았다. 위원회 사람들은 그 휴대전화의 색깔을 따서 그것을 '하얀 전화기'라고 불렀다. 이메일상의 암호화된 문서에 접속할 때 필요한 비밀번호는 전용 회선을 통해 전송되었다. 또한 COSEA 회원들의 컴퓨터만 접속할 수 있는 독점 서버까지 만들었다.

교황청 재무심의처의 사무장인 돈 알프레도 아본디(Don Alfredo Abbondi)는 바티칸시국 행정처의 구매 조달 부서에 1급 기밀문서를 보관할 금고를 마련해달라고 요청했다. 위원들은 이러한 여러 가지 보안 장치들을 마련하고 안심했다. 그들은 이 모든 예방책들이 무용지물이 될 것이라고는 전혀 생각지 못했다.

---

* 대천사 미카엘은 갑옷과 칼로 무장하고 사탄의 무리와 싸워 신에 대한 믿음을 지키는 존재로 기려진다.

03

첫 번째 전쟁의
서막이 오르다

COSEA는 공식적으로 설립된 지 나흘도 채 지나기도 전에 벌써 운영되기 시작했다. 위원들은 흥분했고 의욕이 넘쳤다. 그들 앞에는 분명 까다롭고 위험한 일이 기다리고 있었다. 임시 문서에는 '교황이 교황청을 대상으로 검토해야 할 일곱 가지 핵심 영역을 구체화했다'고 쓰여 있다.[9] 그 핵심 영역은 '피고용인의 과도한 증가'에서부터 '불투명한 지출 및 절차', '공급자 및 공급 계약에 대한 부실한 통제'에까지 이르렀다. 위원들은 '근거가 불분명한 숫자, 물리적 조건, 부동산 임대, 수입원'을 찾아내야 했다. '위험성과 윤리 면에서 적절한 감독이 이뤄지지 않는 투자'도 조사 대상이었다. 또한 '위성 행정'과 특정 부처들의 현금 흐름, 금융 거래에 대해서도 꼼꼼히 조사해야 했다.

조정관인 바예호 발다는 교황청의 여러 대표자들과 COSEA의 소통을 담당하는 역할을 맡았다. 7월 22일, 바예호 발다는 그의 직속상관이자 교황청 재무심의처의 처장인 베르살디 추기경에게 COSEA의 편지를 바티칸 성벽 안의 모든 행정 기관에 보내달라고 요청했다. 몇 시간후, 베르살디는 요청받은 대로 편지를 보냈다. 위원회는 다음의 서류들을 보내달라고 편지에 썼다. 지난 5년간의 재무제표, 직원 목록, 외부의 협력업체 목록 및 협력업체들의 이력, 임금 및 보상 내역, 2013년 1월 1일 이후로 서명한 상품 및 재화 공급 계약서 등이었다.

COSEA가 이 긴 편지의 끝에서 두 번째 단락에 요구한 사항은 교황청에 가장 큰 동요를 일으켰다. 교회에서 아주 민감하게 여기는 사안을 직접적이고도 구체적으로 건드린 것이다. 그것은 바로 수많은 신자들을 감동시키는 성인들과 관련된 문제였다. 가톨릭에서 성인들의 행동은 보편적인 선과 사랑의 본보기로 여겨진다. 많은 신자들에게 성인은 숭배의 대상이다. 위원회는 시복시성의 수속 신청인들과 관계한 경제적 독립체들의 재무제표, 동향, 은행 거래 내역을 즉시 받아보고자 했다.

첫 번째 전쟁의 서막이 올랐다. 조사를 위해 시성성(諡聖省)이 소환될 예정이었다. 이 기관은 뛰어난 덕행을 베푼 성인이나 복자의 자격을 개인에게 부여하는 복잡한 과정을 관리한다. 시복시성 과정은 수속 신청인의 신청으로 시작한다. 이후 후보자에 대한 조사를 준비하며, 신청 과정을 문서화하고, 후보자의 삶에서 복자나 성인의 자격조건과 일치하는 것이 발견될 경우 그것을 문서화함으로써 자료를 보강한다. 이런 일은 수년에서 수십 년이 걸린다. 2015년 기준, 450명의 수속 신청인이 접수해 계류 중인 후보자 자료만 2,500건에 이른다.

시성성 장관이자 막강한 권력을 지녔던 안젤로 아마토(Angelo Amato) 추기경은 베르살디가 보낸 편지의 속뜻을 꿰뚫어봤다. 그는 프란치스코가 어디를 공격해야 하는지 알고 있다는 사실을 깨달았다. 교황은 상황을 충분히 파악했고 빠르게 움직였다. COSEA는 각 부처들이 정보를 수집할 시간을 단 며칠밖에 주지 않았다. 편지에는 다음과 같이 쓰여 있다. '요청 드린 서류는 저희가 7월 31일까지 받을 수 있게 해주시기 바랍니다.' 교황청의 여름은 교황이 피서를 떠나는 등 여유로운 계절이다. 오랫동안 그렇게 길들여진 교황청에게 8일이라는 요청 기간은 유례없이 짧았다.

COSEA가 마감일을 이렇게 빠듯하게 잡은 데는 여러 가지 사정이 있다. 첫째, 정보를 바꾸거나 조작할 시간적 여유를 주고 싶지 않았다. 시간이 부족할수록 마감 상태가 안 좋을 것이고 그러면 진실에 가까운 정보를 얻을 확률이 높아진다는 것이 위원회의 생각이었다.

둘째, COSEA의 개회식 날인 8월 3일 전까지는 정보가 도착해야 했다. 위원회는 예배당의 성물 안치소 맞은편 소회의실에 모여 그동안 조사한 부정행위들을 보고할 예정이었다. 그 소회의실은 몇 주 전에 프란치스코가 자라와 교황청 재무심의처의 감사관들에게 용기를 내달라고 간청했던 바로 그곳이었다.

04

성인들의 공장

COSEA의 첫 회합은 정오에 열렸다. 교황도 참석해 50분 정도 머물렀다. 그는 몇 번이고 자리를 박차고 일어나 자신의 단호한 의지를 피력하는 한편 참석한 위원들을 격려했다. 이날 모임의 회의록에서는 절대 물러설 수 없다는 교황의 확고한 의지가 읽힌다. 회의록 속 프란치스코의 연설을 아래에 옮긴다.

우리 교황청에는 낡은 작업 방식과는 다른, 참신한 접근법이 필요합니다. 문제의 근본은 바로 우리 안에, 졸부처럼 돈을 무분별하게 써버리는 정신 상태에 있습니다. 우리는 근거 없는 행동을 할 때가 많습니다. 우리의 목표는 모인 돈이 가난한 사람과 도움이 절실한 사람들을 돕는 데 사용되게끔 하는 것입니다. 당장은 책임감의 부족과 행정 문화의 결여를 해결해야 합니다. 저는 위원회가 이러한 개혁안을 도입할 것이라고 믿어 의심치 않습니다.

단, 바티칸에서 일하는 평신도들의 생계 수단과 관련된 문제를 다룰 때는 조심할 필요가 있습니다. 저, 교황은 위원회가 적극적으로 해결책을 제안하고 뒤돌아보지 말 것을 간청합니다. 저는 결정을 내리기에 앞서 항상 위원회의 의견을 구할 것입니다. 그러나 위원회는 교황인 저와 동등한 권한을 갖지 않습니다. 만약 제가 위원회의 제안에 동의하지 않을 경우에는 여러분과 논의는 하겠지만 마지막 결정은 교황인 제가 내릴 것입니다.[10]

자신의 사전에 실패란 없다는 어조였다. 프란치스코가 회의장 밖으로 나가자마자 COSEA 위원들은 작업들에 우선순위를 매겨 다음과 같이 여섯 가지로 정리했다.

1. APSA: 특별 조사 대상. 부동산 및 재무 운영에 대한 미시 분석과
   전략적인 검토 필요
2. 시성성을 위해 일하는 시복시성 수속 신청인들의 계좌 관리
3. 슈퍼마켓, 약국 등 바티칸 내에서 이뤄지는 상거래 활동
4. 바티칸 내 병원의 경영 상황

5. 바티칸 내 예술작품의 평가액

6. 연금기금의 운영 상황

———————————————————

위원회는 목표 달성을 위해 외부의 컨설팅 업계와 접촉했다. KPMG, 맥킨지앤컴퍼니, 언스트앤영, 프로몬토리파이낸셜그룹과 같은 기업들로부터 전문가를 모집했다. 이로써 바티칸과 함께 일할 마음이 있는 외부 전문가 70명으로 구성된 특별 위원회가 만들어졌다.

많은 부처들이 위원회의 서류 제출 요청에 즉각적으로 응답했다. 그들은 서류를 보냈고 최대한 협조했다. 하지만 모두가 순순히 따랐던 것은 아니다. 시성성은 기대와 가장 반대되는 답장을 보냈다. '시성성은 시복시성 수속 신청인들이 관리하는 계좌와 아무런 관계가 없으며 요청하신 서류를 갖고 있지도 않습니다.' 아마토 추기경이 이끄는 시성성이 치품천사처럼 거룩한 태도로 말했다.

시성성은 서류가 없다고 한다. 수억 유로가 오가는 활동에 부기(簿記), 타당한 근거도 없다는 것이다. 하지만 바티칸의 규정에 따르면 그렇게 큰돈은 반드시 회계 장부에 기록해야 한다.

처음에 복자의 후보자를 신청 수속하는 데만 5만 유로(6,500만 원)가 들고, 거기에 실제 운영비용 1만 5,000유로(2,000만 원)가 더해진다. 이돈은 교황청의 권리 이행을 위해 사용되고, 나머지는 후보자의 자격을 검토하는 신학자, 의사*, 주교에게 보상비용으로 넉넉히 지급된다. 이 전문가들에 대한 대가에다 후보자의 업적에 관한 일종의 이력인 '포지시오'를 작성하는 비용, 마지막으로 수속 신청인의 작업에 대한 비용까지 모두 합하면 전체 비용은 껑충 뛰어오른다. 한 후보자를 복자로 승격시키는 비용은 평균 50만 유로(6억 5,000만 원)에 달한다.

시복시성식에 초대받아 온 고위 성직자를 위한 감사 선물의 비용도 고려해야 한다. 그들은 시복시성식에 참석해 미래의 성인이나 복자의 행적과 기적에 관해 몇 마디 해주고 선물을 받는다. 이러한 명목의 지출까지 합친 비용은 총 75만 유로(9억 8,300만 원) 정도다. 이는 2007년 안토니오 로스미니(Antonio Rosmini)의 시복식에서 지출된 실례다.

요한 바오로 2세가 교황으로 있을 때 '성인 공장'은 147번의 시복시성 의식으로 1,338명의 복자를, 51일의 축일 동안 482명의 성인을 선정했다. 교회 역사상 이전의 기록들을 훨씬 뛰어넘는 천문학적 수치이다. 그 숫자가 하도 어마어마하다 보니 요한 바오로 2세는 이러한 목적으로 사용될 기금의 관리를 수속 신청인들에게 맡기라고 지시했다. 수속 신청인들은 '모든 상황에 사용되는 재원의 자본, 가치, 이익, 돈 등에 관해서 정기적으로 원장(元帳)을 기록해야 할 의무'를 일임받았다.[11]

수속 신청인들은 위임받은 활동을 수행해야 하고 이들의 활동은 반드시 관리감독되어야 한다. 그러나 그들이 이제까지 한 번도 간섭받은 적이 없다는 사실이 분명해졌다.

---

* 복자의 행위가 '의학적으로 설명할 수 없는 기적'이라는 소견을 내준다.

05
COSEA가
은행 계좌를 동결하다

시성성이 보내온 답변은 위원회를 당황하게 했다. 이들은 시복시성과 관련된 재무 활동이 제대로 관리되고 있지 않다는 것을 암시적으로나마 인정한 셈이었다. 위원회는 그 즉시 가차 없는 조치를 내렸다.

8월 3일 COSEA의 첫 회의가 열리는 날, 자라는 교황의 허락을 받아 자신이 내린 결정을 발표했다. 그는 수속 신청인들과 관련된 APSA와 바티칸은행 계좌를 모두 동결시켜달라고 베르살디에게 요청했다. 역사상 유례없는 조치였다.

수속 신청인들의 활동은 자율이 아니라 상부로부터 '위임받은 것'이
분명합니다. 신청인들은 활동 내역을 상부에 보고할 책임이 있고, 모

든 상황의 관리감독 책임은 시성성에 있습니다. 관리감독이라는 책무는 아주 막중합니다. 저는 이러한 두 가지 이유 때문에 우리가 교황청 재무심의처와 협력하여 예방책을 만들어야 한다고 생각합니다. 그래야 저 유능한 성성(聖省)이 자신들이 맡은 일을 제대로 하려고 할 테니까요.

이 자리에서 다음을 요청 드리는 바입니다. 바티칸은행과 사도좌 재산 관리처인 APSA에 수속 신청인들이 개설한 계좌와 관련 계좌들을 당장 일시적으로나마 동결시켜주시기 바랍니다. 계좌의 소유자가 누구든 예외는 없어야 합니다.

———————○———————

자라는 이렇게 강력한 조치를 취하는 근거도 밝혔다. 이것은 가난한 사람들과 관련한 문제였다. 실제로 바티칸은 다음과 같은 규정을 갖고 있다.

"시성성에 후보자를 올릴 때 수속 신청인들은 '가난한 자들을 위한 기금*'에 일정한 금액을 납부해야 합니다. 신자들이 후보자를 위해 헌금한 돈 중 남은 금액의 20%를 가난한 사람들을 위해 기금에 보태는 것입니다. 시복 후 모금의 잔액을 어떻게 처리할 것인지는 교황청에 달려 있지요. 경우에 따라 다르겠지만 남은 돈의 일부는 반드시 가난한 자들

———————

* 가난한 교구들이 시복 목적으로 사용할 수 있도록 납부하는 기금.

을 위한 몫으로 할당되어야 합니다."

그런데 시성성의 회계 장부를 검토해본 결과 최근 몇 년 동안 이러한 의무들이 지켜지지 않은 것으로 보였다. 실제로 가난한 자들을 위한 기금은 거의 증가하지 않았다.

다시 말해 상대적으로 재원이 부족한 교구들에서 시복시성을 성공시키기 위해 반드시 필요한 기금은 전혀 늘지 않았다. COSEA의 의심이 증폭될 수밖에 없는 근거였다. 자라는 계좌의 동결을 요청했다. 그는 모든 수속 신청인과 후보자들에 대한 서류를 있는 그대로 전부 제출하라고 요구했다. 조사를 시작한 지 6개월 만에 COSEA는 상당한 양의 현금이 수속 신청인의 사무실에 흘러 들어갔다는 사실과, 그럼에도 불구하고 적절한 회계 처리가 전혀 이뤄지지 않았다는 사실을 알고 충격을 받았다. COSEA는 '시성 활동의 현금 흐름에 대한 관리감독이 불충분했다'는 결론을 내렸다.[12]

특히 두 명의 평신도 수속 신청인, 안드레아 암브로시(Andrea Ambrosi)와 실비아 코레알레(Silvia Correale)는 집중 조명의 대상이 되었다. 450명의 수속 신청인들에게 분배된 총 2,500건의 후보자들 중에서 두 사람이 맡은 후보자들만 각각 90명이었다.[13] 수속 신청인 한 명이 평균적으로 5~6명을 담당한다는 점을 고려할 때 이 두 사람은 다른 사람들에 비해 지나치게 많은 건수를 관리했다고 볼 수 있다. 두 사람이 맡은 후보자들의 합은 180명으로 거의 독점이나 다름없었다. 아래는 COSEA의 조사에서 발견된 몇 가지 중요한 정황들이다.

2008년부터 2013년까지 4만 3,000유로(5,500만 원)가 시성에 사용되었지만 그 돈이 어떻게 사용되었는지를 설명할 수 있는 적절한 예산안이나 재무제표가 없고 개선 과정도 보이지 않는다.

- 한 평신도 수속 신청인은 정식 신청 수속을 밟기도 전에 조사를 수행했는데, 4만 유로(5,200만 원)를 선지급하는 것이 조사 수행의 조건이었다.
- 시성성이 수속 신청인들에게 추천하는 공식 인쇄소 세 곳 중 한 곳은 위에 언급했던 한 명인 안드레아 암브로시와 친분이 있는 곳이다.[14]

COSEA가 눈여겨본 또 다른 서류는 '한 전문 수속 신청인이 2008년부터 2013년 사이에 한 스페인 후보자의 시성 수속에 사용한 비용'에 관한 것이다.[15] 이 수속 신청인이 받은 보상은 2만 8,000유로(3,600만 원)였다. 수속 신청인의 일을 도운 사람은 1만 6,000유로(2,100만 원)를 받았고, 자료 인쇄비로 1,000유로(130만 원), 여러 가지 잡비 명목으로 또 1,000유로(130만 원)가 지출됐다. 이렇게 눈덩이처럼 불어난 총 지출 비용은 4만 6,000유로(5,960만 원)에 달했다. 2014년 2월, 추기경 평의회와 교황이 이와 같은 사실을 확인했다.[16]

어떤 서류가 필요한지 분명하게 설명을 했는데도 불구하고 시성성은 그 어느 것도 제출하지 않았다. 2013년 8월 5일 월요일, 베르살디 추기경은 바티칸은행과 APSA의 계좌들을 동결시키라는 지시 사항을 적은 편지 네 통을 보냈다. 편지의 수신인은 APSA의 처장인 도메니코 칼카뇨(Domenico Calcagno) 추기경과 바티칸은행의 회장인 에른스트 폰 프라이베르크(Ernst von Freyberg) 변호사였다. 프란치스코가 6월에 창설한 교황청 종교 사업 기구 자문 위원회의 위원장과 조정관도 같은 내용의 복사본을 받았다.

같은 날 오전 10시 11분, 바티칸은행의 폰 프라이베르크가 계좌 동결 명령을 내렸다. 직원들은 범상치 않은 명령을 받고 깜짝 놀랐다. 계좌의 수는 다 합해서 400개가 넘었다. 계좌의 숫자가 하도 많아서 모두 막으려면 꼬박 하루는 걸릴 터였다. 이것은 근래의 은행 역사상 유례없는 작전이었다.

그날 저녁 6시, 시복시성 절차와 관련된 계좌에서는 단 한 푼도 출금할 수 없게 되었다. 거의 4,000만 유로(519억 원)에 이르는 돈이 바티칸은행에서 꼼짝 못하게 되었다.[17]

06

패닉에 빠진
바티칸은행

다음 날인 8월 6일 화요일, 계좌 동결을 둘러싼 긴장감이 훨씬 더 팽팽해졌다. 바티칸은행에서 ATM과 신용카드 거래를 관리하는 직원 중 한 명은 결정을 망설였다. 그는 우대고객의 신용카드를 정지시켜야 한다는 명령을 서면으로 확인받고자 했다. 그는 바티칸은행의 부총괄이사인 롤란도 마란치(Rolando Marranci)에게 아홉 명의 명단을 건넸다. 그중에서 가장 눈여겨봐야 할 이름은 굵게 강조했다. 명단은 다음과 같다.

안녕하십니까. 저희 부서는 여러 가지 경로를 통해 다음 명의로 된 계좌와 연결된 신용카드를 정지해야 한다는 지시를 받았습니다. 다음은 정지된 카드 고객의 명단입니다.

고객 번호/고객 성명

- 19878/암브로시, 안드레아

- 15395/바텔랴, 유라이(Batelaj, Rev. Juraj)

- 29913/**겐스바인, H. E. 게오르그(Gänswein, H. E. Mons. Georg)**

- 24002/카스틸, 카렐(Kasteel, Mons. Karel)

- 10673/마라초, P. 안토니오(Marrazzo, P. Antonio)

- 27831/머피, 조셉(Murphy, Mons. Joseph)

- 29343/네메스, 라즐로 임레(Nemeth, Mons. Laszlo Imre)

- 18635/**파글리아, H.E. 빈첸조(Paglia, H.E. Mons. Vicenzo)**

- 18625/티슬러, 표트르(Tisler, Rev. Piotr)

명단을 확인해보시고 제가 이분들의 계좌를 동결시켜야 한다는 내용을 서면으로 작성하셔서 저에게 보내주시기 바랍니다.

───────────────

계좌를 동결당한 사람들 중에는 베네딕토 16세의 전 개인 비서이자 교황궁내원의 현 원장인 게오르그 겐스바인도 있었다. 바오로 6세 교황의 시복을 담당했던 수속 신청인 안토니오 마라초의 계좌도 동결되었다. 가정평의회의 의장인 빈첸초 파글리아의 계좌도 마찬가지였다. 위원회는 이제 작전의 첫 단추를 풀었을 뿐이었지만 벌써 부처들 간에 싸움이라도 일어날 판이었다. 과거 국제 감사관들의 회의에 수차례 참석한 경험이 있으며 현재는 교황청 재무심의처의 회계사로서 COSEA의 조사를 돕고 있는 스테파노 프랄레오니는 바로 폰 프라이베르크에게 편지를 썼다. 분위기가 더 이상 험악해지는 것을 막기 위해서였다.

> 바티칸은행 및 APSA에 개설된, 수속 신청인들의 계좌 및 관련 계좌들을 일시적으로 동결한다는 명령은 교황청에 소속된 성직자 및 직원의 개인 계좌에는 적용되지 않아야 합니다. 이분들은 개인 계좌를 유지할 수 있는 조건을 충족하고 있기 때문입니다.

수속 신청인들은 거의 모두 성직자였다. 성직자가 아닌 평신도는 위에서 언급한 안드레아 암브로시와 실비아 코레알레뿐이었다. 바티칸의 금융 기관에 계좌를 갖고 있으면서 요구조건을 충족한 교인들 또는 직원들은 계좌 동결을 피했다. 나 또한 문서를 검토했지만 안타깝게도 아까 말한 400개의 계좌들 중에서 즉각적으로 거래가 정지된 계좌가 얼마나 되는지는 알아낼 수 없었다.

어쨌거나 즉각 정지된 계좌 중 위에서 굵게 강조된 겐스바인의 계좌가 있는 것은 분명했다. 부총괄이사 마란치가 프랄레오니로부터 직접 명령을 받았기 때문이다.[18]

안드레아 암브로시와 실비아 코레알레의 계좌는 교황청의 기관에서 일하는 교인들 및 직원들에게 요구되는 일반적인 조건들을 충족시키지 않는 것으로 보입니다. 따라서 시성성이 이 두 사람의 계좌에 예치된 돈의 출처와 용처를 명확하게 밝혀낼 때까지는 하나의 예방책으로서 이 두 사람의 계좌 거래를 계속적으로 정지시킬 필요가 있습니다. 관련 계좌들에도 마찬가지로 정지 조치가 유지되어야 합니다.

동결된 바티칸은행 계좌 세 곳에 암브로시가 보유하고 있던 돈은 거의 100만 유로(13억 원)에 달했다. 교황청 재무심의처와 COSEA는 그에게 이 어마어마한 돈에 대한 설명을 요구했다. 암브로시는 8월 20일 마란치에게 편지를 보내 다음과 같이 자신을 변호했다.

1985년 즈음에 살바토레 파팔라도(Salvatore Pappalardo) 추기경을 알게 된 후 저는 수속 신청인으로 활동하게 되었습니다. 저는 정확히 19878001/2/3이라는 번호로 개인 계좌를 개설하도록 허락받았습니다. 다양한 이해 당사자들로부터 예금이 처음으로 들어온 것을 시작으로 지난 30년 동안 이 계좌에는 부모님과 저의 아내가 낸 기부금이 들어왔습니다. 저는 이탈리아 내에서는 한 번도 직업 활동을 한 적이 없으며 그렇기 때문에 부가가치세 번호 즉, 세금 신고 번호도 갖고 있지 않습니다.

또한 저는 시성성에서 활동해온 사실을 입증하고자 시성성으로부터 관련 증서를 발급받았고 이탈리아 정부로부터 항상 세금을 공제 받아 왔습니다. 거의 40년 동안 이탈리아 국세청은 이와 관련하여 한 번도 이의를 제기한 적이 없습니다. 동결된 저의 개인 계좌 세 개가 빠른 시일 내에 정상화되기를 확신 반 걱정 반으로 기다리고 있습니다. 그러나 이미 금전적인 지불을 약속한 상황이 있기 때문에, 저는 약속을 지키고자 제 계좌에 예치되어 있는 8만 유로(1억 4,000만 원)를 즉시 출금할 수 있게 해달라고 요청하는 바입니다.

암브로시는 아마도 세상에서 제일가는 수속 신청인일 것이다. 근 40년 동안 그는 여러 협력자들과 함께 수백 건의 시복시성 과정을 관리했다. 그 대상은 교황 요한 23세부터 오스트리아 황제 카를 1세(Charles I)에 이를 정도다.

암브로시 가문의 주목할 만한 또 다른 특징은 인쇄소를 소유하고 있다는 것이다. 로마의 포르타 마조레 광장에 위치한 그들의 인쇄소는 거의 독점권을 갖고 있었다. 바티칸에는 최고의 책들을 충분히 출판하고도 남을 현대적인 인쇄소들이 있는데도 말이다. 또한 앞에서 살펴봤듯 그들의 인쇄소는 바티칸이 수속 신청인들에게 공식적으로 추천하는 인쇄소 세 곳 중 하나이다.

수속 신청인 실비아 코레알레 또한 왜 자신의 계좌가 동결되었는지 설명을 듣고 싶어 했다. 그녀는 프랄레오니에게 면담을 요청했다. 두 사람 사이에는 서늘한 긴장이 흘렀다. 코레알레는 자신의 계좌가 왜 갑작스럽게 막혔는지 물었다. 그러나 그녀는 말하는 도중에 시성성의 실질적인 속사정을 흘리고 말았다. 프랄레오니는 그녀가 말한 내용을 요약해 바예호 발다에게 편지를 보냈다. 내가 입수한 이 기밀문서의 내용을 아래에 옮긴다.

코레알레의 이름으로 개설된 계좌에는 1,000유로(130만 원) 정도가 들어 있습니다. 그녀의 말에 따르면 이탈리아에 갖고 있는 계좌는 이것 말고는 없다고 합니다. 따라서 그녀가 받는 수입은 모두 이 계좌로 들어온다는 거지요. 그녀는 혹시 이 계좌의 동결을 풀어줄 수 있는지 물었습니다. 그녀는 자신이 교황님과 서로 잘 알고 있고 그동안 함께 일을 해왔기 때문에 자신을 믿어주실 거라고 말했습니다. (…)

우리가 나눈 대화 중에서 가장 흥미로웠던 이야기는 시성성에 관한 것이었습니다. 시성성은 **위원회로부터 서류를 요청받은 후에 그 어떤 수속 신청인에게도 지난 5년간의 재무제표를 요청한 적이 없을 뿐더러 서류를 요청받은 사실을 그 누구에게도 알리지 않았습니다!** 사실상 그들은 아무것도 하고 있지 않습니다. 시성성의 상황은 생각보다 심각합니다. 수속 신청인 실비아 코레알레와 말을 나누는 동안 알게 된 것인데 시성성에는 대차대조표가 존재하지 않는다고 합니다. (…)

아마도 시성성 장관인 아마토는 75살이 된 만큼 차기 장관에게 이 문제를 떠넘길 타이밍을 기다리고 있지 않나 싶습니다. (…)

코레알레가 가진 유일한 계좌의 동결을 풀어주는 것에 대해 어떤 생각을 갖고 계신지 알려주시기 바랍니다. 코레알레는 저를 정직과 진실로 대하는 것처럼 보입니다. 제 생각에는 우리가 나중에 그녀에게서 후보자들의 관리 방식과 관련하여 보다 흥미로운 정보를 얻을 수 있을 것 같습니다. 현재 다른 많은 수속 신청인들은 관련 계좌로부터 돈을 받아야 되는데 그러지 못해 화를 터뜨리고 있습니다. (…)

코레알레가 말하길 언젠가 그녀가 재무제표를 건네준 적이 있는데 시성성의 사람들이 재무제표에 날인해주지 않았다고 합니다. 그런 일이 있은 후로 다시는 그들에게 재무제표를 제출하지 않았고요. (…) 지금에 와서 재무제표를 작성하려면 수개월은 족히 걸릴 것이라고 말했습니다.

프랄레오니의 편지를 읽은 바예호 발다는 충격을 받고 다음과 같이 답장했다.

말씀하신 것은 정말 말도 안 되는 얘기입니다. 시성성에 대차대조표가 없다니 그게 무슨 말씀이신지요? 이 여성이 관리하는 케이스만 해도 100건이 넘습니다. (…) 그런 일이 대체 어떻게 가능한 겁니까?

문제는 이것만이 아닙니다. 그녀가 개인 계좌를 갖는 것 자체는 아무런 문제가 되지 않습니다. 그렇지만 코레알레가 어떻게 바티칸은행에 계좌를 개설할 수가 있었던 겁니까? (…) 저는 코레알레를 믿을 수 없습니다. (…) 이 얘기는 내일 만나서 하도록 합시다.

발다의 편지를 읽은 프랄레오니는 코레알레가 자신의 바티칸은행 계좌에 관해 했던 얘기를 되짚어보고 다음과 같이 다시 설명했다.

 그녀가 바티칸은행에 계좌를 개설할 수 있는 자격이 안 된다고 딱 잘라서 말하기는 어려운 부분이 있습니다. 코레알레는 오랫동안 교황청을 위해 일해왔으므로 직원에 준하는 권리를 인정해줘야 하는 것 아니냐며 문제를 제기했습니다. 그리고 그녀는 일의 대가로 한 달에 4,000유로(520만 원)를 받고 있습니다. 저보다 더 많이 받지요. 따라서 저는 시성성의 규칙과 규정을 자세히 들여다보고 그녀가 제기한 문제를 제대로 판단하고자 합니다.

2013년 12월, COSEA는 동결된 409개의 계좌들 중에서 114개의 동결을 해제하라는 지시를 내렸다. 그러나 거기에 포함되지 못한 암브로시의 돈은 앞으로도 오랫동안 묶여 있을 것이었다. 그래도 그는 매달 일정 수당을 받을 것이고 그 돈은 그와 가족들이 생계를 유지하기에 충분했다.

한편 컨설팅 회사가 시성성의 금융 활동과 시복시성 절차들의 투명성을 높일 방법에 대해 몇 가지를 제안해왔다. 그러나 이미 포위된 상황에서도 시성성은 저항을 계속 이어갔다. 그리고 지금까지도 여전히 표준 회계 관례를 지키지 않고 있다. 다시 말해 개혁을 향해 첫발을 내디딘 후로 전혀 진전이 없다는 말이다.

07

프리메이슨이
개혁에 잠입할 수도 있다

시복시성의 회계 활동에 대해 조사를 시작하자 교황청 내부에서 짜증과 불만이 생겨나기 시작했다. 자라가 8월 3일 베르살디 추기경에게 보낸 편지의 복사본이 어떻게 된 일인지 9월 초, 가톨릭 전문 보도기자인 안토니오 소치(Antonio Socchi)에게 흘러 들어갔다. 자라가 불같은 어조로 계좌 동결을 요청한 바로 그 편지였다. 편지의 복사본은 결국 9월 6일자 신문 〈리베로(libero)〉에 실렸고 관련 기사도 두 면이나 실렸다.

누가 이 신문사에 편지의 복사본을 흘렸을까? 범인이 누구든 그 목적은 COSEA 위원들의 보안 능력을 망신 주기 위한 것이었다. 프란치스코는 비밀이 또 누설될까봐 자신의 비서를 자라에게 몰래 보냈다. 두 사람의 대화에는 긴장감이 흘렀고 자라는 교황이 매우 걱정하고 있다는 사실을 알게 되었다. 프란치스코는 위원회의 조사에 대해 진심으로 신경을 썼다. 재정 상황의 근본을 파악하는 작업부터 이렇게 난관에 부딪힌다면 바티칸 전체를 철저히 조사하려던 자신의 계획을 포기할 수밖에 없을 거라는 사실을 알고 있었기 때문이다.

하지만 위원회에 대한 교황의 지지는 여전히 확고했다. 9월 14일 토요일 아침, 교황이 산타 마르타 예배당에서 성 미사를 집전하고 있을 때 위원회 사람들이 그를 찾아왔고, 바로 이날 COSEA의 두 번째 회의가 열렸다. 이날 위원회가 다 함께 교황의 미사에 참석한 것은 교황청 재무심의처의 사무국장 아본디의 제안 때문이었다. 물론 미사에 정말 초대받을 수 있을지 확신하지는 못했지만 말이다.

위원회는 미사를 겨우 나흘 앞둔 시점에서 참석해도 좋다는 소식을 전달받았다. 교황의 개인적인 생활공간에서 열리는 미사 전례에는 외부인의 참석이 좀처럼 허가되지 않는다. 허가가 내려진다 해도 단 몇 명의 사람들에게만 그 기회가 주어진다. 그러므로 프란치스코가 위원회를 전부 초대했다는 것은 그가 COSEA 위원들을 그만큼 존중하며, 그들의 작업에 깊은 관심을 갖고 있다는 뜻이었다.

암묵적인 신호에 자극을 받은 자라는 다음 날, 교황에게 두 통의 비밀 편지를 보냈다. 한 통은 현재 상황에 대한 약식 보고였다. 다른 한 통에는 보다 민감한 내용이 들어 있었다. 자라는 언론에 새어나간 편지를 화제로 꺼냈다. 보안을 뚫은 용의자를 어느 정도 파악했다는 사실을 알려주어 프란치스코를 안심시키기 위해서였다.

성하께

성하께서 서류의 보안 문제에 관해 걱정하셨다는 말을 들었습니다. 저희는 문서들이 오갈 때 발생할 수 있는 유출 사태를 철저하게 막고자 필요한 모든 예방책을 취하고 있습니다. 휴대전화는 전용 통신망을, 이메일을 교환하거나 암호를 입력할 때는 전용 서버를 사용합니다. 그러니 보안 문제에 관해서는 저희를 믿어주시기 바랍니다. 불행히도 〈리베로〉의 9월 6일자 신문에 편지가 공개된 것은 아마도 아마토 추기경이 전 세계에 퍼져 있는 수속 신청인 전원에게 편지를 보낼 때, 선량한 의도에서 우리가 보낸 편지도 첨부해서 보냈기 때문일 겁니다. 심려를 끼쳐드려 죄송합니다. 저희는 위원회가 보내는 편지들의 보안을 훨씬 더 강화할 것이며 편지의 수신인에게도 보안에 각별히 신경 써달라고 당부하려고 합니다.

위원회는 2013년 10월 12일 회의에서 이번 사건에 대한 즉각적인 대응책으로 가장 먼저 커뮤니케이션 대책 본부를 세우기로 했다. 대책 본부는 세 가지의 야심 찬 목표를 세웠다. 첫 번째 목표는 COSEA와 미디어의 관계를 관리하는 것이었다. 위원회의 입장에서는 비밀 유지가 생명이므로 미디어가 잠잠하기를 바랐다. 두 번째 목표는 바티칸의 커뮤니케이션 시스템이 현재 어떤 식으로 돌아가는지 심도 있게 분석하는 것이었다. 정보가 언론에 새고 있다는 점과 바티리크스 스캔들(Vatileaks scandal)*이 터졌을 당시 국제 미디어가 교황청에 비판적인 입장을 취했다는 점을 생각한다면, 전략을 잘만 세울 경우 바티칸의 커뮤니케이션 시스템을 완전히 뒤흔들어놓을 수도 있을 터였다. 마지막으로 대책 본부는 내외적 커뮤니케이션의 효율성과 효과를 증대시키기 위해 가장 적합한 방법들을 교황에게 추천하기로 했다.

미디어는 가장 상대하기 까다로운 곳 중 하나였다. '적들'의 숫자가 점점 많아지고 있었다. 적어도 COSEA의 위원 중 한 명인 장 비들랭 세베스트르가 밝혀낸 놀라운 사실에 따르면 그랬다. 그는 한 달 전에 교황의 가까운 친구들과 자신의 동료들에게 다음과 같은 엄청난 사실을 편지로 알렸다.

우리가 취한 조치는 바티칸의 재무적인 결함과 행정적인 결함을 들춰낼 것입니다. 이것이야말로 교회의 적들이 간절히 바라는 바입니다. 몇몇 공무원과 정치인, 그리고 많은 미디어들이 우리의 적이 되겠지요. 우리는 무슨 수를 써서라도 프리메이슨이 우리의 작전을 방해하거나 잠입하는 것을 막아야 합니다.

위원회 사람들은 적들에게 둘러싸여 있다고 느꼈다. 이들은 내부자

---

* 저자가 바티칸의 기밀문서 유출 사건에 직접 붙인 이름.

들이 개혁에 저항하리라 생각했다. 그리고 사실 개혁에 저항하는 내부자들이 이미 무섭게 생겨나고 있었다. 세베스트르는 외부의 적인 프리메이슨도 두려워했다. 프리메이슨은 항상 면밀한 관심과 적개심을 가지고 바티칸의 금융 활동을 추적했다. '메이슨 형제단'이 위원회의 작전을 교묘하게 방해하기 위해 위원회의 작전에 잠입할 수도 있는 일이었다.

위원회는 조사를 도와줄 전문가나 자문관을 고를 때에도 그와 비슷한 두려움을 느꼈다. 파리에서 세베스트르와 만남을 가진 유명 컨설턴트 롤랜드 버거(Roland Berger)는 2013년 9월 14일, 편지를 통해 위원회의 자문관이 되고 싶다는 의사를 밝히며 우려를 불식하고자 다음과 같이 덧붙였다.

 무엇보다도 먼저 제가 가톨릭교회에 깊은 애정을 갖고 있는 사람이라는 사실을 말씀드리고자 합니다. (…) 귀하께서는 이 편지에 서명한 제가 분별력이 있고 가톨릭 신앙을 갖고 있으며 교회에 대항하려는 조직에 소속되어 있지 않다고 믿으셔도 됩니다.

이러한 우려와 두려움은 개혁에 대한 저항과 태업의 시작을 알리는 첫 번째 징후였다. COSEA의 조사에 대한 방해는 더욱 많아질 것이었다. 성인 공장에 대한 조사는 수개월 동안 계속되었지만 프란치스코가 시성성에 내린 개혁 조치의 효과는 오늘날까지도 불분명한 상태이다.

PART 3

성금은 어디로
흘러 들어가는가?

MERCHANTS
IN THE TEMPLE

"자동차를 꼭 사야 한다면 보다 수수한 것을 선택하시기 바랍니다!
만약 화려한 자동차가 자꾸만 눈에 밟힌다면
배가 고파 죽어가는 아이들을 생각해주세요."

- 프란치스코 교황 -

01

추기경들이
누리는 특혜

교회의 심장부에는 검은 구멍이 있다. 그 검은 구멍은 바티칸의 방만한 재정 관리와 회계 부정, 횡령에 의해 만들어졌다. 구멍에 대한 진실을 밝혀내기 위해 애쓰던 프란치스코는 자신을 도와줄 위원회를 만들었다. 그것은 교황청 역사상 유례없는 선전 포고였다. 그는 위원회의 도움을 받아 가난한 사람들에게 가야 할 돈이 교황청의 비용으로 사용되고 있다고 확신하게 되었다. 전 세계의 가톨릭 신자들이 보내온 자선기금이 교황청의 잘못된 행정 때문에 생긴 지출 구멍을 메꾸는 데 사용되었다.

앞서 말했듯 지금의 교황이 프란치스코라는 이름을 선택한 것은 프란치스코 성인의 가르침을 따라 가난한 사람들을 돕고자 했기 때문이다. 그는 단출하고 허름한 튜닉을 즐겨 입으며, 노숙자를 시스티나 성당에 초대하기도 한다. 성직자를 소명으로 택하는 사람들이 크게 줄어들면서 사용되지 않은 채로 내버려진 대학 기숙사, 회관, 호스텔이 많다. 프란치스코는 교회의 여러 수도회와 행정 부처들에 부탁해 그 공간을 가난한 사람들의 안식처로 사용하게끔 했다.

엄격함, 투명성과 더불어 가난, 자선은 프란치스코가 설교나 연설을 할 때 자주 사용하는 단어들이었다. 그는 특히 수녀들과 신부들에게도 검소한 생활을 장려했다. 자동차를 고르는 문제를 사례로 들어 설교하기도 했다. 2013년 6월 6일, 그는 신학 대학생들과 수련 수사, 수련 수녀들 앞에서 그 문제에 관해 꽤 오랫동안 이야기했다.

"정말이지 저는 최신 모델의 자동차를 타는 형제님이나 자매님을 보면 정말 슬픕니다. 그럴 수는 없습니다! (…) 물론 자동차는 필요한 것입니다. 해야 할 일이 많기도 하고 여기저기 왔다 갔다 하기도 해야 하니까요…. 그렇지만 자동차를 꼭 사야 한다면 보다 수수한 것을 선택하시기 바랍니다! 만약 화려한 자동차가 자꾸만 눈에 밟힌다면 배가 고파 죽어가는 아이들을 생각해주세요. (…) 만약 우리 중에 그런 아름다운 마음을 갖지 못한 가짜 형제, 가짜 자매를 보게 된다면 역겨움을 느껴야 합니다!"

그는 처음으로 '본보기를 보인' 교황이었다. 그는 아프리카에서 온 난민들을 위로하기 위해 이탈리아의 한 섬에 간 적이 있다. 그때 교황은 섬에 살고 있는 교구민이 제공한 피아트의 지프를 타고 다녔다. 프란치스코 성인의 땅인 아씨씨에 방문했을 때도 소형차를 탔다. 또 누군가는 다음과 같이 증언했다.

"베로나의 한 사제가 자동차 르노4를 줬을 때, 교황님은 그 차를 받기는 했지만 곧 폐차장으로 보내버렸습니다."[1]

새로운 교황의 파격적인 말과 행동에 놀라고 낯설어했던 교황청의 많은 추기경들은 이내 자신들도 새로운 시대에 동참하겠다는 뜻을 보였다. 하지만 그것은 말뿐이었고 본심은 감춰져 있었다. 추기경들의 실제 태도는 이들의 운전기사들 사이에서 회자되는 조소 섞인 농담에 잘 드러나 있다. "추기경들은 차고에 리무진이랑 고급 세단을 갖고 있으면서 밖에 다닐 때는 피아트 500 같이 작은 차를 타지. 그러면서 집은 또 고급 아파트라니까."

마지막 말은 농담이 아니라 진짜다. 교회에서 가장 높은 지위를 차지하고 있는 추기경들의 대부분이 로마 심장부에 위치한 호화로운 집에서, 대부분의 사람들은 상상할 수도 없는 풍족한 삶을 산다.

타르치시오 베르토네 추기경이 사는 집에 대한 이야기가 헤드라인 기사로 나온 적이 있다. 그는 바티칸에 있는 팔라초 산 카를로(Palazzo San Carlo)라는 아파트먼트*에 사는데, 꼭대기층의 아파트 두 채를 합쳐서 거대한 독채를 만들고 혼자서 사용한다. 베르토네만 그런 것이 아니라

---

* 한국어로 아파트는 주거 공간들의 집합체인 건물 한 동과 그 안의 독립된 주거 공간을 동시에 뜻한다. 그러나 서양에서는 각종 건물 안의 독립된 주거 공간은 'apartment', 집합체인 건물은 'apartment house'라고 구분한다. 따라서 혼란을 방지하고자 이 책에서는 아파트먼트는 전체 건물로, 아파트는 건물 안의 주거 공간으로 구별하여 사용한다.

일반적으로 그렇다.

교황청의 추기경들은 400~500 m^2(121평~151평), 심지어 600 m^2(181평)에 이르는 궁궐 같은 집에 산다. 고위급 추기경들의 임대 아파트에 대한 데이터는 프란치스코가 지시한 2013~2014년 감사 기록에 근거한 것이다. 이들은 보통은 개발도상국에서 온 선교 수녀들과 함께 산다. 선교 수녀들은 추기경들의 비서이자 청소부, 가정부로 일한다. 방들은 대기실, TV 시청실, 욕실, 응접실, 다과실, 서재, 개인 비서실, 문서 보관실, 기도실 등으로 다양하게 구분되어 있다. 건물 외관은 하나같이 멋들어진 모습을 하고 있다.

한 추기경 집단은 성 베드로 광장의 반대편인 이터널시티(Eternal City)의 심장부에 위치한 아름다운 건물에 산다. 마르크 우엘레(Marc Ouellet) 추기경이 사는 레지던스도 여기에 있다. 1944년에 태어난 그는 주교성(主敎省)*의 장관이자 교황청 남미 위원회의 위원장이다. 그의 아파트먼트는 거의 500 m^2(151평)에 이른다. 84세의 세르지오 세바스티아니(Sergio Sebastiani) 추기경 또한 주교성과 시성성의 소속 의원으로, 424 m^2(128평) 크기의 아파트먼트에 산다. 재미있는 것은 여든 살 넘은 추기경들의 역할이란 주로 상징적인 것일 뿐 콘클라베의 투표권도 갖고 있지 않다는 사실이다. 이러한 호화 저택들과 비교하면 교황이 지내고 있는 카사

---

*인류복음화성의 선교 지역이 아닌 곳 또는 동방 가톨릭교회를 담당하는 동방교회성의 관할권 아래 편입되는 지역들의 신임 주교 선발을 감독하는 로마 교황청의 심의회.

산타 마르타 201호는 50 m^2(15평)도 채 되지 않아 벽장 수준이라고 할 수 있다.

추기경들이 누리는 특혜는 이것이 다가 아니다. 추기경들은 교황청의 공직에 있는 동안 집세를 내지 않아도 된다. 공직에서 물러난 다음에는 1 m^2당 7~10유로(9,000~1만 3,000원)의 월세를 내기로 되어 있다. 그러나 실제로는 정년 80세를 넘긴 후에도 직위를 유지하는 추기경들이 많고, 덕분에 그들은 무료 집세 혜택을 계속 누릴 수 있다.

아파트먼트의 엄청난 크기에 대해 비난을 받으면 추기경들은 자신과 함께 살면서 집안일을 관리해주는 수녀들이 두 명에서 네 명 정도 있고, 이 수녀들에게도 공간을 마련해주다 보니 방이 많이 필요하다는 식으로 변명하곤 한다.

교황청의 추기경들이 교황청의 가장 중요한 부처들을 관리하는 것은 맞다. 그러나 그들은 거기서 그치지 않고, 가톨릭이라고 하는 세계의 중심 역할까지 해야 한다. 프란치스코는 추기경들이 지나친 혜택을 누리는 것을 보면서 가톨릭교회가 복음의 뜻에 따라 자선 사업을 시작하고 그것을 전 세계 곳곳에 펼쳐야 한다고 생각했다. 내가 '해야 한다'는 표현을 쓴 이유는 교황이 생각한 것과 현실이 완전히 다르게 흘러갔기 때문이다.

02

가난한 자들을 위한 돈은
어디로 가는가?

바티칸의 웹사이트에는 베드로 성금에 대해 다음과 같이 쓰여 있다.

베드로 성금은 신자들이 교황에게 보내는 재정적인 지원입니다. 베드로 성금을 낸다는 것은 베드로의 후계자인 교황이 보편 교회 (Universal Church)*에 필요한 여러 가지 것들과 가장 도움을 필요로 하는 자들의 구호를 해결하는 활동에 동참한다는 것을 의미합니다. (…) 신자들이 교황에게 보내는 헌금은 인도주의적인 사업과 사회 증진 프로젝트와 같은 대외적인 목적에 쓰이며, 또한 교황청 자체를 지원하기 위한 목적으로도 사용됩니다. 가톨릭교회 전체의 지도자

---

* 전 세계의 가톨릭교회를 일컫는 말.

인 교황은 가난한 교구들과 종교 기관들, 극심한 곤경에 처한 신자들 예를 들어 가난한 자, 어린이, 노인, 소외된 자, 전쟁 및 자연 재해 피해자, 가난한 주교들 또는 교구들, 가톨릭 교육, 이주민 또는 난민에 대한 지원 등의 물질적인 필요에 관심을 갖고 계십니다.

교황들은 항상 베드로 성금의 목적인 '자선'에 가치를 두며, 신자들에게도 관대하게 베풀 것을 촉구했다. 베네딕토 16세는 이렇게 말했다. "베드로 성금이야말로 모든 신자들이 로마 주교인 교황의 자선 사업에 동참하고 있다는 것을 가장 잘 표현합니다."[2]

교황들은 회칙 모음집에서 왜 자선이 교황청의 핵심 가치인지를 설명한다. '교회가 신자들의 조직화된 활동으로서 이뤄지는 자선 행위를 면제받는 일은 결코 없을 것이다. 또한 개인의 자선 행위가 불필요해지는 날은 결코 오지 않을 것이다. 왜냐하면 인간은 정의가 이뤄지는 것만으로는 만족하지 않기 때문이다. 인간은 항상 사랑을 필요로 한다.'[3]

그러나 내 눈으로 직접 확인한 재무제표나 대차대조표에 따르면, 베드로 성금의 관리 실태는 도무지 실체를 파악하기 어려운 수수께끼에 둘러싸여 있었다. 매년 걷힌 모금액은 공개되지만 그 돈이 어떻게 관리되는지에 대한 설명은 없다. 그러니까 우리는 신자들로부터 얼마만큼의 돈이 모금되었는지는 알지만 그것이 어떻게 사용되는지는 알지 못한다. 돈의 사용처에 관한 세부사항은 절대적인 비밀로 유지된다.

COSEA 위원들은 돈이 어떻게 사용되는지를 분명하게 알고 싶어 했으며 그에 대한 정보가 너무 없는 것을 수상하게 여겼다. 그들은 조사의 성공 여부가 베드로 성금의 관리자들을 회계 감사에 응하게 만들 수 있느냐 없느냐에 달려 있다는 점을 직감했다.

2013년 7월, 베르살디는 재무 보고서, 수치자료 및 각종 서류들을 베드로 성금의 관리자들에게 요청했지만 아무런 답신이 없었다. 뭔가 켕기는 것이 있는 게 분명했다. 그들은 베르살디가 지정한 마감일이 다 되도록 답장을 보내지 않았다. 답변이 늦어지는 분명한 사유나 해명을 적은 공식적인 편지도 물론 없었다.

이것은 문제에 대한 관심이 사그라질 때까지 시간을 벌기 위한 고전적인 수법이었을까? 만약 시간을 벌기 위한 것이 목적이었다면 대답을 아예 안 하기보다는 내용 중 일부라도 먼저 보내서 사람들을 달랜 다음, 무엇을 더 요청하는지 이해하지 못하는 척하면서 자료들이 없어져버렸다고 둘러대는 것이 보다 쉬운 길이다.

그러나 자선 기관은 태평스럽게 가만히 있는 쪽을 택했다. 그로 인해 COSEA 위원들과 금융 컨설턴트들이 품은 의혹은 점점 더 커졌다. 이 문제로 인해 교황청 내의 양 진영은 충돌 직전에 이르렀다. 프란치스코가 겪었던 적대적인 분위기를 이해하기 위해서는 좀 더 자세한 설명이 필요하다. 나는 입수한 문서들을 가지고 그들이 어떠한 과정을 거쳐 충돌 사건까지 갔는지 재구성할 수 있었다. 문제의 발단은 2013년 12월, 국무원과 APSA가 위원회의 서류 요청에 제대로 협조하고 있지 않다는 사실이 확인되면서부터였다. 12월 2일, 위원회는 프란치스코의 개인 비서에게 편지를 보내 교황의 직접적인 개입을 요청했다.

가장 존경하는 몬시뇰(Monsignor)*께

저희의 단기 업무들 중에는 국무원이 경제적 차원과 행정적 차원에서 맡고 있는 역할과 활동을 조사하는 것도 포함되어 있습니다. 이는 국무원장께서도 다 알고 계시는 내용입니다. 회의에서 논의한 대로 상부의 바람을 충족하려면 명확하고 분명한 공식적인 조치가 즉각적으로 필요하다고 생각됩니다.

전 국무원장인 타르치시오 베르토네는 정년이 되어서 퇴임했다. 프란치스코는 그를 대신할 사람으로 피에트로 파롤린(Pietro Parolin) 추기경을 임명했으며, 파롤린은 2013년 10월 15일에 국무원장에 취임했다.

위원회는 자신들의 조사가 타성에 막힐 것을 염려했다. 실제로 위원회가 교황의 비서에게 쓴 편지도 별 효과가 없었고 교착 상태가 계속되었다. 12월 18일, 취리히에 위치한 맥킨지 사에서 일하면서 위원회의 외부 컨설턴트를 맡고 있던 필리포 시오릴리 보렐리(Filippo Sciorilli Borelli)

---

* 주교를 비롯하여 고위 성직자들을 부르는 경칭. '나의 주인'이란 뜻을 지닌 이탈리아어 Monsignore에서 유래하였다.

는 교착 상태에서 빠져나오고자 또 다른 방법을 시도해보기로 했다. 그는 국무원의 알베르토 펠라스카(Alberto Perlasca)와 다음 날 만날 약속을 잡았다. 펠라스카는 베드로 성금을 담당하고 있었다. 보렐리는 일처리가 또 늦어질까봐 그가 관리하는 계좌들과 기금의 지출 내역 자료 중에서 자신이 요구하는 정보와 서류가 정확히 무엇인지 하나부터 열까지 자세하게 적어 이메일로 미리 보냈다.

이메일은 정확하게 12월 18일 오후 2시 9분에 전송되었다. 7분 뒤, 답장이 보렐리의 수신함에 도착했다. 답장은 단 몇 줄에 불과했다.

 잘 알겠습니다. 9시 30분이 더 좋을 것 같네요. 귀하께서 요청하신 것들을 저희 쪽에서 답변이 가능할지 가늠해보고, 답변드릴 방법에 대해서도 생각해보겠습니다. 그럼 안녕히.

다음 날인 12월 19일, 맥킨지, KPMG, 프로몬토리의 컨설턴트들로 구성된 컨설팅팀이 바티칸에서 펠라스카를 만났다. 컨설턴트들은 드디어 신자들이 낸 헌금이 어디로 갔는지에 대한 답변을 들을 수 있을 것이라고 기대했다. 화기애애한 분위기에서 컨설턴트들은 많은 질문을 던졌지만, 돌아온 답변은 만족스럽지 않았다. 그들은 밖으로 나와 서로를 쳐다보며, 충격에 빠져 분개했다. 단단한 철벽이 그들의 앞을 가로막은 느낌이었다. 사무실로 돌아간 그들은 COSEA 위원장인 자라에게 자신들이 겪은 일을 알리기로 했다.

"오늘 저희는 성 베드로 성금이 어떻게 사용됐는지에 대한 보다 자세한 이야기를 듣고자 몬시뇰 펠라스카를 만났습니다. 분위기는 화기애애했지만 저희는 새로운 정보를 전혀 얻지 못했습니다. 저희가 들은 것은 그 돈의 일부가 교황청의 부족한 운영비용에 사용되고, 나머지 일부는 교황을 위해 사용되며, 따로 남는 돈이 없다는 것이었습니다. 상세 내역을 요청하자 그 이상은 알려주려고 하지 않았습니다."

그렇게까지 진실을 숨기는 이유는 무엇일까? 교황이 초고속으로 위원회를 설립한 후 바티칸의 재정 조사는 순조롭게 진행될 것만 같았다. 그러나 조사는 베드로 성금에 대한 정보를 얻지 못함으로써 길을 잃고 좌초할 위험에 처했다. 근심이 날로 깊어졌다. 컨설턴트들은 계속해서 위원장 자라에게 걱정을 이야기했다.

저희에게 없는 자료들 중에 가장 중요한 것은 베드로 성금에 관한 것입니다. 그들은 기금이 얼마나 모이고 어떻게 관리되는지를 전반적으로 파악할 수 있는 자료를 저희에게 주려고 하지 않았습니다. 국무원과 APSA에서 운용하고 남은 총 잔액만 해도 적어도 3,000만~4,000만 유로(389억 7,000만~519억 6,000만 원)에 달할 겁니다. 두 번째로 중요한 것은 거칠게 말하자면 '그들이 우리에게 말하지 않는 것'에 있습니다. 우리는 베드로 성금 말고도 다른 자금 역시 국무원의 회계 장부에 제대로 기록되고 있는지 알지 못합니다.

03

교황청 행정부의
말하고 싶지 않은 진실

위원회가 회계 서류를 요청하는 첫 번째 편지를 바티칸의 행정 부처들에 보낸 지도 벌써 다섯 달이 지났다. 하지만 위원회는 여전히 출발선에서 한 발짝도 떼지 못했다. 연결 재정 보고서에 포함되지 않은 비공식 회계 장부가 있는지 없는지에 대해서 전혀 알 길이 없었다. 이제 위원들은 상부와 직접 접촉해보기로 했다.

2014년 1월 3일, 위원회의 조정관이자 교황청과의 연락 담당자인 바예호 발다는 신임 국무원장 피에트로 파롤린에게 해명을 요청하는 단호한 편지를 썼다. 발다는 다음의 편지를 통해 교황의 바람을 두 번이나 강력하게 전달한다.

가장 존경하는 국무원장님께

현재 저희 교황청 위원회는 교황님께서 맡겨주신 일을 충실히 완수하기 위해 노력하고 있습니다. 그 일환으로 교황청의 주요 독립체들에 대해 적절한 회계 감사를 대규모로 진행하고 있습니다. 특히 이 회계 감사는 경제적인 차원과 행정적인 차원에서 바티칸에 꼭 필요한 활동입니다. 거의 모든 곳에서 요청을 기꺼이 받아들여주시고 협조해주셔서 저희는 감사할 따름이었습니다. 이것은 모든 부처들이 교황 성하의 바람을 마음 깊숙이 이해하고 진심으로 부응해주고 있다는 뜻이겠지요.

회계 감사의 대상 중에는 국무원장께서 맡고 계시는 조직도 포함되어 있습니다. 저는 위원회의 설립 기반이 된 교황의 자필 증서 속 명령을 받들어 몇 가지 서류를 저희 담당자들에게 보내주십사 간곡히 부탁드리고자 합니다. 저희가 요청드릴 서류는 첨부된 목록에서 확인하실 수 있습니다.

아시겠지만 저희의 일정이 매우 급한 상황입니다. 따라서 지금 말씀드린 서류를 1월 10일까지 부탁드립니다. 국무원장께서 저희의 요청에 기꺼이 협조해주실 것을 알고 있기에 미리 감사 인사를 드립니다. 혹시 필요한 것이 있으시면 언제든지 저에게 알려주시기 바랍니다. 최선을 다해 가장 존경하는 국무원장님을 도와드릴 것입니다.

– 몬시뇰 바예호 발다

편지에는 스물다섯 개 항목의 긴 목록이 첨부되어 있었다.[4] 교황의 대책 본부는 특히 마지막 두 가지 항목에 관심을 나타냈다.

저희는 다음의 자료를 아직 받지 못했습니다. 하나는 국무원이 소유하고, 관리하고, 내부의 모든 활동에 사용하는 은행 계좌 및 주식 등의 목록입니다. 다른 하나는 베드로 성금 및 다른 수입원으로부터 모인 지출, 투자 등의 기금에 대한 총체적인 관리 내역입니다.

위원장 자라는 충분한 정보를 확보하지 못했다는 사실을 잘 알았다. 그는 국무원장의 답장을 초초한 마음으로 기다렸다. 그 정보 없이는 상황을 분명하게 파악할 수 없을 것이고 탄탄한 개혁안을 만드는 것이 불가능했다. 그러나 국무원은 이번에도 묵묵부답이었다. 결국 1월 16일, 자라는 프란치스코에게 사태의 심각성을 알리는 편지를 작성했다.

교황 성하

성하의 위원회가 가장 핵심적인 정보의 부족으로 인해 교황청의 연결 재정 분석을 완수하지 못하고 있다는 소식을 전해드리게 되어 죄송할 따름입니다. 저희는 몬시뇰 파롤린에게 국무원이 갖고 있는 은행 계좌 목록과 채권, 기금, 주식에 대한 투자 내역, 베드로 성금 관련 계좌에 대한 정보를 요청했습니다. 그러나 아무런 답변도 받지 못했습니다. 저희는 국무원이 요청받은 금융 정보들 중 어느 것도 제공하려고 하지 않는 이유가 혹시 그들이 몇몇 비밀 계좌들의 존재를 감추기 위해서가 아닐까 하는 생각을 하게 되었습니다.

교황청의 총체적인 재무 상황을 파악하지 못한다면 위원회는 바티칸의 행정 부처들에 존재하는 여러 가지 경제적 위험을 평가할 수 없습니다. 이것은 바로 위원회의 존재 이유라고 할 수 있는 중요한 과업들 중의 하나이지요. 그러나 바티칸이 처한 위험을 평가하는 작업이 얼마나 중요한지 인정받지 못한다면 저희 위원들은 각자의 책무를 완수할 수 없을 것입니다. 저희는 맡은 임무들 중에서 가장 중요한 부분인 재무 상태의 분석을 완수하지 못함으로써 교황 성하를 실망시켜 드리고 싶지 않습니다. 저희가 이 문제를 어떻게 헤쳐 나가면 좋을지 성하께서 가르침을 주신다면 정말 감사하겠습니다.

부디 저희에게 축복을.

1월 30일, 프란치스코의 직접적인 개입 덕분인지 혹은 다른 압력 덕분인지 드디어 파롤린으로부터 답변이 도착했다. '신성한 재무 보고서'라는 거창한 제목을 붙인 스물아홉 쪽짜리 서류였다. 이 중에서 내가 첫 번째로 입수한 서류에는 다음과 같은 내용이 강조되어 있다.

'베드로 성금은 성 베드로 축일과 성 바울 축일에 전 세계의 모든 교구들이 모금하여 보내는 전통적인 헌금입니다. 모금된 돈은 전부 축일

기간 동안에 교황이나 교황청 외교 사절의 담당자에게로 보내집니다. 이 모금액을 교황과 교황청의 자선 사업 자금으로 운용하는 일은 국무원 내의 총무부 특수과가 맡고 있습니다.'

국무원은 이 정보가 일급기밀로 보호되고 있다는 사실을 명시한다.

베드로 성금의 수익을 분석한 보고서는 매년 공개되고 있습니다. 그러나 수익금이 어떻게 사용되는지에 관해서는 상부의 지시에 따라 오늘날까지도 절대적인 일급기밀로 유지되고 있습니다. 그렇기 때문에 베드로 성금의 사용 내역은 교황청에 대한 연결 재무 보고서에도 배제되고 있는 것입니다.

사실상 지금까지도 가난한 사람들을 위해 모금된 돈은 검은 구멍으로 줄줄 새고 있다. 돈이 어떻게 사용되는지는 절대적인 비밀이며 단지 얼마큼의 돈이 들어왔는지에 대한 항목만 존재한다. 그럼으로써 공식적인 재무 회계 보고서가 갖춰야 할 요건을 살짝 피해 간다.

'상부 지시'라 함은 다시 말해 국무원장이나 전임 교황의 결정이라는 말이다. 왜 그렇게 모든 것을 숨기려는 걸까? 그 돈이 대체 무슨 일에 사용되었을까? 그의 편지에는 진실을 짐작해볼 만한 부분이 한 곳 있다.

모금액 중 교황이 지시한 자선 사업이나 특정 프로젝트에 사용되는 금액은 1,410만 유로(183억 원)이고, 특정한 목표 대상에 보내지는 돈이 690만 유로(90억 원)이며, 로마 교황청의 유지비에 들어가는 돈이 2,890만 유로(375억 원)입니다. 그리고 따로 남은 돈은 630만 유로(82억 원)입니다.[5]

이는 전 세계 신자들이 모금한 돈의 절반 이상이 가난한 사람들에게 가는 것이 아니라 교황청의 재원으로 사용된다는 것을 의미한다. 잔액을 제외하고 계산하면 정확하게는 58%의 돈이 교황청으로 들어간다. 국무원의 편지에 적힌 '베드로 성금의 사용처'를 하나하나 따져보면 교황청이 1,410만 유로(183억 원)를 교황청 재정에 난 구멍들을 메꾸기 위해 사용했다는 사실을 분명하게 확인할 수 있다.

또 550만 유로(71억 원)가 인쇄업자들에게, 100만 유로(13억 원)가 도서관에, 30만 9,000유로(4억 원)가 여러 재단들에 사용되었다. 즉 2012년에 베드로 성금에 들어온 모금액 5,320만 유로(690억 원)에 이자 300만 유로(39억 원)를 더한 금액 중 67%에 달하는 3,570만 유로(463억 원)가 교황청에 사용되었다. 그리고 12.4%에 해당하는 630만 유로(82억 원)는 아예 사용되지 않고 베드로 성금의 보유 잔액으로 남겨졌다.

04
교황청의 적자를 메우는
베드로 성금

전 세계 신자들이 교황에게 보냈다는 베드로 성금 중에서 가난한 사람들을 돕는 데 사용된 돈은 겨우 20%밖에 되지 않았다. 이러한 상황이 벌어진 것은 사도 궁전에서 재무 관리가 제대로 이뤄지지 않았기 때문이었다. 전임 국무원장 베르토네는 베네딕토 16세를 설득해서 현 체제를 지지하는 보수적인 이탈리아인 동료들을 거의 모든 부처에 심었다. 그 결과 그 부처들은 전부 적자를 내거나 다른 문제들을 드러냈다. 이것은 다음의 기밀문서에 잘 묘사되어 있다.

 재정 상황을 요약한 보고서를 보면 2013년의 재정 적자는 2,890만 유로(375억 원)였습니다. 이것은 수입액 9,280만 유로(1,204억 원)에서 지출액 1억 2,170만 유로(1,579억 원)를 제한 금액이었습니다. 지출 내역을 보면 APSA는 부동산 관리 명목으로 6,600만 유로(856억 원)를 사용했습니다. 바티칸 라디오나 교황청 대사관들의 운영에도 각각에 2,500만 유로(324억 원) 가까이 사용됐습니다. 국무원의 운영비와 직접비로는 530만 유로(69억 원)가 쓰였습니다.

위에 언급한 수입액을 고려해 국무원은 APSA의 지출액, 즉 더 넓은 의미에서는 교황청의 지출액을 재산정했습니다. 그로 인해 바람직한 균형 예산의 달성이 불가능해진 것으로 보입니다.

이 때문에 국무원은 매년 신자들이 교황에게 보낸 헌금에서 돈을 빼내어 모자란 재원을 마련하는 것이다.

 그래서 국무원은 매년 베드로 성금에 손을 대고 교황청의 유지비로 상당한 돈을 소모합니다. 특히 교황청의 인건비를 메꾸는 데 많은 돈이 들어갑니다. (…) 교황청은 지난 수년간 베드로 성금으로 부족한 자금을 조달했습니다. 베드로 성금을 '부적절한' 용도로 끌어다 쓴 것입니다. 국무원은 전 세계의 교구들 및 각 교구의 주교들이 참석하는 회담들과 교황청의 사이에서 중간 연락책 역할을 하는 교황청 대사관을 통해 수많은 재원들을 확보하고 자금을 모읍니다.

청빈의 상징인 프란치스코 성인의 이름을 선택한 교황에게 이것은 가장 나쁜 소식이었다. 그렇게 많은 돈이 남았다면 왜 투자하는 데라도 사용되지 않았을까? 투자를 했으면 이익을 볼 수 있었을 텐데 말이다. 나는 베드로 성금의 나머지 잔액인 총 3억 7,790만 유로(4,903억 원)가 열두 개의 은행에 쪼개져 있다는 사실을 확인했다.

그러나 2011~2012년 사이에 이렇게 분배되어 있는 예치금에서 나온 이자 수익은 그다지 많지 않았다. 이자율은 겨우 1%도 되지 않았다. 황당할 정도로 낮은 금리이다. 어떻게 된 것일까? 그리고 무엇보다도 베드로 성금의 잔액은 왜 사용되지 않는 것일까?

05

답을 얻지 못한
열세 가지 질문

프란치스코의 사람들은 재무 보고서를 받고 할 말을 잃었다. 위원회의 외부 금융 전문가들은 그 재무 보고서를 주의 깊게 검토했다. 그리고 셀 수 없이 많은 변칙과 실수, 불일치를 발견했다. 이 자료를 며칠 동안 검토한 맥킨지의 컨설턴트 필리포 시오릴리 보렐리는 2014년 2월 10일 늦은 오후에 행동을 결심했다.

그는 국무원의 재정에 관한 질문 열세 가지를 작성하여 자라에게 보냈다. 베드로 성금의 예치금과 지출 내역, 실제적인 관리 내역의 핵심을 꿰뚫는 질문들이었다. 첫 번째 질문은 이자율에 관한 것이었다. 어떻게 그렇게 금리가 낮을 수 있을까? 그가 찾아낸 확실한 단서는 다음과 같다.

국무원의 재무 보고서에는 2012년의 이자 수익이 300만 유로(39억 원)라고 되어 있습니다. 이것이 바티칸은행이 알려준 베드로 성금의 연간 평균 이율이라는 거지요. 그런데 2012년에 바티칸은행에 예치한 금액은 8,950만 유로(1,161억 원)이지요. 그렇다면 이자율은 3%가 아닌가요? 이것은 사실이 맞습니까?

───────────────────────

이것이 사실이라면 다른 은행에 예치된 잔액에 대한 이자가 얼마인지도 분명하지 않다. 만약 거짓이라면 모든 은행에 예치된 총 잔액의 전체 이자율이 겨우 1% 정도라는 것은 어떻게 설명할 수 있을까?

시오릴리 보렐리는 국무원이 언급한 적자가 교황청의 적자라면, 교황이 일간지 〈로세르바토레 로마노〉에 매년 예치한 돈이 '그 적자를 메꾸기 위한' 재원의 항목에 들어 있지 않은지 알고자 했다.

그는 또 질문했다. "교황이 〈로세르바토레 로마노〉의 몫으로 배분한 베드로 성금의 일부인 2011년의 210만 유로(27억 원)와 2012년의 730만 유로(95억 원)는 어떤 항목으로 잡혀 있습니까?"

마지막은 2011년 베드로 성금의 잔액 문제다. 여러 은행에 분산된 실제 예치금은 3억 7,160만 유로(4,900억 원)인데, 보고서에는 3억 5,340만 유로(4,600억 원)로 보고되어 있다. 그는 묻는다. "1,820만 유로(300억 원)의 차액이 발생했습니다. 이러한 마이너스 차액을 어떻게 설명하실 건가요?"[6]

답변은 오지 않았다. 열세 개의 질문들은 한 번도 공식적으로 제기된 적이 없으며, '10구역'에도 남지 못했다. 10구역이란 위원회의 작업 중에서도 가장 중요한 기밀들을 의미한다. 따라서 COSEA는 결론이 부족한, 부분적인 보고를 할 수밖에 없었다. 질문들이 무시당한 이유가 정확히 무엇인지는 뭐라 말하기 어렵다. 사도 궁전의 몇몇 내부자들은 위원회와 국무원 양쪽의 지도부가 보통의 관행에 따라 예측할 수 없는 결과를 미연에 방지하고자 위험한 질문들을 폐기했을 것이라고 추정한다.

바티칸은행의 전 회장이었던 에토레 고티 테데스키(Ettore Gotti Tedeschi)도 같은 딜레마에 봉착한 적이 있다. 그는 이탈리아 은행에서 시작된 돈세탁 문제를 해결하기 위해 일류 컨설턴트들의 도움을 받으려고 했다. 그리고 재무 타당성을 지키는 국가들의 명단인 '화이트리스트' 즉 우량기업 목록에 바티칸의 이름도 올릴 수 있을 거라고 생각했다.

당시는 베네딕토 16세가 베르토네와 그 주변 인물들의 영향력 아래 있었을 때였다. 베르토네의 사람들은 고티 테데스키가 제안한 내용을 변질시켜 전달함으로써 그의 평판을 떨어뜨렸다. 그들은 고티 테데스키가 외국의 중앙은행에 바티칸을 제멋대로 간섭할 기회를 주려 한다고 말했다. 교황청에서는 전통이 군림한다. 교황청에서 평신도의 영향력, 무게, 권력은 항상 성직자보다 약하다. 여기서 그 성직자가 추기경이건 일반 사제이건 그의 지위는 문제가 되지 않는다. 또한 마찬가지로 그 성직자가 회계 장부나 재무 보고서를 다루는 방법을 아는지 아니면 완전히 무지한지도 전혀 문제가 되지 않는다.

06
교황들의 비밀계좌

국무원은 재무적으로 큰 손실을 겪었고 혼란의 늪에 빠져 있었다. 많은 은행 계좌들이 관리되지 않고 방치된 것만 봐도 그랬다. 15년이 넘게 지났음에도 2000년도 축일들을 위해 사용했던 계좌 네 개가 아직도 열려 있었다. 물론 그중 두 개는 APSA에 개설된 계좌였다.

교황들은 개인 계좌를 가지고 있을까? 수십 년 동안 그것에 관한 진실은 밝혀지지 않았다. 한쪽에서는 어설프게 부인했고, 다른 쪽에서는 여러 가지 추측을 하기 시작했다. 그 결과 희한한 설들이 나돌았다. 일말의 진실이 세상에 드러난 것은 베네딕토 16세의 집사였던 파올로 가브리엘레가 복사한 기밀문서가《교황 성하》를 통해 공개되었을 때였다.

베네딕토 16세는 2007년 10월 10일, 바티칸은행에 39887이라는 계좌번호의 계좌 개설을 명한 것으로 드러났다. 출판한 책 130권에 대한 로열티 50%를 받기 위해서였다.[7] 큰돈이 한꺼번에 계좌로 들어왔다. 2010년 3월, 그가 베네딕토 16세 기금(Benedict XVI Fund)에 240억 유로(31조 원)를 예치했을 때처럼 말이다.

2014년 초에 국무원이 회계 장부 감사용으로 보낸 비공개 문서를 보면 그 누구도 밝혀내지 못했던 진실을 발견할 수 있다. 모든 교황에게는 개인 계좌가 있다. 대개의 경우 교황이 사망한 이후에도 계좌는 수년간 그대로 남아 있다. 가장 신비스러운 것은 사실 이미 사망한 교황의 계좌다. 물론 통화는 유로로 바뀌어 있다.

예를 들어 요한 바오로 1세는 1978년에 사망했지만 계좌는 아직까지 열려 있다. 계좌번호는 26400-108이고, 계좌에는 11만 864유로(1억 4,000만 원)의 잔고가 들어 있다. 그 돈은 누가 관리할까?

전임 교황이었던 바오로 6세는 37년 전에 사망했다. 그는 최근에 복자로 시복되었는데, 자료에 따르면 '바오로 6세의 개인 계좌'라는 이름의 계좌 두 개가 남아있다고 한다. 계좌번호는 26400-042이고 12만 5,310유로(1억 6,300만 원)가 들어 있다. 또 다른 계좌의 번호는 26400-035이고 잔액은 29만 8,151달러(3억 4,300만 원)이다. 이러한 증거로 볼 때 그는 통화의 평가 절하나 금융 위기에 대비해 위험 부담을 줄이고자 두 개의 계좌에 각각 다른 통화를 예치한 것이 분명하다.

이와 비슷한 은행 계좌에 제기된 민감한 질문들은 오늘날까지도 대답을 얻지 못하고 있다. 이 계좌들이 정말 사망한 사람의 것이라면 계좌들은 닫혀야 한다. 그러나 계좌들은 아직도 열려 있고 그중 몇몇 계좌들은 꽤 오래되었다. 어떻게 이런 일이 가능할까? 누군가가 이 계좌들을 통해 돈을 옮기고 있는 걸까? 그는 상속자일 가능성이 높다. 그렇다면 그는 무슨 권리로 바티칸은행에 계좌를 계속 유지할 수 있는 걸까? 일반 사람들은 바티칸은행과 거래할 수 없는데 말이다. 이러한 질문들이 국무원의 국무차장이나 국무부장에게 전달되는 일은 없을 것이다. 그리고 그 이유가 무엇인지 우리로서는 알 길이 없다.

PART 4
—
수갑을 찬
바티칸

MERCHANTS
IN THE TEMPLE

"형제들은 궁전에 입성하는 것이 아니라
로마 교회에 들어서는 것입니다. (…)
우리 모두가 궁전에서 행해지는 관습과 행동 양식인
모함, 험담, 파벌, 편애, 편파를 피하고
또한 남이 피할 수 있도록 돕기를."

- 프란치스코 교황 -

01

뉴스 헤드라인에 등장한
'람보' 추기경

베드로 성금이 바티칸 재정에 뚫린 검은 구멍의 전부는 아니다. COSEA의 손에 제한적인 자료와 조각 난 정보가 쥐어졌기 때문이다. 정보가 너무 부족했을 뿐더러 조작되었거나 해독하기가 어려웠다. 다른 구멍들에는 조치를 취하기 어려웠다. 위원회는 벽에 부딪혔다. 아무리 민첩하고 날렵하게 움직여도 그 즉시 상대방의 예상치 못한 반격에 가로막혔다.

앞에서 말했던 것처럼 2013년 7월 3일의 비밀회의에서 아고스티노 발리니 추기경은 교황의 관대함을 구했다. 그는 바티칸의 재정에 나타나는 문제들이 그저 무지에서 비롯된 것이라고 말했다. 그러나 바티칸 재정 관리자들의 부정행위를 결코 무죄라고 할 수는 없었다. 발리니 추기경이 무지하다고 언급했던 이들은 교황의 감사관들이 움직이자 갑자기 칼처럼 예리하게 대응하기 시작했다. 그 결과 조사를 시작한 지 6개월이 지난 시점에도 위원회는 여전히 바티칸의 재정 상태에 대한 정확한 진단을 내릴 수가 없었다. 교황은 자신의 심장이자 영혼인 자선 사업 등에 어떤 자금을 사용할 수 있는지조차 알 수 없었다. 모순이지만 사실이다. 신정 국가인 바티칸의 교황이 기본적인 정보도 손에 넣을 수 없었던 것이다.

특히 돈과 관련된 문제는 교황이 가장 마지막으로 보고받는다. 그만큼 교황은 얼마큼의 돈이 들어오고 나가는지를 정확하게 알아내기 어렵다. 프란치스코는 항상 지친 기색 없이 개혁을 촉구했고, 전 세계 가톨릭 신자들의 감동을 이끌어냈다. 하지만 이러한 상황들로 인해 프란치스코의 개혁 작업은 거의 막다른 골목에 도달했다. 모든 것이 마비되었다. 회계 장부에 친 연막은 분명 우연이 아니었다. 자신들의 허위, 타성, 개인적인 이해관계 등을 감추기 위한 것이었다. 바티칸의 재정 상태를 자세하게 파악하지 못한다면 핵심적인 문제 영역을 규명하는 것도, 나아가 해결책을 제안하는 것도 불가능할 것이었다. 개혁을 일으킨다는 것은 상상도 할 수 없었다.

그러나 위원회는 포기하지 않았다. 베드로 성금과 시성성에 대한 조사는 놀라운 비밀을 품고 있는 새로운 영역들로 이어졌다. 주요 목표물 중 하나는 APSA였다. 사도좌 재산 관리처라고도 불리는 APSA는 금속 동전을 주조할 뿐 아니라 바티칸의 재산과 주식, 부동산을 관리하는 행정부처였다.

처장은 베르토네의 충복인 도메니코 칼카뇨 추기경으로, 2011년 베네딕토 16세에 의해 임명되었다. 그는 이탈리아의 고발성 보도로 유명한 TV쇼 〈레 이에네(*Le Iene*)〉의 주인공이 된 데 이어 뉴스의 헤드라인을 장식했다. 이 쇼의 리포터는 2002~2003년 한 소아성애자 사제가 미성년자들을 성폭행한 사건을 사보나 지역의 주교였던 칼카뇨가 여러 차례 묵과했다는 사실을 알아냈다. 칼카뇨의 교구가 이상 행동을 처음 보고받은 것은 1980년이었다. 그 사제는 학교에서 소년을 성추행한 것으로 밝혀지며 쫓겨났지만, 원래 지역에서 고작 10*km* 떨어진 지역으로 보내졌다. 심지어 그 지역의 가톨릭 청소년센터에서 보이스카우트 한 분대를 감독하는 일을 맡았다. 또다시 항의를 받은 교구는 그를 다른 교구로 보냈다. 그러나 그는 이번에도 고작 몇 *km* 떨어진 마을이었고 그곳에서 비행청소년들을 위한 지역센터를 개설했다.

칼카뇨는 2002년에 사보나의 주교가 되었다. 그 지역의 전 회계 담당자였던 카를로 레바글리아티(Carlo Rebagliati) 신부는 죽기 전, 그가 칼카뇨에게 이 사실에 관해서 얘기한 적이 있다고 털어났다. 그는 소아성애자 사제와 매일 접촉하고 있는 미성년자들이 위험하다고 경고했다. 그러나 칼카뇨 주교는 문제를 회피하려 했다. 칼카뇨는 이렇게 말했다고 한다. "그냥 소문일지도 모르지요." 칼카뇨는 성폭행을 당한 사람과 접촉한 적도 있었다. 그는 이렇게 증언했다. "칼카뇨는 저에게 법원에 가지 말라고 말했습니다. 왜냐하면 그 사제가 매우 여린 사람이어서 자살을

할 수도 있다고요. 그렇게 되면 제가 양심의 가책을 느끼지 않겠느냐고
했어요."

칼카뇨는 해를 넘겨서야 그 문제에 관심을 갖기 시작했다. 그는 당시
신앙교리성의 장관이었던 베네딕토 16세에게 편지를 써서 어떻게 하면
좋을지 조언을 구했다. 칼카뇨는 편지에 서류도 첨부했다. 주교 총대리
가 정리한 사보나 교구의 내부 문서로, 소아성애자 사제가 일으킨 사건
을 요약한 것이었다. 사회복지사들이 보고한 내용을 토대로 1980년에
벌어진 첫 번째 사건부터 22년 후인 가장 최근의 사건까지 모든 것이 정
리되어 있었다. 이는 사보나 교구가 빤히 알면서도 사실을 거의 25년 동
안 묵인해왔다는 것을 인정하는 증거물이었다. 자료는 다음과 같은 문
장으로 끝난다. '신문에 보도된 적이 없으며 진행 중인 조사도 없음.'

베네딕토 16세의 답장은 발견되지 않았다. 확실히 알 수 있는 것은
단지 그 편지 이후 문제의 사제가 당시 있던 지역에서 고작 12km 떨어진
곳으로 옮겨졌다는 사실이다. 여기서도 그는 마법이라도 부린 것처럼
보이스카우트 캠프에 떡하니 나타났다. 그리고 또다시 캠프에 참가한
소년에 의해 성추행으로 고발당했다. 그는 2010년까지 계속해서 사제
로 지냈다. 첫 번째 성추행 사건이 있은 지 30년째 되는 해 사제직에서
내려온 이유도 편지를 통해 자신의 사제직을 박탈해달라고 직접 요청했
기 때문이었다.

TV 보도에서 1980~2005년 사이에 사제에게 성폭행 당한 소년 다섯
명이 증언을 했다. 이 보도는 칼카뇨를 잠시 주춤거리게 했지만 그의 창

창한 앞길을 막지는 못했다. 프란치스코는 교황이 되기 나흘 전부터 칼카뇨의 콘클라베 참여에 대해 물고 늘어지는 기자들로부터 쫓겨 다녔다. 프란치스코는 그 어떤 질문에도 대답하지 않았다.

칼카뇨는 2012년, 뉴스에 또 등장했다. 이번에는 성직자의 것이라기엔 좀 독특한 취미가 화제였다. 그는 총에 대한 남다른 수집벽을 갖고 있었다. 〈사보나뉴스(Savona news)〉의 한 기자는 칼카뇨의 값비싼 개인 소장품인 리볼버 권총들에 대해 보도했다. 그는 스미스앤웨슨 사의 357구경 매그넘과 에스코트 사의 펌프식 라이플 외에도 다양한 총기를 소장하고 있었다. 모두 등록과 신고가 허술하게 이뤄진 것들이었다. 그는 수집가들이 찾아다니는 빈티지 총과 현대식 총들로 가득 찬 작은 무기고를 갖고 있었다. 심지어 2003년, 한 사격장에서 그 총들을 직접 사용하기도 했다. 누군가가 그에게 해명을 요구하자 칼카뇨는 선량한 시골 사제와 같은 말투로 상대를 안심시키며 이렇게 답했다고 한다. "그것들은 모두 자물쇠로 잠긴 방에 안전하게 보관되어 있답니다."

칼카뇨와 프란치스코의 관계는 공식적인 차원에서만 우호적으로 이뤄졌다. 아르헨티나 출신의 교황은 구체제의 파수꾼을 믿지 않았다. 프란치스코는 칼카뇨가 교황청의 회계 장부를 비밀리에 조작한다고 믿었다. 바티칸에 사실상 두 개의 은행이 운영되고 있다는 것을 깨달은 사람은 얼마 되지 않았다. 바티칸에는 바티칸은행 외에도 바티칸 금융의 심장부에 있지만 잘 알려지지 않은 독립체인 APSA가 있었다.

APSA는 자격을 제대로 갖춘 하나의 중앙은행으로 인식되고 있다. APSA에는 두 종류의 과가 있는데, 하나는 민감한 사안들을 수행하는 특수과였다. 주식 및 채권 투자를 조절하고 은행 계좌와 예치금을 관리한다. 사실상 특수과는 교황청의 현금 흐름을 관리한다.

2013년 11월까지 이 특수과의 장은 파올로 멘니니(Paolo Mennini)였다. 파올로 멘니니의 아버지인 루이지 멘니니는 폴 마르친쿠스의 오른팔로 유명했다. 그리고 마르친쿠스는 교회 역사에서 가장 논란이 많은 인물 중 한 명이었다. 그가 로베르토 칼비(Roberto Calvi)의 죽음으로 끝난 방코 암브로시아노(Banco Ambrosiano) 스캔들*에서 중요한 역할을 했기 때문이다.[1] 이처럼 교황에게 APSA는 또 다른 심각한 문제의 근원지가 될 수 있는 곳이었다.

---

* 당시 암브로시아노의 은행장이자 '신의 은행원'으로 불렸던 로베르토 칼비는 바티칸은행을 통해 돈세탁됐다고 추정되는 13억 달러(1조 5,060억 원)를 횡령하고 도주했다. 그러나 나중에 영국 런던의 블랙프라이어스 브리지(Blackfriar's Bridge)에서 목이 매달린 시체로 발견됐다.

02
이탈리아의 구속영장을 허가하다

　새로운 교황이 선출되기 전인 2013년 3월, 이탈리아 살레르노와 로마 검찰청의 검사들은 APSA의 특수과 회계 주임인 눈치오 스카라노(Nunzio Scarano)의 금융 활동에 대한 조사를 착수했다. 콘클라베 준비로 정신없는 분위기 속에서도 검찰은 스카라노를 계속 도청했다. 기소장을 보면 검찰은 도청 등을 통해 증거 자료를 수집했고, 스카라노가 돈세탁에 연루되었으며, 불법적인 경로를 통해서 외국의 엄청난 자본을 들여오려고 했다는 사실을 밝혀냈다.

　구체적으로 말하자면 그는 자신의 바티칸은행 계좌를 통해 돈을 간단하게 세탁할 수 있는 시스템을 제공했다. 그는 수십만 유로에 달하는 자기앞수표를 최고액권인 500유로 뭉치로 가득 찬 서류가방과 맞바꿨다. 이로 인해 그는 '미스터 500'이라는 별명을 얻었다.

스카라노는 은행에서 일하다가 스물여섯 살에 사제가 되었다. 화려한 삶을 동경했던 그는 유명 인사들을 만나는 것을 좋아했다. 영화계와 방송계의 부자들을 친구로 삼고, 이탈리아 유명 연예인들과도 친분을 맺었다. 하지만 그가 가장 큰 열정을 쏟은 대상은 언제나 부동산과 돈이었다. 그는 살레르노에 700㎡(212평) 크기의 집을 사서 리모델링했고 부동산 회사를 여러 개 차렸다. 로마에서는 APSA가 소유한 아파트먼트에 살았다. 나보나 광장과 이탈리아 상원의사당과 가까운 곳에 위치한 110㎡(33평) 크기의 집이었다. 궁전 같은 집에 공짜로 사는 80세 이상의 유명 추기경들과는 달리 스카라노는 월세로 740유로(96만 원)를 내야 했다. 물론 같은 동네에 있는 비슷한 크기의 다른 아파트먼트보다는 임대료가 세 배나 더 쌌다.

프란치스코가 교황으로 선출된 직후, 교황청에는 스카라노의 범죄에 대한 조사가 진행되고 있다는 불온한 소문이 돌았다. 신임 교황은 매우 조심스럽게 움직여야 할 필요성을 느꼈다. 5월 29일, 스카라노의 오랜 친구였던 루이지 놀리(Luigi Noli) 신부의 증언으로 수사에 박차가 가해졌다.

하지만 교황청 재산 관리처의 회계사였던 스카라노는 1929년 당시 바티칸시국의 국무원장 피에트로 가스파리(Pietro Gasparri)와 이탈리아의 수상 베니토 무솔리니(Benito Mussolini) 사이에 맺어진 라테란 조약*에 따라 일종의 외교 면책 특권을 누렸다. 이탈리아 수사관들은 적절한 외교적 통로를 확보해야 했다. 그들은 최대한 신중히 증거를 찾아냈고 결국 구속영장을 발급하는 데 성공했다.

프란치스코는 1987년 요한 바오로 2세가 직면했던 딜레마와 비슷한 상황에 처했다. 당시 이탈리아 대법원은 밀라노의 검사들이 사기파산 혐의로 바티칸은행의 회장인 폴 마르친쿠스과 루이지 멘니니, 펠레그리노 데 스트로벨(Pellegrino de Strobel)에게 발부한 구속영장을 기각했었다. 이탈리아의 사법 체계에 바티칸 사람들의 활동에 대한 사법권은 없다고 판결했기 때문이었다. 이탈리아 입장에서 세 사람은 외국 중앙 부처의 직원들이었으므로, 바티칸의 허가가 없는 이상 기소에 대한 면책권을 가졌다. 물론 바티칸에서 기소를 허가할 일은 절대로 없었다. 길고 긴 논의 끝에 마르친쿠스와 멘니니, 데 스트로벨은 단 하루의 감옥살이도 없이 풀려났다.

프란치스코가 교황에 취임한 첫 주에 바로 그 악몽이 되풀이되는 듯했다. 프란치스코는 스카라노의 구속을 허가할 것인지를 놓고 동료들에게 의견을 구했다. 국무원 내의 의견은 양분되었다. 추기경들은 프란치스코와 함께 바티칸의 아름다운 정원을 거닐며 각자의 의견을 이야기했다. 몇몇 추기경들은 과거에 항상 그랬던 것처럼 이번에도 구속영장

---

* 이탈리아와 교황청 사이에 맺은 조약으로, 두 개의 의정서에 조인했다. 제1의정서는 1870년 이탈리아와 교회의 대립 해결을 도모한 것이었다. 이 조약에 의해 교황청의 절대적 주권을 인정한 바티칸시국이 완전히 독립했다. 제2의정서는 정교조약으로, 로마 가톨릭교회가 교권을 자유롭게 행사할 수 있도록 규정해 교육, 결혼, 과세, 주교 임명 등 여러 문제에서 특권이 인정되었다.

이 기각되어야 한다고 생각했다. 구속영장을 허가하면 이탈리아와 바티칸시국 간의 외교 역사에 불온한 전례가 생길 것이고, 그럴 경우 앞으로 모든 것이 그 전례에 따라 결정될 수밖에 없다는 것이 이유였다. 프란치스코는 조용히 듣기만 했다. 아무도 눈치채지 못했지만, 사실 프란치스코는 이미 마음의 결정을 내린 상태였다. 그의 마음은 온건하면서도 확고한 혁명 노선 쪽으로 기울어 있었다. 그것은 과거와의 결별을 알리는 신호였다.

2013년 6월 28일 새벽, 스카라노는 수갑을 찼다. 그는 두 건의 재판을 받고 있다. 하나는 로마에서의 부패 혐의, 또 하나는 살레르노에서의 돈세탁 혐의다. 스카라노가 수갑을 찰 당시 교황은 브라질을 방문하고 돌아오는 중이었다. 비행기 안에서 스카라노 사건에 관해 한마디 해달라는 요청을 받은 교황은 스카라노를 가차 없이 비판했다. "그가 성녀 이멜다처럼 주님을 지극히 사랑해서 감옥에 갔겠어요?" 교황은 14세기 볼로냐에서 태어나 영성체를 받다가 황홀경에 빠져 죽은 소녀의 얘기를 하며 그를 비꼰 것이다. 그의 발언은 프란치스코 편의 사람들과 교황청의 재정을 갖고 노는 이들의 거리가 극심하게 벌어지기 시작했다는 것을 시사했다.

03

바티칸은행,
돈세탁의 무대가 되다

스카라노 관련 스캔들이 전 세계 신문과 TV 뉴스의 헤드라인을 연이어 장식했다. 스카라노가 체포된 이후 바티칸의 비밀의 방에서 무슨 일이 일어났는지는 알 방법이 없다. 구체제 지지자들과 개혁 지지자들 사이에 날카로운 긴장감이 흘렀다. 스카라노가 체포된 날로부터 5일이 지난 7월 3일, 프란치스코는 COSEA 위원회의 설립을 공표했다. 바티칸은행의 새로운 회장인 에른스트 폰 프라이베르크는 추기경들과 교황에게 자신이 바티칸은행의 특정 계좌에서 발견한 이상한 특징을 보고했다. 그는 그러한 계좌들이 더 있을지도 모른다고 말했다. 그는 계속해서 다음과 같이 말했다.

우리가 맞닥뜨린 문제가 무엇입니까? 어느 모로 보나 자신의 계좌를
불법적인 거래와 돈세탁에 이용하는 사람들이라고 할 수 있습니다.
그 사람들은 성직자들일 수도, 일반 사람들일 수도 있습니다. 이렇게
엄청난 위기 앞에서 예외를 따질 수는 없겠지요.

바티칸은행의 회장이 바티칸은행에서 돈세탁이 벌어지고 있다고 직
접 시인한 것은 처음 있는 일이다. 아니 그보다는 바티칸의 내부자들이
바티칸은행의 불법적인 활동에 대해 잘 알고 있었다는 사실이 대중에게
알려진 것은 처음이라고 해야 옳다. 수십 년간 바티칸은 바티칸은행, 즉
종교 사업 기구가 은행이라는 사실조차 시인하지 않으려고 했다. 1980
년대에 있었던 스캔들 이후 공식적인 언론 발표에서 매번 부인되어온
여러 가지 의혹들을 참으로 속 시원하게 인정한 것이다.

폰 프라이베르크는 자신의 발언이 회의장 밖으로 새어나가지 않을
것이라고 믿었다. 그 자리에 참석한 추기경들과 고위 관료들이 고해성
사실의 사제처럼 비밀을 보장해줄 것이라고 말이다. 그렇지만 그의 충
격적인 발언은 밖으로 새어나갔고, 이 책을 통해 처음으로 공개되는 것
이다.

폰 프라이베르크는 멈추지 않았다. 그는 돈세탁업자를 찾아내기가
쉽지 않다며, 좀 더 자세하게 설명을 이었다. 사실상 모든 계좌가 용의
선상에 놓였다.

범죄에 사용된 계좌가 그리 많을 것 같지는 않습니다. 언론에 보도된 계좌들은 바로 그날 제가 직접 확인해보려고 했습니다만 컴퓨터상에서는 찾을 수가 없었습니다. (…)

스카라노의 계좌가 존재했던 것은 사실입니다. 그 계좌는 10년간 올바르지 못한 일에 사용되었고 이제 와서야 그 사실이 밝혀졌지요. 그는 정말로 돈세탁 전문가였습니다. (…) 이것은 좋지 못한 일이었죠…. 우리는 세 가지 문제들이 각각 꼭짓점을 이룬 세계 속에서 살고 있습니다. 첫 번째 꼭짓점은 돈세탁업자이고, 두 번째 꼭짓점은 세간에 퍼진 유언비어이며, 마지막 꼭짓점은 우리의 절대적인 침묵입니다.

바로 몇 주 전까지만 해도 스카라노가 바티칸에서 요직에 있었다는 사실을 생각하면 폰 프라이베르크의 발언은 강력했고 충격적이었다. 참석자들은 스카라노가 그렇게 오랫동안 어떻게 불순한 행위를 할 수 있었는지, 그리고 누가 그를 도왔는지 질문했다. 스카라노는 10년 동안 자신의 개인적인 사업을 통해 이익을 취해왔지만 그 누구에게도 들키지 않았다. 그의 죄는 재판에서 가려질 것이다. 하지만 그동안 그를 보호해왔던 사람은 과연 누구였을까?

04

바티칸 금융을 움직인
아버지와 아들

스카라노의 상사인 파올로 멘니니는 앞에서 말했듯 평범한 은행원이
아니었다. 그는 마르친쿠스의 오른팔이었던 루이지 멘니니의 아들이었
다. 검찰이 스카라노에 관한 조사에 들어갔을 때 파올로 멘니니는 심문
조사조차 받지 않았다. 그러나 만약 바티칸에서 벌어진 서로 다른 금융
범죄에 그와 그의 아버지가 모두 연루되었다면 파장은 매우 커질 수 있
었다. 스카라노가 구속되자 사람들은 그 가능성을 생각하기 시작했다.

2002년 이래 멘니니는 APSA에서 특수과의 장으로 교황청의 현금
흐름을 관리하는 권력자였다. 174 m^2(53평)짜리 그의 집은 바티칸시국으
로 통하는 주요 관문들 중 하나인 성 안나의 문으로부터 엎어지면 코 닿
을 데 있었다. 멘니니도 시세에 비해 매우 저렴한 임대료를 냈다. 아파

트가 그렇게 넓은데도 한 달 월세는 843유로(109만 원)밖에 되지 않았다. 그는 은행 계좌들과 외국 부동산 회사들을 관리하는 등 교황청의 재정 관리망에서 핵심적인 역할을 했다. 액수로 따지면 그가 관리한 돈은 총 5억 9,100만 유로(7,636억 원)였다.

위원회는 102개의 계좌들을 운용하고 있던 멘니니의 부서에서 무슨 일이 벌어졌는지 명확하게 알고 싶었다. 돈세탁 규제의 준수 실태를 평가하는 유럽이사회의 소속 부처인 머니발(Moneyval)의 감사 후, APSA는 신분을 확인하기 어렵거나 바티칸의 은행과 거래할 법적 권리가 없는 개인, 독립체, 회사가 갖고 있던 예금 계좌 31개를 닫았다. 이로써 계좌의 수는 71개로 줄었다.

나머지 계좌 주인들의 신원도 곧 밝혀졌다. 그들 중 여섯은 독립체였다. 바로 성 베드로와 바오로 연합, 성 베드로회, 성묘기사단, 아기예수 병원, 국제 가톨릭 의사 협회, 국제 가톨릭 병원 협회였다. 또 다른 계좌 두 개의 주인은 각각 프랑스와 스위스의 건물들을 관리하는 협력 회사인 소프리덱스SA 파리와 프로피마SA 제네바였다. 전 바티칸시국 행정처 장관이었던 지오반니 라졸로(Giovanni Lajolo) 추기경의 개인 계좌도 있었다. 나머지 계좌들의 주인은 밝혀지지 않았다.

그런데 이것보다 더 놀라운 사실이 밝혀졌다. 2013년 11월 18일, 파리에서 열린 COSEA 회의에서 장 바티스트 드 프랑쉬는 APSA의 계좌들을 분석하다가 발견한 것에 대해 다음과 같이 설명했다.

89개의 계좌 주인의 신원이 밝혀졌습니다. 처음에 확인했던 74개의 계좌에 15개의 계좌가 추가로 밝혀진 것입니다. 이러한 정황으로 볼 때 APSA가 급히 계좌들을 닫으려고 했던 것 같습니다.

이 중에서 43개의 주인은 기관입니다. 이 기관들의 연결 자금이 교황 청에 있기 때문입니다. 그리고 나머지 46개 계좌의 주인은 비기관입니다. APSA의 일반과가 보유한 계좌도 있는데 이 계좌의 성격이 무엇인지는 밝혀낼 필요가 있습니다.

프란치스코 편 사람들과 파올로 멘니니 사이에 긴장이 흘렀다. 조사에 관한 소문이 새어나가면서 조사 여건이 나빠졌다. 2013년 7월 8일, 스카라노는 이탈리아 검사들의 심문을 받았다. 멘니니에 관한 그의 폭탄 같은 증언으로 이탈리아 조간신문인 〈코리에레 델라 세라(Corriere della Sera)〉에는 다음과 같은 기사가 실렸다.

'10월에 기밀로 분류된 스카라노의 진술문을 보면, 그는 피나트 뱅킹의 주식이 관리되었던 방식과 멘니니에 대해 길게 이야기했다. 스카라노는 멘니니가 한 이탈리아 은행의 주식 조작 사건에 연루되었다고 암시했다. 스카라노는 검사들이 그의 말이 진짜인지 되물어 확인할 정도로 많은 얘기를 했다. 파올로 멘니니의 아들인 루이지는 은행 방카 피나트의 전무이사이다.'[2]

멘니니는 그를 둘러싼 의혹들에 위축된 것처럼 보이지 않았다. 예를

들면 2013년 10월 24일 늦은 저녁, 그는 2,000만~2,500만 달러(228억
~285억 원)의 적절한 매입 경로를 찾은 것에 대한 만족감을 상사인 칼카
뇨 추기경에게 이렇게 표현했다.

가장 존경하는 추기경님께

스위스의 외환 결제 제휴 은행으로부터 2,000만~2,500만 달러라는
상당한 금액의 외화를 은행권으로 제공받게 되었다는 사실을 알려
드리게 되어 기쁩니다.

그들이 처음 제시한 수수료 견적은 우리 쪽에서 의뢰한 금액의
0.05%에 국가 간 운송비, 사무실까지의 배달료, 보험료 등 모든 비
용을 포함한다는 조건이었습니다. 저는 수수료를 0.04%까지 낮추
는 데 성공했습니다만 협상을 계속해서 수수료를 더 낮춰볼 생각입
니다. 운송비가 만만치 않다 보니 아주 큰 금액일 때만 작업하는 것
이 좋겠습니다.

언제든지 연락주세요. 저의 헌신과 안부를 전합니다.

파올로 멘니니는 자신의 두 번째 5년 임기가 끝나는 2013년 11월 11일
에 직위에서 내려올 예정이었다. 그러나 자라는 그가 임기 만료 직전에
취한 행동들을 전쟁 선포로 해석했다. 모든 것은 11월 13일 멘니니가 칼
카뇨 추기경의 책상에 놓고 간 편지로부터 시작되었다.

다음의 편지 내용처럼 멘니니는 뉴욕에 위치한 연방준비은행의 부사장 티모시 포가티(Timothy Fogarty)와 전화 통화를 했다. 포가티는 '중앙은행 및 국제 계좌 서비스'를 관리했다. 그리고 멘니니는 포가티가 현금을 공급할 때 APSA와 직접 거래하고 싶어 한다는 점을 강조했다. 포가티가 당시 바티칸 중앙은행과 일하고 있었던 프로몬토리 파이낸셜 그룹의 컨설턴트들을 거치지 않기를 바랐기 때문이다.

포가티 씨는 저와 말하게 된 것을 기뻐했습니다. 그는 2013년 11월 5일, APSA가 그에게 보낸 해외 송금 전신문을 받았다고 했습니다. 그리고는 외국 경화(硬貨)*의 공급에 대해 이야기했습니다. 연방준비은행은 보통 중앙은행에 은행권을 제공하기는 하는데 상업은행이나 금융 기관을 거치지 않을 경우에만 이 서비스를 보장한다고 합니다. 그는 APSA에 무슨 일이 생길 경우 언제든지 믿고 의지할 수 있는 파트너로서 자신을 생각해달라고 했습니다.

그는 이 문제에 관해 APSA와 직접 이야기하고 싶다고 합니다. 또한 이 일에 프로몬토리의 중개가 정확히 어떤 역할을 하는 것인지, 그리고 그들이 왜 필요한지 이해할 수 없다고도 했습니다. 이것으로 보건대 그는 APSA를 연방준비은행과 분명한 연결 관계에 있는 중앙은행으로 생각하고 있습니다. (…)

---

* 외국통화와 자유롭게 교환되는 국제통화. 미국달러나 유로 등.

은행권에 대한 얘기로 다시 돌아가자면 포가티 씨는 프로몬토리에 전화해서 이러한 종류의 일은 APSA와 직접 거래하고 싶다는 뜻을 전할 것이라고 했습니다. 또한 은행권이 곧 그들의 금고에 배달될 예정이므로, APSA가 바티칸행 운반에 대해 결정을 내려주기만 하면 된다고 했습니다. 그는 틀림없이 이 일에 필요한 적당한 사람들을 APSA에 소개시켜줄 수 있을 겁니다.

대화 말미에 포가티 씨는 몇 년 전 로마에 방문한 이야기를 즐겁게 했습니다. 특히 바티칸 박물관과 정원이 좋았다고 하더군요.

내가 수중에 넣은 자료들을 통해 당시의 상황을 재구성해보자면, 자라는 APSA의 개혁을 파탄 내기 위한 명백한 시도라고 멘니니의 편지에 대해 해석했다. 자라에게 그의 편지는 COSEA 위원회와 프로몬토리의 활동을 무시하는 행위였다. 자라는 위원회의 조정관인 바예호 발다에게 다음과 같은 전갈을 보냈다.

루시오 신부님께

멘니니는 전쟁을 도발하고 있습니다. (…) 이 얘기는 이따가 만나서 합시다. 어찌 됐건 멘니니를 당장 사임하고 다른 사람을 그 자리에 앉혀야 합니다.

위원회의 또 다른 위원인 장 바티스트 드 프랑쉬도 같은 생각을 했다. 그는 위원회의 분석가들에게 다음과 같은 편지를 썼다.

지금은 우리에게 매우 만족스럽지 못한 상황입니다. 멘니니가 그 자리에 계속 있게 된다면 앞으로 더 많은 탄도미사일을 우리에게 날려올 겁니다. 그의 자리에 하루바삐 다른 사람을 앉히는 것이 좋겠습니다. 조, 우리가 무엇을 해야 이 교체 작업에 속도를 낼 수 있을까요? 제기된 두 가지 문제에 관해서 말하자면 저는 연방준비은행과 멘니니, 그리고 프로몬토리에 대해 우리가 애초에 세웠던 전략을 조금도 바꿔서는 안 된다는 생각입니다.

한편 멘니니는 APSA에 계속 보고했다. 11월 20일, 맥킨지의 컨설턴트들은 자라에게 다음과 같이 언급했다.

지난 며칠간 멘니니는 자신의 업무를 몬시뇰 미스토에게 이전하기 위해 규칙적으로 사무실에 들렀습니다. 공식적으로 후임자를 지명하지 않더라도 멘니니가 사무실을 떠나는 날을 먼저 당장 정해놔야 합니다.

11월 22일, 연방준비은행과의 관계는 끊어졌다. 칼카뇨는 부사장인 포가티에게 편지를 써서 멘니니가 더 이상 APSA 직원이 아니라는 사실을 알렸다. 포가티는 자신의 사정을 설명하면서 당혹감을 표출했다.

> 70년 넘게 뉴욕의 연방준비은행은 APSA와 생산적인 관계를 맺어왔습니다. 특히 APSA가 우리 쪽에 갖고 있는 계좌 관련 문제로 멘니니 씨 등과 함께 일할 수 있어 기뻤습니다. 언제든지 우리 두 기관이 맺어온 관계를 유지하고 더욱더 개선할 준비가 되어 있습니다. 저는 APSA의 전환기에 대리인들과의 업무 관계를 효과적으로 발전시킬 수 있습니다. APSA의 전환기에 멘니니 씨와 대화를 하는 것이 추기경님이나 APSA에 문제가 되지 않기를 바랍니다. 저는 APSA에 달러 지폐를 공급하기 위한 어음을 작성하고 있습니다. 이 어음을 APSA의 어느 분 앞으로 보내야 할지 알려주시면 감사하겠습니다.

그 후 몇 개월간 멘니니의 일거수일투족이 감시되었다. 그는 여전히 APSA의 부동산 회사들에 있어 중요한 인물이었다. 때문에 2014년 1월 22일, 드 프랑쉬는 칼카뇨 추기경에게 편지를 썼다. 그는 될 수 있는 한 빨리 관계된 회사의 이사들에게 멘니니의 퇴직을 알리고, 멘니니와의 관계를 정리하는 조치를 취하라고 말했다. "우리의 평판에 미칠 수 있는 위험을 생각한다면 이 문제를 한시라도 바삐 해결해야 합니다."[3]

05

유령 자선 단체와
기록되지 않은 계좌들

COSEA는 교황청의 각 행정 부처들의 회계 장부를 이 잡듯이 뒤졌다. 유럽이사회의 자금 세탁 방지 대책 전문 위원회인 머니발을 비롯해 국제 은행 사회, 국제 관리감독 기관들은 항상 바티칸의 은행 거래에 회의적인 태도를 보였다. 2012년 7월에 작성된 제1차 교황청 상호 평가 보고서를 보면 머니발은 이미 재무제표에서 많은 오차를 찾아냈다. 바티칸은 현대의 국가들이 채택한 자금 세탁 방지 규정의 도입을 오랫동안 미뤄왔다. 바티칸 재정에 투명성을 요구한 사람들은 상을 받기는커녕 처벌을 받곤 했다. 일례로 비가노는 워싱턴으로 추방당했고, 전 바티칸은행 회장이었던 에토레 고티 테데스키는 억울한 중상모략을 당해 은행에서 쫓겨났다.

프란치스코가 교황에 취임한 첫해에 진행된 조사에서 바티칸의 부기가 투명성을 기초로 한 현대의 일반적인 회계 표준을 준수하지 않은 것으로 드러났다. 은행 계좌들을 꼼꼼하게 분석해보니 상황은 조사관들이 예상했던 것보다 훨씬 더 심각했다. 2014년 2월, 추기경 자문단에 제출된 보고서를 보면 '교황청의 연례 재무 보고서에 기록되지 않은 자금과 부동산, 기타 자산들이 상당했다'.4 즉 '기록에 없는 은행 계좌들에 확인되지 않은 액수의 돈이 들어 있다'는 말이다.

이로써 지금까지 유지되어온 검은 시스템이 세상에 발각됐다. 그동안 이 시스템은 위기의 순간에는 침묵을 지키다가 위기가 끝나자마자 그 막강한 힘을 다시 드러냈다. 개혁을 막기 위해서였다. 유령 자선 재단 앞으로 개설된 은행 계좌들에 큰돈이 들어 있었다. 숨겨진 자산들은 회계 장부에 기록되지 않았다. 특히 유가증권은 일반적인 부기에 포함되지 않았고 불분명한 목적을 위해 사용되었다.

국제 감사관들은 몇몇 부처들이 일종의 이중 부기를 통해 비자금을 만들고 있다고 보고했다. 교황은 보고를 무시하지 않았고 추가 조사와 확인을 요청했다. 내부의 기밀문서를 살펴보면 문제의 규모와 범위가 훨씬 더 충격적이다.

 독립체 네 곳에 대한 견본 분석을 통해 교황청의 2012년 12월 31일 자 연례 재무제표에 기록되지 않은 돈이 적어도 9,400만 유로(1,213억 원)에 달하는 것으로 밝혀졌습니다. 아시아 교회성에 4,300만 유로 (555억 원), 대사관들에 3,700만 유로(477억 원), 포교성성*에 1,300만 유로(168억 원), 그리고 시성성에 100만 유로(13억 원)가 숨겨져 있습니다.[5] 이것은 성성과 평의회들이 예방적 차원의 관리감독에 소홀했기 때문에 일어난 것입니다. (…) 성성과 평의회들은 자신들이 얼마큼의 자금을 사용할 수 있는지, 또는 어떤 종류의 지출이 허락되는지 모릅니다. 분석에 따르면 국무원이 재무제표에 없는 상당한 자산을 관리하고 있습니다. 그리고 그 자산은 외부 감사관들의 조사를 받은 적이 없다고 추정됩니다. 마찬가지로 베드로 성금의 잔액 관리에도 투명성이 결여되어 있습니다.

---

* 현 인류복음화성. 선교 활동과 관련된 업무를 담당하는 로마 교황청의 심의회.

06

조사를 통해 발견된 시한폭탄

프란치스코는 각 부처들이 베드로 성금과 각종 기부금 등을 통해 마련한 거대한 자금을 어떻게 관리하는지 더 자세히 알고 싶어 했다. 이 돈이 수입으로 잡히고 있는 건지, 어떤 기준에 따라 어디로 이동되는지 등을 말이다.

바티칸의 회계에서 투자는 가장 큰 수입원 중 하나이다. 투자로 인해 생긴 수익은 교황청의 엄청난 지출 비용을 대주고, 복음 전파 활동의 윤활유가 되어준다. 그러나 동시에 투자된 돈은 극도로 높은 위험에 노출된 것으로 봐야 한다. 많은 부처들이 그러한 위험을 안고 있는 것으로 드러났다. 먼저 APSA가 처한 위험에 대해 알아보자.

바티칸의 각종 기관들이 관리하는 총 자산은 교황청의 내부 기관들의 보유 자산 40억 유로(5조 1,700억 원)와 제3자의 보유 자산 60억 유로(7조 7,500억 원)를 합쳐 총 100억 유로(12조 9,200억 원)에 달합니다. 이 중에서 90%는 주식에, 10%는 부동산에 투자되어 있습니다. 특히 10%의 투자 및 분배 방식이 일반적인 회계 표준과 큰 차이를 보인다는 사실이 확인되었습니다. 예를 들어 11억 유로(1조 4,200억 원)에 대한, APSA의 2013년 9월자 재무 포트폴리오에서 투자 다각화 부분을 살펴보겠습니다. APSA 고객들의 투자금 60%가 네 개 이하의 주식들에 집중되었습니다. 즉 APSA 고객 60명 중에서 35명은 시한폭탄을 안고 있는 것이나 다름없습니다. 그들은 다각화되지 않은 투자 전략 때문에 투자금을 잃게 될 엄청난 위기에 처했습니다.

또 다른 예로는 APSA의 양도성 예금 증서가 몇몇 은행에 집중되어 있다는 점을 들 수 있습니다. 투자금 2억 5,500만 유로(3,300억 원) 중에서 80%가 방카 프로시마 은행 단 한 곳에만 투자되어 있습니다. 이것은 금융 위기의 발생 가능성을 매우 높이고 있습니다. APSA는 너무 많은 기능들을 홀로 수행하는 잡종 독립체입니다.

시장이 언제 급격하게 하락할지 모르는 상황에서 투자금의 80%를 신용기관 단 한 곳에 맡기거나 주식 몇 개에만 투자하는 것은 상상할 수 없을 정도로 위험한 일이다. 내가 본 자료에는 교황청의 성직자들이 왜 방카 프로시마 은행을 선택했는지에 대한 설명은 없다. 어쨌든 APSA가 고객들을 매우 위험한 상황에 처하게 한 것은 분명하다. 프로몬토리 파이낸셜 그룹이 APSA에 실시한 조사에서는 92건의 역기능 사례가 발견되었다. 역기능 사례들은 다양한 '위험 유형'으로 분류되며, 아래는 그중에서도 가장 중요한 내용들이다.

- 평판 : 내부 감사 기관인 금융감독청(Financial Information Authority)에 넘겨진 몇몇 은행 계좌에서 의심스러운 정황을 발견.
- 수입의 손실 : 부동산 재산에 대한 부실한 관리 절차, 허술한 주식 투자.
- 재산 관리 : 투자 위원회가 제대로 된 역할을 하고 있지 않음.
- 운영 수준 : 서면으로 지시를 내림. 확인된 위험 가능성을 해결하지 않는 것은 추후 교황청에 심각한 재정 손실을 불러올 수 있음. 의심스러운 거래를 적발하지 못함. 교황청에 계속 유동성을 확보하려고 함.

이러한 사정들이 밝혀지자 프란치스코의 혁명 정책은 속도를 높였다. 위원회는 몇 가지 전략들을 통해 구체적인 목표를 향해서 나아갔다. COSEA는 스캔들과 소동이 일어나는 것을 막고자 구체제 수호자들을 해임하지는 않았다. 대신 그들을 '관리'했다. COSEA 조정관은 교황청

재무심의처의 베르살디를 관리감독했고, APSA의 칼카뇨에게는 일종의 보호 격리 조치를 취했다.

한편 프란치스코는 다음 혁명을 준비했다. 교황청의 경제 구조 전체가 재조직되고 있었다. 먼저 국무원을 반으로 줄임으로써 국무원이 가진 거대한 권력을 약하게 만들려고 했다. 또 국무원장 파롤린 추기경과 국무부장인 조반니 안젤로 베치우는 계속해서 외교적인 활동과 내부적인 일들을 관리했다. 그러나 재정적인 문제에 관해서는 다른 변화가 필요했다.

프란치스코는 새로운 조직을 만들기 위해 규칙과 규정을 살폈다. 그 새로운 조직의 목적은 자신이 그동안 무너뜨릴 수 없었던 권력의 중심을 효과적으로 무력화하는 것이었다.

2014년 2월, 교황은 자신의 계획을 담은 칙령인 교서를 공표했다. '경제적·행정적 사안들의 새로운 조정'에 관한 것이었다. 바티칸에 일종의 총괄 경제 부처를 설립하는 내용이었다. 이 기관은 두 개의 부분으로 나뉘었다. 하나는 조지 펠 추기경이 이끄는 경제사무국이었고, 다른 하나는 다양한 국적을 가진 추기경 여덟 명과 평신도 일곱 명, 그리고 감사관 한 명으로 구성된 경제평의회였다.

교황이 직접 임명한 평의회의 구성원들은 모두 전문성과 금융 지식 면에서 인정받는 사람들이었다. 이 새로운 감사 조직은 권력의 중심을 항상 주시하는 정찰견의 역할을 하게 될 참이었다. 교황의 대변인인

페데리코 롬바르디(Federico Lombardi)가 공식 발표에 어울리는 차분하고 단정한 목소리로 교황의 전갈을 전했다. '현재 주세페 베르살디 추기경이 장으로 있는 교황청 재무심의처는 이 감사 기관에 긴밀하게 협조한다.'

APSA의 원래 기능들 또한 축소될 예정이었다. 부동산 관리 및 인사와 관련된 모든 활동은 새로운 조직이 담당하게 됐다. 이러한 혁명적인 개혁은 이어지는 내용에서 좀 더 자세히 묘사할 것이다. 공식적인 언론 보도에 따르면 이 혁명적인 개혁은 'COSEA 위원회의 권고안에 의거'해 결정되었다. 하지만 교황의 혁명 작업은 끝날 줄 모르는 고통스러운 기다림을 맞이할 운명이었다.

새로운 핵심 사안들이 또 다른 문제의 근원지인 바티칸시국 행정처에서 발견된다. 바티칸시국 행정처는 박물관에서부터 상점까지의 모든 상업 활동, 에너지에서부터 전화까지 각종 서비스의 조달, 건축 프로젝트, 다양한 계약을 관리하는 부처이다. 당연히 막대한 양의 돈이 연루되어 있다. 그러나 프란치스코는 물러서지 않았다. 프란치스코는 자신의 추종자들과 함께 새로운 동지들을 찾고, 과거와 영원히 결별하기 위해 바티칸의 안팎을 분주하게 돌아다녔다.

PART 5

교황청의
무거운 죄

MERCHANTS
IN THE TEMPLE

"저희는 자비를 행하시는 예수에게서 상처를 발견합니다. (…)
예수님의 상처를 긍휼할 용기를
저희에게 허락해 달라고 토마스 성인에게 기도합시다."

- 프란치스코 교황 -

01

교황들은 변할 수 있어도
우리는 변하지 않는다

COSEA는 바로 또 다른 문제의 해결에 착수했다. 위원회가 조사해야 할 범위는 지나치게 넓었다. 그들은 엄청나게 많은 금융 거래 내역과 수백만 유로짜리 계약 건들을 분석하고 검토해야 했다. 단 몇 개월 만에 회계 감사를 마치고 개혁안 마련에 필요한 지표들을 가려내 프란치스코에게 알려주는 것은 불가능했다. 게다가 그 지표들은 즉각적이고 구체적이면서 효과적이어야 했다.

회계 감사관들은 시간적인 한계에 맞서야 했을 뿐 아니라 과거의 실패도 뛰어넘어야 했다. 20세기의 마지막 몇십 년 동안 개혁의 시도가 성공한 적은 단 한 번도 없었다. 교황청은 마치 부드러운 뱃살처럼 그 모든 시도를 흡수하고 정상화했다. 타성은 교황청의 '기본값'이었다. '교황들은 변할 수 있어도 우리는 변하지 않는다.' 겉으로는 변화에 열려 있는 척하면서 실제로는 개혁을 지연시키거나 실패시키기 위해 수단과 방법을 가리지 않는 추기경들이 즐겨 하는 말이었다. 그러한 방해공작에도 프란치스코는 전혀 흔들림 없이 응수했다. "추기경은 로마의 교황청에 들어온 것이지, 궁정에 들어온 것이 아닙니다. 마치 궁정에 사는 사람들인 것처럼 행동하는 습관은 버려주시기 바랍니다. 교황청에서 권모술수, 험담, 편파적 태도가 있어서는 안 됩니다."[1]

2013년 말, COSEA는 바티칸시국 행정처가 둘러친 철벽에 부딪혔다. 바티칸시국 행정처의 장관도, 사무총장도 COSEA의 요구를 충족할 만한 자료를 제공하지 않았다. 그들은 2013년 7월 31일자 편지에서 교황청 재무심의처 처장인 베르살디 추기경에게 다음과 같이 변명했다.

가장 존경하는 추기경 예하

급히 알려드릴 것이 있어 편지 드립니다. 바티칸시국 행정처는 기관 차원에서 물품 및 용역의 조달을 위해 1만 8,850건의 주문을 승인했습니다. 이 중 일부는 기존에 맺었던 계약을 이행한 것입니다. 작년 주문들과 미완료 주문들을 합하면 총 2만 3,499건 중에서 4,649건에 이르며, 총 주문 건수의 60%는 나중에 재판매할 목적으로 물품을 구매한 경우에 해당합니다. 이러한 활동들이 아직 완료되지 않은 상황이므로 현재로서는 요청하신 서류의 작업이 불가합니다.

편지 내용을 전해 들은 프란치스코는 자세한 정보를 공개하라고 재촉했다. 프란치스코의 개인 비서는 이러한 태업을 저지하는 역할을 맡았다. 그는 바티칸 박물관의 관장인 파올로 니콜리니(Paolo Nicolini)와 같은 사람들에게 조언을 구하며 상황을 살폈다. 니콜리니는 과거에 개혁 프로젝트가 시행되었을 당시 바티칸의 기관들 사이에 일어났던 일들을 말해줬다. 그리고 요한 바오로 2세와 베네딕토 16세가 시도했던 개선 작업들이 얼마나 헛되게 끝났는지도 아주 자세하게 이야기했다. 좋은 아이디어들과 높은 기대는 매번 쓰라린 결과로 이어졌다. 개혁의 시도는 좌절과 함께 원점으로 돌아왔다.

2014년 1월, 니콜리니는 요청에 따라 〈역사의 한 토막〉이라는 제목의 세 쪽짜리 글을 준비했다. 이 비공식 보고서는 요한 바오로 2세가 교황으로 있었던 1999년에 시작된 한 프로젝트에 대한 이야기를 담고 있었다. 프로젝트의 목적은 행정 절차를 표준화하는 것이었다. 그러나 이 새로운 시스템은 사실 구닥다리에 불과했고 투명성이 떨어졌다. 즉 이전에 있었던 변화 시도들은 전문가에게 지불해야 할 막대한 수수료만을 남긴 채 끝나버렸다.

3년 동안 언스트앤영은 천문학적인 수수료를 받았다. 환산하면 560만 유로(72억 3,000만 원)에 달하는 그 금액은 바티칸의 회계 시스템을 컨설팅해준 대가였다. 개혁을 위한 계획이 바티칸에 필요하기는 했지만 비용을 들인 만큼 문제가 해결된 것도 아니었다. 니콜리니는 열광에서 실망으로 끝나버린 당시의 분위기를 보고서에 다음과 같이 묘사했다.

> 21세기의 문턱 앞에서, 상당한 비용을 들여 만든 구조가 알고 봤더니 새로운 세기에 걸맞지 않게 낡아빠진 데다 효율적이지도 못하고, 정의나 투명성을 갖추지도 못했다는 사실을 받아들일 수밖에 없었습니다.

얼마 안 있어 그보다 야심 찬 현대화 프로젝트들이 또 시작되었다. 베네딕토 16세가 교황이었던 2008년 4월, 타르치시오 베르토네가 '프로젝트1'에 착수했다. 이 프로젝트는 오늘날까지도 여전히 가동되고 있다. 프로젝트의 목적은 재정 및 행정 데이터의 단일 디지털 플랫폼을 개발하는 것이었다. 쉽게 말해서 바티칸의 모든 부처들에 적용되는 표준화된 하나의 회계·행정 시스템을 만드는 것이었다. 프로젝트1 덕분에 바티칸 박물관의 매표소는 오늘날 완전히 온라인화되었다.

그러나 그 시스템도 처음 시작할 때부터 구식에 지나지 않았다. 게다가 그 시스템은 위험성을 안고 있었기 때문에,[2] 결국 상당한 돈을 들이고도 본전도 제대로 건지지 못한 투자로 끝나고 말았다. 턱없이 비싼 값을 치른 이 컴퓨터 시스템의 목적은 교황청의 행정을 한눈에 파악할 수 있는 정보를 제공하는 것이었다. 시스템은 교황청 재무심의처와 APSA, 바티칸은행, 국무원과 같은 여러 부처들을 효과적으로 연결하는 데 실패했다.

모두가 시스템의 목적에 관심을 가진 것은 아니었고, 심지어 방해하려는 사람들도 있었다. COSEA 위원회가 바티칸시국 행정처를 상대하면서 부딪친 사람들과 같은 부류의 자들 말이다.

바티칸시국 행정처는 바티칸시국의 행정 당국이다. 바티칸의 웹사이트에는 이 기관이 1,900명의 직원들로 구성되어 있으며 '일반 회계 절차와 회계 장부 기록, 재무 관리, 예산 및 재무제표 준비, 회계 감사 등을 감독한다'고 소개되어 있다. 바티칸시국 행정처는 바티칸시국의 운영과 관련된 모든 활동, 즉 상업 및 문화 활동, 건물 유지 및 보수, 도급 계약, 자동차, 에너지 및 전화 시설, 담배, 사무실 컴퓨터 등을 관리하고 조정한다. 상점, 박물관 및 기타 상업 활동들을 통해 가장 많은 현금 수익을 올리는 조직들도 바티칸시국 행정처가 통제한다. 바티칸 내부의 이런 거대한 상업 네트워크에 대해 아는 사람은 거의 없다. 바티칸 내의 상업 네트워크에는 슈퍼마켓 한 곳, 바티칸 소유의 주유소 일곱 곳 중 두 곳, 옷가게 한 곳, 향수가게 한 곳, 담배가게 한 곳, 전자제품가게 한 곳이 속해 있다. [3]

컨설팅 회사인 맥킨지는 이미 2009년에서 2010년 사이에 바티칸시국 행정처의 회계 장부 분석을 통해 바티칸이 처참한 상황에 처해 있다는 사실을 밝혀낸 바 있다. 바티칸은 유지 및 보수 작업에 시세에 비해 200~400% 많은 금액을 지불했다. 당시 바티칸시국 행정처의 장관은 은행가 에토레 고티 테데스키에게 재무의 결함을 바로잡는 일을 도와달라고 부탁했다. 고티 테데스키는 바티칸시국 행정처의 재무제표를 가지고 맥킨지에 무료 컨설팅을 받았다. 결과는 심상치 않았다. 바티칸시국 행정처는 그야말로 엄청난 돈을 뿌리고 있었다.

베네딕토 16세가 내부 정화 프로젝트의 일원으로 임명한 비가노는 그 결과에 관심을 가졌고, 바로 조사 작업에 착수했다. 그는 곧장 바티칸에 안락한 둥지를 튼 회사들과 집단들의 이해관계를 캐내기 시작했지만 결국 미디어의 비방 행위에 당했다. 베네딕토 16세는 그를 워싱턴으로 보낼 수밖에 없었다. 바티칸시국 행정처는 다시 평범한 일상을 되찾았고 그렇게 몇 년을 평온하게 보냈다.

바티칸시국 행정처는 상당한 액수의 돈을 관리한다. 감사관들은 시간 제한의 압박을 느끼며 그곳의 거래 내역과 계약 내역, 물품 목록을 쉴 새 없이 들여다봐야 했다. 감사관들은 속도와 효과를 높이고자 언스트앤영 스페인 지사의 전략 분석가들을 데려왔다. 이 회사는 이러한 영역을 조사하는 데 꼭 필요한 전문지식을 갖고 있는 유일한 회사였다. 물론 이 회사의 이탈리아 지사가 일전의 프로젝트에서 문제가 되긴 했지만 말이다. 2013년 11월 12~13일, 열두 명의 전략분석가팀이 마드리드에서 마라톤 회의를 했다. 며칠 후 이들은 로마에 가서 바티칸의 재정적 심장부에 있는 모든 재무 보고서들과 회계 내역 및 여러 가지 사안에 대한 감사에 들어갔다.[4] 그렇게 바티칸시국 행정처를 감사하는 네 번째 대책 본부가 만들어졌다. 바티칸 내의 관련 조사 위원회들과 함께 바티칸은행, 베드로 성금, 시성성도 조사했다.

감사관들은 부처별, 부서별로 회계 장부를 샅샅이 뒤졌다. 재고량 파악부터 시작해서, 대차대조표에 명시된 물품들이 창고에 실제로 있는지 없는지 확인했다. 조사 결과는 상상을 초월했다. 추기경들이 받은 기밀 보고서에 따르면 '재고 조사 기간 동안 창고에서 찾아낸 물품이 하나도 없었다'.[5] 대차대조표에는 나타나 있는 많은 물품들은 어디로 갔는지 흔적조차 없었다. 이러한 심각한 상황은 바티칸의 거의 모든 상업 활동들에도 마찬가지로 나타났다. 보고서는 계속해서 다음과 같이 쓰여 있다. '대차대조표와 창고의 오차를 계산했을 때 지난 2년 동안 손해 본 금액은 160만 유로(20억 6,700만 원)에 달한다.'

그 물건들에 무슨 일이 일어난 걸까? 단순히 재고량을 파악할 때 숫자를 잘못 세서 벌어진 일일까? 아니면 누군가가 창고의 물건을 어딘가로 가져간 걸까? 만약 그렇다면 그렇게 훔쳐진 물건들이 팔리는 암시장이 있다는 결론이 난다. 그것보다 훨씬 더 걱정스러운 가설이 바티칸에 떠돌았다. 그 물건들이 애초에 창고에 존재하지 않았다는 것이었다.

단순한 실수일 가능성은 처음부터 배제되었다. 재고 목록은 이중으로 확인을 받았고 그때마다 내역은 일치했다. 내가 입수한 COSEA 보고서에서 '재고 차이로 인한 손실' 부분을 살펴보면 슈퍼마켓에서 70만 유로(9억 원), 옷가게에서 50만 유로(6억 4,000만 원), 약국에서 30만 유로(3억 8,700만 원), 그리고 담배가게에서는 10만 유로(1억 2,900만 원)의 오차가 있었다. 모든 상업 활동에서 재고 차이로 인한 손해가 발견되었다. 총 160만 유로(20억 5,600만 원)의 돈이 마치 날개라도 달린 것처럼 공중으로 사라졌다. 재고 목록이 가짜로 작성되었거나 애초에 그런 물건들을 산 적이 없었거나 둘 중 하나였다.

　다음으로 대책 본부는 기념품, 책 등을 취급하는 박물관의 내부 상점에서 팔린 물건도 조사했다. 그들의 셈에 따르면 수만 개의 삽화집이 사라진 상태였다. 그 어디에서도 사라진 삽화집들을 찾을 수 없었다. 그 책들은 대부분 바티칸의 박물관과 성 베드로 대성당에 전시되어 있는 예술품에 대한 가이드북이었다. 위원회의 전문가들은 정직하지 못한 직원들이 책을 훔친 것인지 아니면 거액의 금융 사기와 같은 훨씬 더 심각한 범죄가 일어난 것인지 알 수 없었다.

02

바티칸이 조세피난처로
전락하지 않으려면?

　전문가들의 우려는 교황청이 갖고 있는 독특한 특징에서 기인했다. 바티칸시국 행정처는 바티칸 밖에서 구매를 한 바티칸 시민에게 '판매세 면제증'이라는 것을 발급해준다. 이 서류가 있으면 바티칸 시민과 직원은 상품과 서비스를 살 때 많은 할인을 받을 수 있다. 세계 63개국에 존재하는 부가가치세와 판매세를 낼 필요가 없기 때문이다. 단 해당 상품이나 서비스가 반드시 '바티칸 내에서 또는 바티칸 거주자에 의해서' 사용되어야 면세 혜택이 주어진다.

　그러나 이러한 면세 혜택은 사기에 이용되기 쉽다. 일단 바티칸 당국에서 사용할 것이라고 신고해서 도매가에 산 상품을 바티칸 밖에서 소매가에 파는 사람이 있을 수 있다. 이런 방식으로 세관 당국에 가야 할 돈을 자기 주머니에 챙기는 것이다. 책 10만 권이 실종된 사건의 배경에 바로 이러한 내막이 있는 건지도 몰랐다. 어쩌면 평신도들 사이에까지 그러한 관행이 퍼져 있을지도 몰랐다.

간단한 예를 하나 들어보겠다. 한 남성이 '개인 면세 혜택'을 받아 컴퓨터 20대를 도매가에 사려고 한다. 그는 컴퓨터가 바티칸의 공공기관에서 사용될 것이라고 신고해 판매세를 공제받는다. 그러나 컴퓨터를 바티칸이 아니라 이탈리아나 다른 유럽연합 국가로 가지고 간다. 거기서 그는 컴퓨터를 정가에 판매하고 정가의 20%에 해당하는 판매세는 자기 주머니에 챙긴다. 이것은 명백한 사기 행위다. 이런 식으로 서류상 허위 신고를 통해 이익을 챙기는 사람들이 바티칸에 있다는 의혹이 존재했다.

교황 직속 조사 위원회 COSEA가 보기에 이러한 면세 정책에는 한 가지 이상의 위험이 존재했다. 추기경 자문단이 받은 보고서에 따르면 '개인이 물건을 사서 바티칸 밖에서 사용할 수도 있고, 이탈리아에 팔수도 있는 가능성이 존재한다는 것은 교황청의 명예가 언제든지 실추될수 있는 위험에 처해 있다는 것을 뜻한다'.[6]

위원회의 외부 컨설턴트들이 말했듯이 언젠가 대중이 이러한 탈세 사실을 알게 된다면 바티칸의 재정은 물론 이미지 역시 큰 타격을 입게 될 것이다.

보고서에 구체적인 사례가 언급되지 않았다고 해서 상황을 낙관적으로만 생각할 수는 없다. 오히려 위원회가 올바르게 지적한 것처럼 바티칸은 '관리감독을 손 놓고 있는 상황'이고 그 틈을 타서 사실상 불법적인 매매 행위가 실제로 일어나고 있다고 봐야 옳다. 바티칸이 관리감독을 하고 있지 않다면 불법적인 매매를 잡아내는 것도 불가능할 것이다.

또한 이탈리아와 바티칸 사이에 환전과 관련된 불법적인 거래가 있다는 의혹도 있다. 2012년, 바티칸은 598건의 통화 유입을 신고했다. 이탈리아로의 통화 유출 신고 건수는 1,782건이었다. 반면 로마의 세관 담당자들은 같은 시기에 바티칸으로의 통화 유입 신고 건수가 13건, 통화 유출 신고 건수는 4건이었다고 밝혔다. 이는 엄청난 규모의 탈세가 이뤄지고 있음을 의미했다.

이런 식으로 관리감독 없이 계속 간다면 바티칸은 회복하기 어려운 상처를 입게 될 수도 있다. 내가 입수한 문서를 보면 위원회는 오직 '추적만이 바티칸의 조세 정책을 개선할 수 있으며, 바티칸이 조세 피난지로 변질되는 위험을 최소화할 수 있다'고 강력하게 성토했다.[7]

다시 말해 바티칸시국에 면세 혜택이 계속되는 한, 바티칸은 항상 면세 혜택을 받을 수 있는 선택지로 인식될 것이라는 말이다. 바티칸은 행 조사를 지휘해온 로마의 검사가 확인한 것처럼, 바티칸으로의 수입 거래를 관리감독하는 이탈리아 세관도 없을 뿐더러 형식적인 통제 수단조차 없었다. 바티칸과 가장 가까운 세관은 아마도 피우미치노 공항에 있는 세관일 것이다.

'면세증 발급에 대한 적절한 관리감독 수단'을 도입하는 문제가 긴급

한 사안으로 떠올랐다. 위원회는 수혜자가 누구인지, 어떠한 구매가 이뤄지고 있는지, 구매된 물건들이 실제로 어디서 소비되거나 사용되는지를 명확하게 밝히고자 했다. 역사적인 대격변을 일으킬 이야기들이 오갔고, 교황청 역사상 처음으로 조세 제도의 도입이 논의되었다. 상업적인 매매에 대한 판매세 도입이 고려되어야 했다. 판매세 개혁은 중대한 문제가 되었다.

교황청은 그러한 제안을 직접적으로 반대하지는 않았지만, 그렇다고 환영하는 것도 아니었다. 면세 자격에 대한 체계적인 통제와 바티칸의 상점들에 대한 판매세 도입은 의심스러운 이익의 수혜자들에게 당연히 부정적인 영향을 미칠 것이다. 프란치스코는 이제 사도 궁전 내부에 새로운 적들을 만든 셈이었다. 그 새로운 적들은 보이지 않는 곳에서 위원회의 작업을 방해하고 목표를 좌절시켰다. 조세 제도에 관한 이야기는 후순위로 밀려났다.

기대와 달리 위원회가 추기경들에게 '로드맵'을 전달하는 일은 일어나지 않았다. 나는 기밀문서들을 읽고 위원회의 프로젝트를 재구성하는 과정에서 이렇게 묻지 않을 수 없었다. '교황이 바티칸에 금융 경찰을 배치할 수 있을까? 교황이 상품에 대한 조세 제도를 도입할 수 있을까? 아니면 바티칸은 영원히 조세 제도를 갖지 않는 역외국으로 남을 운명을 타고난 것일까?'

바티칸의 상업 활동에서 벌어지는 변칙들은 겉으로도 분명히 확인되며 그 빈도도 잦다. 교황청에는 쇼핑중독자들이 넘쳐나는 것처럼 보인다. 주교들과 추기경들은 최신 텔레비전과 전자제품에 넘치는 열정을 갖고 있는 것 같다. 그들의 특이한 쇼핑 행태는 감사관들의 조사망을 피해가지 못했다. 2013년 10월 9일, 전문가들은 비공식 예비 보고서를 작성했다. 숫자들이 그 자체로 진실을 말해주었다.

컨설턴트 살바토레 콜리타(Salvatore Colitta)는 이렇게 썼다. '가전제품 영역에서 단일 공급자가 480만 유로(62억 원) 이상의 판매고를 올린다는 것이 이상합니다.' 어떻게 단일 공급자가, 그것도 대기업 체인점도 아닌 가게가 그렇게 높은 판매고를 올릴 수 있단 말인가? 콜리타는 '제조업체가 공급자에게 유리한 구매 조건을 제시하는 계약', 즉 공급자에게 보다 경쟁력 있는 판매가와 큰 이윤을 제공하는 계약을 명문화할 필요가 있다고 말한다.

설상가상으로 자격이 안 되는 사람들이 바티칸의 할인 상점에서 물건을 구매한다는 사실이 드러났다. 이 할인 상점을 찾는 고객은 법적으로 바티칸시국의 직원이나 거주자만이 소유 가능한 특별 '구매자 카드'를 갖고 있어야 한다. 바티칸에는 대부분이 이탈리아 국민인 5,000명의 직원들과 836명의 거주자들이 있다. 이는 구매자 카드의 개수가 총 6,000개 정도 된다는 것을 뜻한다. 그러나 실제로 사용되는 구매자 카드는 총 4만 1,000개로 훨씬 더 많았다. 실제로 그 카드를 받을 자격이 있는 사람들의 일곱 배에 가까운 숫자였다.

대부분의 고객들이 자격 요건을 충족하지 않는다는 것은 바티칸의 공공연한 비밀이었다. 불평하는 사람은 아무도 없었다. 고객들은 할인된 가격으로 물건을 구매했고 상점 직원들은 안정적인 매상을 유지했다. 바티칸시국 행정처는 막대한 수익을 거둬들였다.

2012년의 수익은 4,450만 유로(574억 8,000만 원)에 달했다. 상점에서 1,530만 유로(197억 6,300만 원), 주유소에서 1,310만 유로(169억 2,100만 원), 옷가게에서 780만 유로(100억 7,500만 원), 전자제품가게에서 480만 유로(62억 원), 담배가게에서 350만 유로(45억 2,000만 원)가 들어왔다. 그리고 분석가들은 그보다 훨씬 더 이상한 변칙들과 옹졸한 편파주의를 발견했다. 그것들은 다음과 같은 목록으로 정리된다.

- 슈퍼마켓 : 역마진. 수입은 9% 증가했지만 지출이 17% 증가함. 900m^2 (272평) 매장에서 1만 7,000개 이상의 상품들을 판매함.
  (1,000m^2 매장에 1만 개 정도의 상품들을 판매하는 것이 표준임.)
- 주유소 : 2만 7,000명이 주유했으며 이들 중 550명은 1년 제한치인 1,800ℓ(리터)를 초과하여 구매했음. 총 판매액의 18%는 구매자 카드에 등록됨. 카드 소유주의 이름은 명시되지 않음.
- 옷가게&전자제품가게 : 고객 1만 6,000명, 제품 2만 2,700개 이상.
- 담배가게 : 고객이 1만 1,000명 이상이고 이들 중 278명은 1년 제한치인 80곽을 초과 구매했음. 총 판매액의 14%가 구매

자 카드에 등록됨. 카드 소유주의 이름은 명시되지 않음.

- 약국&향수가게 : 수익이 17% 감소함. 판매액의 30%가 향수와 피부미용 제품에서 발생. 하루에 1,900명의 고객이 다녀감.

03

바티칸 상점들의
문을 닫아라

감사관들은 이러한 상업 활동들이 교회의 사명과 진정 일치되는 것인지 의구심을 가졌다. 예를 들어 향수 판매는 복음의 정신과 오히려 상충되는 것 아닐까? 감사관들은 이러한 질문들을 토대로 전략 분석가들에게 상업적인 의견과 전략적인 지침을 구했다. 그들이 내린 결론은 매우 명확하다. 향수, 전자제품, 담배, 일반의약품, 슈퍼마켓의 상품 판매는 복음 사업에 실질적인 공헌을 하지 않으며 교회의 명예와 이미지에 타격을 입힐 수 있기 때문에 '부적합 상거래'로 평가된다는 것이다.

COSEA는 전략 분석가들의 답변을 프란치스코에게도 보냈다. COSEA 또한 '담배가게, 향수가게, 옷가게, 전자제품가게, 주유소는 교황청의 사회적 이미지와 어울리지 않으며 교황청의 임무 수행에 해가 되는 상업 활동'이라고 비판했다.[8] 위원회는 강경하고 분명한 태도로 근본적인 조치가 필요하다고 제안했다.

재정의 파탄과 불명예를 막으려면 상업 및 문화 활동을 검토해야 합니다. 우리는 이 활동들을 교회의 사명과 일치시켜야 합니다. (…) 따라서 교황청의 이미지에 해가 될 수 있는 모든 활동을 중단해야 합니다.

즉 상업적인 사업을 '교회의 사명을 강화시키는 활동'으로 바꾸기 전까지는 상품 판매점들의 문을 닫아야 한다는 말이다. 교회의 사명을 강화시키는 활동이란 박물관, 우표 수집 및 연구, 동전, 지폐, 메달 수집 및 연구와 같은 고전학, 순례자를 위한 활동 등을 의미했다. 교황과 그의 사람들은 특히 박물관 사업을 강화시키는 방향으로 나아가야 한다고 생각했다. 박물관이 막대한 수입원이었기 때문이다. 전략 분석가들이 제공한 수치 자료는 그들의 생각을 뒷받침해줬다.

바티칸의 박물관들은 수입이 6% 증가한 반면 경비 지출은 9% 감소했습니다. 수입의 84%는 입장권 판매에서 발생되었습니다. 나머지 16%는 식음료, 기념품, 도서, 오디오가이드 등의 판매를 통해 발생됩니다. 박물관 부서는 현재 바티칸시국 행정처에 속해 있습니다. 부서의 직원은 대략 700명으로 인원수가 가장 많습니다.

또한 2013년 총 수입은 1억 500만 유로(1,400억 원)로 부서들 중에서
가장 높은 경제적 수익을 올리고 있습니다. 수입은 계속 증가하고 있
습니다. 2012년 박물관의 총 경비 지출은 대략 2,400만 유로(310억
원)였으며 대부분 인건비로 인한 지출이었습니다. 2013년에는 550만
명의 방문객들이 다녀간 것으로 추정됩니다. 하루 방문객 수는 1만
~ 2만 5,000명입니다.

다음은 입장권 판매에 관한 보고 내용이다.

온라인으로 입장권을 구매할 경우 4유로(5,000원)의 봉사료가 붙습
니다. 2013년에는 봉사료만으로 거의 1,000만 유로(125억 원)의 수익
이 발생할 것입니다. 총 판매 입장권의 70%를 온라인 입장권 판매가
차지할 것으로 예상되기 때문입니다. 박물관에서 발생한 수익의 대
부분은 입장권 판매에서 생긴 것으로 대략 총 수익의 90% 정도입니
다. 나머지 수익은 식품 매장 여섯 곳에서 발생됩니다. 식품 판매의
수익은 계속 증가해서 2012년 520만 유로(67억 원)였습니다. 식품 매
장을 운영하는 외부 업체는 수익금의 25.5%를 바티칸에 줍니다. 또
한 현재 계약 조건에 따르면 외부 업체는 식품에 들어가는 재료를
바티칸시국에서 구매합니다.[9]

이 보고서에서 가장 먼저 고려해봐야 할 점은 700명에 가까운 직원의 수이다. 내부 분석을 통해 이직률을 떨어뜨리면 유효 인적자원의 생산량을 최적화할 수 있다는 결과가 나왔다. 가장 실행 가능성이 높은 아이디어는 박물관을 주말 내내 열자는 것으로, 그렇게 하면 수입이 30% 정도 오른다고 예상됐다. 그러나 사도 궁전의 사람들은 이러한 제안을 선뜻 받아들이기 어려운 것처럼 보였다. 전략 분석가들의 제안은 프란치스코 편의 사람들에게만 환영받았다.

 박물관들은 바티칸의 경제 개발을 뒷받침하는 큰 기둥 중의 하나로 평가받아야 합니다. 주요 수행 지표와 잠재적 성장 전략을 결합해야만 박물관들을 성장시킬 수 있습니다. 예를 들어 관람시간을 늘리거나 일요일에도 문을 열도록 할 수 있겠지요. 아니면 전시 구역을 확장해볼 수도 있고, 입장료를 올리거나 브랜드 개발을 통해 매출을 증가시키는 방안도 생각해볼 수 있습니다.[10]

04

담배 회사와의
무서명 비밀 계약

세계보건기구(WHO)의 통계에 따르면 흡연은 세계에서 두 번째로 높은 사망원인이다. 하지만 동시에 여러 사망원인들 중 가장 예방이 가능한 것이다. 흡연이 건강에 미치는 위험을 고려한 COSEA는 담배 판매를 바티칸에서 가장 부정적인 상업 활동으로 분류했다. 담배를 파는 것은 교회의 사명과 가장 동떨어진 활동이었다. 신학적인 의미에서는 물론 실질적인 의미에서도 교회의 이미지와 명예를 가장 크게 위협하는 요인이었다.

프란치스코가 교황인 이상 흡연을 돕거나 긍정하는 것은 용납될 수 없었다. 2013년 11월 18일 늦은 오후, 교황청의 상업 활동에 관한 연설이 있었다. 두 시간에 걸친 연설은 언뜻 프란치스코의 생각과 일치하는 것처럼 보였다.

연설자는 두 명의 교황청 평신도였다. 각각 바티칸시국 행정처의 경제서비스부와 회계감사원의 직원이었다. 발표가 끝난 직후 작성된 보고서에 따르면, 이 두 사람은 '바티칸시국은 흡연 증진 활동을 하지 않는다'고 하면서 감사관들을 안심시키려 했던 것으로 보인다. 그 말은 바티칸이 흡연 광고를 하지 않으며, 흡연을 홍보하지 않는다는 의미였다.

두 사람에 따르면 바티칸의 정책은 건강을 장려하는 것이므로, 담배를 팔아서 이익을 보려는 사람들을 비난해야 했다. 그러나 안타깝게도 그들의 실제 행동은 말과 달랐다. 바티칸은 여느 나라들처럼, 될 수 있는 한 담배를 많이 파는 데 깊은 관심을 갖고 있다. 위원회가 그로부터 몇 달 후에나 손에 넣게 될 2013년 2월자 편지가 그 명백한 증거이다.

그 편지는 베네딕토 16세가 교황직을 사임하기 바로 직전에 쓰였다. 2013년 2월 11일, 베네딕토는 자신의 사임을 알렸다. 이 소식은 전 세계의 신자들에게 충격과 실망을 안겼다. 바로 그 시기에 교황청은 복음의 메시지와는 그다지 일치하지 않는 사업 제안을 받은 것이다.

2월 21일, 바티칸에 담배를 공급하는 업자들 중 하나가 바티칸시국 행정처의 관리자들에게 '2013년도 계약'이라는 제목으로 이메일을 보냈다. 이메일에는 특정 판매 기준치를 달성할 경우 바티칸에 제공될 보너스 수당이 정리되어 있다.

친애하는 귀하

우리가 전화로 얘기했던 내용을 아래와 같이 정리하였으니 확인해주시기 바랍니다.

>> 보너스

- 연간 매출 170만 유로(22억 원)를 달성할 경우에는 1만 2,000유로(1,600만 원)

- 연간 매출 180만 유로(23억 원)를 달성할 경우에는 1만 4,000유로(1,800만 원)

>> 도입 승인에 대한 헌금

저희가 취급하는 담배 2종, 즉 윈스턴 원과 윈스턴 실버의 도입을 승인해주신 것으로 알고 있습니다. 이에 따라 저희 쪽에서 각각 2,000유로(260만 원) 상당의 특별 헌금을 낼 것입니다.

>> 새로운 담배 도입 제안

지금 저희 예산으로는 벅차긴 하나 귀하께서 새로운 제품에 관심이 있으실 것 같아 말씀드립니다. 도입을 승인해주신다면 저희는 1,000유로(130만 원)의 헌금을 기꺼이 제공해 드릴 용의가 있습니다.

더 궁금한 내용이 있으면 언제든지 연락주시기 바랍니다.

－파올루치 & C. 인터내셔널, SpA[11]

이 편지의 답장을 보면 바티칸시국 행정처의 관리자들이 동의하지 않은 유일한 사안은 단네만 담배와 관련된 조항이다. 그들은 곧바로 거절 의사를 보였다. "그렇게는 안 됩니다. 앞의 조건과 같을 경우에만 가능합니다." 연설자는 다음과 같이 덧붙였다.

"나로서는 어떠한 조건들이 있었는지 그리고 그 제안들이 수용이 되었는지 등의 자세한 내용을 알 길이 없다. 하지만 그로부터 몇 주 후 콘클라베가 한참 진행되고 있었던 3월에 바티칸시국 행정처가 굴지의 담배 회사들로부터 더 큰 이익을 얻고자 협상을 벌인 것만큼은 분명하다."

3월 13일 저녁, 새로운 교황을 선출하기 위한 다섯 번째 무기명 투표에서 다수의 추기경들이 한 사람에게 표를 던졌다. 그러나 바티칸의 상업 활동은 평소대로 계속되었다. 투표는 투표고 사업은 사업이니까.

같은 날 막강한 담배 지주 회사인 필립모리스(PMI)에서 보낸 서류가 바티칸에 배달되었다. 서류는 1년 기한의 상거래 계약서인 듯했다. 서류에는 계약의 당사자, 조건, 수수료에 대한 내용이 포함되었다. 계약서 내용을 읽어보면 입이 떡 벌어질 것이다.

 바티칸시국 행정처는 필립모리스 인터내셔널을 대신하여 필립모리스 상표 담배를 판매하는 데 동의한다. 본 계약서의 조건에 따라 필립모리스 로마 지사는 판매 대행 서비스 수수료를 바티칸시국 행정처에 지급한다. 바티칸시국 행정처는 매월 다음의 정보를 제공한다.

- 바티칸시국의 면세점에서 판매되는 각 브랜드 제품의 매출량.
- 이미 시작되었거나 진행 중인, 경쟁력 있는 판촉 캠페인. 제품 출시 및 소매가격과 관련된 계획.

바티칸시국 행정처로부터 받은 정보는 비밀로 유지될 것이며 내부에서 사용할 용도로만 보관된다. 단 필립모리스 로마 지사가 정보를 공개해야 할 필요성을 느끼는 경우는 제외된다.

필립모리스 로마 지사는 판매 대행 서비스 수수료 1만 2,500유로 (1,600만 원)를 바티칸시국 행정처에 지급한다. (…) 송장은 폴란드 크라쿠프 196 알레야 야나 파부아에 위치한 필립모리스 유럽 서비스 센터로 보내야 한다. 수수료는 바티칸시국 행정처가 갖고 있는 독일 소재의 계좌로 입금한다.

이 계약서에는 서명이 되어 있지 않다. 따라서 좀 더 세부적인 보완이 필요한 계약서 초안이라고 봐야 할 것이다. 그런데 프란치스코의 사람들은 회계 분석 중 어쩌면 상황이 더 안 좋을 수도 있다는 생각을 하게 됐다. 즉 그것이 이미 승인된 계약서일 수도 있다는 가능성이었다. 그들은 이 무서명 계약서가 아직 승인 대기 중인지 확실히 판단하기 위해 계약서를 면밀하게 검토했다. 믿을 수 없지만 사실이다.

문제는 이것만이 아니었다. 계약서에는 부록 한 부가 첨부되었는데,

계약서에 언급된 수수료가 반으로 삭감되어 있었다. 그렇다면 우리는 다음과 같은 시나리오를 떠올려볼 수 있다. 바티칸시국 행정처의 한 관리자가 평소 사이좋게 지내는 회사의 계약서를 검토한다고 하자. 관리자는 교황청이 받아야 할 수수료가 마법처럼 줄어들어 있는 부록은 보지 않는다. 대신 앞의 요약된 계약서만 훑어본다. 이런 식으로 임대인이 뻔뻔하게 임차인을 기만하는 관행은 임대 계약에서 수시로 있는 일이다. 계약서에 일정한 금액을 명시해놓고 부록에서는 그 금액을 반으로 깎아버리는 것이다.

COSEA 위원들에게 이 자료를 건네준 사람은 익명의 제보자가 아니라 1999년부터 바티칸에서 회계 감사관으로 일해 온 평신도였다. 그는 판매 인센티브가 적힌 이메일을 직접 COSEA에 보여주고 그들이 판단하게 해야 한다고 생각했다. 그는 용기를 냈고 언뜻 납득하기 어려운 이 자료들을 위원회에 전달했다.

05

프란치스코의 사명을
방해하지 마라

프란치스코가 교황으로 취임하면서 교황청의 분위기는 사뭇 달라졌다. 이전에는 막강한 다국적 담배 회사들이 부리는 꼼수에 속아 넘어갔다면 이제는 꼼꼼한 검토가 이뤄진다. 그러나 앞서 얘기했듯이 교황의 의지가 사도 궁전에서 항상 관철된 것은 아니었다. 사실 교황이 바라는 대로 된 적은 거의 없었다.

앞서 언급했던 것처럼 '변화의 교황'이라고 불렸던 요한 바오로 1세는 프리메이슨과 손잡고 교황청을 군림했던 고위 성직자 집단에 맞서 교황청을 개혁하고자 했다. 하지만 그는 교황에 취임한 지 33일 만에 갑작스럽게 죽었다. 요한 바오로 2세는 공산주의 체제와의 싸움에 깊이 열중한 나머지 바티칸은행이 돈세탁에 연루되었다는 사실을 알아채지 못했던 것 같다. 베네딕토 16세는 교황청 내의 불화와 부패, 그리고 전 세계 복음 사업의 타락에 대면하기는 했지만 결국 새로운 지도자에게 성 베드로 방주의 키를 넘기고 말았다.

프란치스코가 교황에 취임한 지 몇 년이 지났지만, 바티칸시국 행정처에 대한 그의 개혁 프로젝트는 여전히 큰 힘을 발휘하지 못하고 있다. 교회의 사명과는 동떨어진 상점들이 아직도 엄청난 매출을 올리며 장사 중이다. 상점들은 구매자 카드 발급 자격이 없는 수많은 고객들에게도 할인을 해주고 물건을 판다. 박물관은 여전히 관람시간을 연장하지 않았으며, 일요일에 문을 닫는다. 단 매월 마지막 주 일요일은 개방한다. 그러나 9시부터 12시 30분까지 입장료가 무료이고 오후 2시에 문을 닫는다.[12]

2013년 11월 17일, 바티칸시국 행정처에서 회의가 열렸고 교황이 지시한 내용에 근거하여 작성된 명확한 개혁 지침이 발표되었다. 회의 테이블의 한쪽 편에는 언스트앤영의 분석가들과 위원회의 조정관들, 그리고 기타 위원들이 앉았다. 바예호 발다는 바티칸시국 행정처의 개혁이 다음의 네 가지 주안점을 따라야 한다고 호소했다.

- 교황의 독립성과 행동의 자유. 과업을 수행하기 위한 수단으로서의 독립성을 뜻하므로, 목적으로서의 독립성을 뜻하지 않음.

- 바티칸시국 행정처의 활동을 교황 성하의 사명 및 보편 교회의 사명과 일치시킬 것.
- 구조적 위험 및 관련 위험들. 경제적인 위험과 명예가 실추될 위험을 막아야 함.
- 지속 가능성과 경제적 공헌.

프란치스코가 요청하고 언스트앤영이 가닥을 잡은 이 네 가지 전략적 원칙들이 실제로 적용된 적은 없다. 상황은 복잡하기 그지없다. 신체제 지지자들 중에 그러한 사정에 밝은 사람이 한 명 있었다. 바로 조지펠 추기경이었다. 그는 곧 프란치스코의 임명으로 경제사무국의 국장이 되었다. 펠은 회계 장부를 샅샅이 뒤졌다. 그는 투명성을 추구했고, 교회의 특권을 없애고 가난한 자의 편에 서고자 하는 프란치스코의 정책에 공감했다.

2014년 3월 26일, 바티칸시국 행정처의 신임 사무총장 페르난도 베르게즈 알자가(Fernando Vergez Alzaga)는 펠에게 교황 직속 재무부 장관이 된 것을 진심으로 축하한다는 편지를 썼다. 처음부터 끝까지 주옥같은 말들로 가득한 이 편지는 전체를 읽어볼 만하다.

존경하는 추기경 예하

먼저 귀하께서 경제사무국 국장으로 임명되신 것을 진심으로 축하

드립니다. 저는 가장 훌륭하신 추기경들에게 제공되는 몇 가지 혜택들에 관해 예하께 알려드리고자 합니다.

>> 음식점 아노나 코미사리(Annona commissary) 또는 코뮤니티 웨어하우스(Community Warehouse)에서 일정 금액 이상 구매할 경우 15% 할인.
>> 한 달에 담배 200곽 이하 구매 시에는 정가에서 20% 할인
>> 옷은 정가에서 20% 할인
>> 한 달에 자동차 연료 400ℓ를 구매할 경우 특별가 혜택을 다음과 같이 세분화하여 제공.
  • 100ℓ 구매 시 쿠폰 증정
  • 300ℓ 구매 시 특별가 쿠폰(시세에서 15% 할인) 증정
>> 교황청의 내부 시설에서 연료 사용 시 흰색 추기경 쿠폰을 발급 요청할 것.
>> AGIP-Eni 주유소가 아닌 로마 밖의 다른 주유소에서 사용할 수 있는 쿠폰. 이 쿠폰은 바티칸시국이나 외교관 차량의 번호판을 부착한 차량만 사용할 수 있음.

이러한 할인 혜택을 받으려면 귀하의 직원을 시켜 바티칸시국 행정처 경제서비스부의 연료과에 연락하는 게 편하실 겁니다. 더 자세한 내용이 궁금하시면 언제든지 연락주세요. 미천한 제가 가장 존경하

는 예하의 안부를 이렇게 또 확인할 수 있는 기회가 또 있다면 저는
얼마든지 그렇게 할 준비가 되어 있습니다.

        – 당신의 충실한 종, 페르난도 베르게즈 알자가

프란치스코의 개혁 프로젝트가 시작된 후에도, 이러한 특전과 우대
혜택은 여전히 제공되었다. 교황청이 새로 임명한 고위 성직자들에게는
물론 교황이 새로 앉힌 사람들에게도 마찬가지였다. 펠 추기경이 보관
한 이 편지는 후에 자신을 찌르는 칼날이 되어 돌아왔다. 그해 9월, 사도
궁전의 내부인 한 사람이 〈라 리퍼블리카(la Repubblica)〉 신문의 기자에게
그 편지를 넘긴 것이다.

이 바티칸 전문 기자는 담배 피우는 추기경을 한 번도 본적이 없다고
썼다. 그렇다면 담배는 누구를 위한 것일까? 기자는 누군가가 담배를 할
인가에 사서 정가에 되팔아 그 차익을 주머니에 챙기고 있다는 가능성
을 배제하지 않았다. 그는 이렇게 썼다. '누군가가 담배들을 빼돌려서 이
베이에 팔고 있다는 추잡한 소문까지 돌고 있다.'

PART 6

—

바티칸의
막대한 부동산 자산

MERCHANTS
IN THE TEMPLE

"교황청은 바티칸의 이해를 파악하고 돌봐야 하지만,
아직도 세속적인 이해가 우선시되는 경우가 많습니다.
나는 이러한 상황을 받아들이지 않을 것입니다.
상황을 바꾸기 위해서라면 무엇이든 다 할 것입니다."

- 프란치스코 교황 -

01

노사제의 아파트를
훔친 추기경

로마 가톨릭교회가 갖고 있는 부동산 자산은 국제적으로도 비할 데가 없을 정도로 막대하다. 심지어 어느 정도의 부동산을 갖고 있는지, 그 가치가 얼마나 되는지는 아무도 모른다. 교황청 스스로도 마찬가지다. 몇 가지 데이터가 재무제표에 기록되어 있기는 하지만, COSEA 위원회는 곧 그 자료들의 신빙성이 떨어진다는 사실을 알아챘다. 상업 및 주거용 건물에서부터 기관 건물에까지 이르는 부동산의 실제 가치는 회계 장부에 기록된 금액보다 일곱 배는 더 높은 것으로 드러났다. APSA가 소유한 부동산은 시세로 따지면 27억 유로(3조 4,900억 원) 정도였다. 이 수치는 위원회가 부동산 조사를 시작한 이래 처음으로 정확하게 계산해낸 것이었다.

부동산에 대한 임대 관리는 부주의하면서도 교활했다. 바티칸의 고위층에게 아파트를 무료로 내준 것도 모자라 외부의 동업자들이나 친구들에게도 집을 싸게 임대하는 관행이 이어졌다. 나는 APSA의 부동산 임대 기록 전체를 단독으로 확인해볼 기회를 얻었다. 5,000개 정도의 부동산은 대부분 로마의 중심가와 바티칸시국에 위치해 있다. 각각의 월세는 1,000유로(130만 원)도 되지 않았으며 그중 수백 건이 'A0(Affittoo 0)', 즉 '월세 0원'으로 분류되었다. 특히 운이 좋은 세입자 한 명은 로마의 중심가에 위치한 아파트에 살면서도 1년에 20유로(2만 6,000원)만을 내기도 했다. 교황청에서 아파트는 지위의 상징이다. 아파트가 크면 클수록 함께 살며 자신을 도와줄 사람이 많다는 증거이기 때문이다.

편파주의와 기회주의는 APSA의 사업을 지배하는 질서이다. 위원회는 이탈리아의 대형 은행들 중 하나인 방카 인테사가 바티칸으로부터 사무실을 빌리면서 보증금으로 1,864유로(240만 원)밖에 내지 않았다는 사실을 발견했다. 일반 시민들이 처한 상황을 생각한다면 바티칸의 행동은 저속하고, 자기모순적이며 절대로 눈감아줄 수 없는 것이다. 나는 프란치스코의 사람들이 찾은 자료를 검토하면서 이러한 상황들을 생생하게 그려볼 수 있었다.

프란치스코와 그의 사람들이 직면한 상황에 대해 내가 느낀 것만큼 생생하게 전달하기 위해서는 약간의 배경 설명이 필요할 것 같다. 권력자 중 한 명라고 할 수 있는 주세페 시아카(Giuseppe Sciacca)에 대해 이야기해보고자 한다. 그는 1955년 이탈리아 시칠리아 주의 작은 동네에서 태어났다. 시아카는 안락하고 널찍한 집을 소유하기 위해서라면 뭐든 다 할 사람이었다. 그는 바티칸 중앙의 크고 아름다운 아파트를 소유하고도, 자신을 검소하다고 생각한 것 같다. 물론 임대료는 전혀 내지 않았다.

2011년 9월 3일, 시아카는 바티칸시국 행정처의 사무총장으로 임명되었다. 베네딕토 16세 교황의 충직한 친구였던 타르치시오 베르토네가 베네딕토 16세를 설득해 원래 그 자리에 있던 이를 몰아내고, 시아카를 앉힌 것이다. 원래 그 자리에 있었던 사람은 카를로 마리아 비가노로, 앞에 언급했던 것처럼 일찍이 바티칸시국 행정처의 재정을 바로잡으려 시도했었다. 그는 시세에 비해 금액이 부풀려진 계약들, 지나친 지출, 뻔뻔한 절도 행위 등을 질타했다. 베르토네와 1대1로 피 터지게 싸우던 그는 노력에 대한 보상을 받기는커녕 워싱턴에 있는 교황청 대사관으로 추방당했다. 비가노는 그들이 가진 이권을 너무 많이 침해했고 사방에 적을 만들었다. 당시의 교황청은 그런 자를 용서하지 않았다.[1]

반면 시아카는 현 체제를 위협할 생각이 전혀 없었으며, 자신의 상관을 위해 일할 사람이었다. 교회의 재정을 통제하는 다른 많은 부처의 수장들과 마찬가지로 말이다. 교황청에 대한 베르토네의 영향력은 2011년 가을 정점에 달했다. 베르토네는 자신이 믿는 이탈리아인 추기경들과 주교들을 가장 전략적인 위치에 배치함으로써 막강한 세력 집단을 구축했다. 그 세력 집단은 베네딕토 16세 때 만들어졌지만 프란치스코의 취임 후에도 여전히 건재했다. 프란치스코가 교황에 취임하자마자 그들에게 전쟁을 선포한 것도 당연했다.

시아카는 그 명예로운 자리에 앉은 지 1년도 채 되지 않아서 자신의 '검소한' 집을 어쩌지 못해 좀이 쑤시기 시작했다. 그는 보다 넓고 방이 많은 아파트 한 채가 더 필요했지만 딱히 좋은 방법이 없었다. 유일한 해결책은 그저 적당한 기회가 오기를 기다리는 것이었다. 기회는 운명적인 아침에 갑자기 찾아왔다. 그에게 필요한 것은 약간의 냉소주의와 교활함뿐이었다. 시아카는 굶주린 하이에나처럼 순식간에 계획을 세웠다. 그것은 오늘날 보기에도 믿기 어려울 정도로 뻔뻔하기 그지없는 계획이었다.

시아카의 목표물은 그의 이웃인 온순한 노(老)사제였다. 이 나이 든 사제는 수녀 한 명과 함께 살았는데, 건강이 악화돼 곧 바깥출입을 하지 못할 정도가 되었다. 그가 바티칸을 걸어 다니는 모습은 더 이상 보이지 않았다. 사제를 뒷조사하던 시아카는 그가 최근 몇 달 전부터 의료기기의 도움 아래 하루 종일 간호를 받으며 누워 있다는 사실을 알게 되었다. 그리고 당분간은 병원에서 특별 응급 치료도 받아야 한다고 했다. 그의 건강 상태에 대한 말들이 나돌기 시작했다. 많은 사람들이 그가 죽어가고 있으며, 집으로 영영 돌아오지 못할 거라고 생각했다.

행동을 개시할 때가 왔다. 시아카는 잘 아는 건축업자를 불렀다. 그는 이웃집과 마주한 벽을 가리키며, 벽을 부수고 두 공간을 연결해달라고 요청했다. 작업자들은 몇 시간 만에 작업을 마쳤고, 이웃한 아파트로 가는 통로가 생겼다. 시아카의 저택에 마법처럼 새로운 방이 생겼다. 그 방은 응접실로 사용될 예정이었다. 병원에 가 있는 사이 노사제의 집은 그렇게 줄어들었다.

시아카는 거기서 멈추지 않았다. 그는 무단 갈취한 방을 자신의 가구로 장식하고 싶어 했다. 전부 고위 성직자들의 가구를 담당하는 바티칸 시국 행정처 부서인 플로레리아(Floreria)에서 만든 것이었다. 노사제의 개인 소지품은 종이박스에 담겨진 후 복도에 방치되었다. 겉보기에는 노사제가 이사를 준비하는 것처럼 보였다. 마지막으로 시아카는 노사제의 나머지 집으로 통하는 문에 벽을 발랐다.

이 이야기는 교황청 내에 충격과 폭소를 불러일으켰다. 특히 시골로 요양을 떠날 생각이 없었던 노사제가 집으로 돌아오자 모든 사람들의 관심이 집중되었다. 그가 얼마나 황당했을지 상상해보라. 노사제는 현관문을 열자마자 뭔가 잘못되었다는 느낌을 받았다. 아파트의 방 하나가 통째로 없어져 있었다.

그는 너무 늙어서 맞서 싸울 만한 힘이 남아 있지 않았지만, 그와 함께 살던 용감하고 우직한 수녀는 달랐다. 그녀는 다른 수녀들에게 조언을 구했다. 다른 수녀들은 조심하라고 일렀지만 그녀는 불의를 가만히 두고 볼 수 없었다. 그래서 제일 윗선인 교황에게 이러한 불의를 직접 알리기로 결심했다. 그녀는 베네딕토 16세에게 편지로 그간의 이야기를 알리며 정의와 자비를 호소했다. 그러던 중 노사제가 죽고 베네딕토 16세가 사임했다. 노사제가 당한 불의를 바로잡을 길이 몇 주 만에 사라져버렸다. 그러나 프란치스코가 새로운 교황이 되면서 전세는 다시 역전되기 시작했다. 시아카의 이야기를 알게 됐을 때, 프란치스코는 할 말을 잃을 수밖에 없었다. 프란치스코는 교황 취임 후 5개월 만에 시아카를 좌천시켰다. 그는 바티칸시국 행정처를 떠나 새로운 직책을 맡게 되었다.

다시 그 아파트 문제로 돌아가면, 바티칸시국 행정처의 직책을 잃은 시아카는 주거 공간을 빠른 시일 내에 비워달라는 요청을 받았다. 시아카의 아파트는 다른 고위 성직자에게 배정되었다. 동시에 미제로 남았던 과거의 부정행위들을 이번 기회에 반드시 짚고 넘어가야 한다는 분위기가 조성되었다.

산토 아브릴 이 카스텔료 추기경은 친한 사제들, 몬시뇰, 프란치스코에게 자신이 성 마리아 대성당의 수석 사제로 지내면서 발견한 문제를 털어놨다. 카스텔료 추기경은 성 마리아 대성당의 회계 담당자인 브로니슬로프 모라비에츠(Bronisław Morawiec)가 무엇을 얼마나 착복했는지 파악하기 위해 착복한 목록을 작성했다. 그는 교회 자금을 횡령 및 부정 유용한 혐의로 재판을 받았으며, 성 마리아 대성당의 바티칸은행 계좌에서 거액을 빼돌린 죄로 3년형을 선고받았다.

사라진 것들 중 하나는 한 아파트먼트의 열쇠꾸러미였다. 그 아파트먼트는 사제들과 성직자들의 주거 공간으로 사용되는 곳이었다. 그중 한 아파트의 현관문은 잠겨 있었고, 입구도 깨끗하고 깔끔했다. 겉으로 보기에는 임대된 집이 아니라 새로운 세입자를 기다리고 있는 것 같았다. 적어도 서면상으로는 그랬다. 하지만 아파트에 들어선 조사관들은 깜짝 놀랐다. 누가 봐도 사람이 꽤 오랫동안 살았던 흔적이 역력했기 때문이다. 아래층에 살았던 그는 자비를 들여 천장에 구멍을 냈고, 두 층을 회전식 계단으로 연결하는 식으로 주거 공간을 두 배로 늘렸다. 아무도 알아채지 못할 것이라고 생각했지만 시아카의 불법적인 확장 사실이 세간에 퍼지면서, 결국 모라비에츠의 범죄도 밝혀지고 말았다.

02

평가할 수 없는
부동산 자산들

앞에서 말한 두 사건을 개인 차원의 문제로 볼 수는 없다. 바티칸의 거대한 부동산 자산은 개혁가 프란치스코에게 주요한 도전 과제 중 하나이자 커다란 골칫거리였다. 최근 수십 년 동안 바티칸은 탐탁지 않은 방식으로 부동산을 관리해왔다. 요한 바오로 2세와 베네딕토 16세 시절부터 수도원, 건물, 교회는 일관된 전략 없이 운영되었다. 바티칸의 부동산 관리는 낭비, 혈연주의, 낯 뜨거운 스캔들로 점철되었다. 그러나 이러한 문제들은 한 번도 도마에 오르지 않은 채 수십 년 동안 방치되었다. 현상유지주의자들이 득세했다. 덕분에 더 힘 있는, 또는 더 약삭빠른 사람들이 이 일상적인 방치 상태를 기회로 삼아 이익을 챙겼다.

바티칸의 부동산 기록에는 가장 기본적인 정보가 빠져 있다. 일단 제일 중요한 정보인 부동산 자산 가치에 대해 아는 사람이 아무도 없었다. 바티칸의 모든 행정기관들이 소유한 부동산과 전 세계 수도회들 및 교회의 독립체들이 소유한 부동산을 모두 아우르는 전체적인 평가 자료, 이를테면 모든 부동산 자산을 망라한 표준 목록인 토지등기부조차 없었다. 부처들의 자료은행에 평가 자료가 있기는 했지만 목록과 설명이 불충분했다. 목록에 아예 빠진 부동산도 있었고 목록에 있는 것들 역시 가장 기본적인 재무 정보가 생략되었다. 이는 시아카 사건과 비슷한 일들이 더 많이 존재할 수 있다는 것을 의미했다.

나는 아프리카 한적한 구석에 있는 수도회의 부동산 문제는 일단 제쳐두고 가까운 교황청 내에 있는 독립체들의 부동산에 대해 이야기하고자 한다. 나는 거의 1급 기밀에 해당하는 APSA 내부 데이터베이스를 들여다볼 기회가 있었다. APSA가 로마의 아파트먼트, 사무실, 상점, 토지 등의 형태로 소유하고 있는 부동산은 총 5,050개에 이른다. 2014년 이전까지 APSA의 재무 상태가 문서로 공개된 적은 한 번도 없다. 처음으로 공개된 이 데이터베이스를 꼼꼼하게 살펴보면 이상한 점들을 곳곳에서 발견하게 된다.

가장 먼저 바티칸의 사람들 중에 부동산 자산의 최근 사진을 갖고 있는 사람이나 부동산 정보를 제대로 정리해둔 사람이 아무도 없었다. 심지어 몇 평인지 기록되어 있지 않은 경우도 많다. 면적을 알 수 없는 부동산이 모든 부동산의 50%, 정확하게는 2,685건 이상 되며, 따라서 부동산의 임대료가 적절한지 평가할 수조차 없다. 또 부동산이 건물 안 정확히 어디에 위치해 있는지를 알 수 없는 경우도, 임대료가 얼마인지 기록되지 않은 부동산도 많다. 이러한 요인들이 복합되어 결국에는 부동산 소득을 최적화하기가 어려웠다. 따라서 부동산을 매매할 때도 효과적인 전략을 발휘하는 것이 불가능했다.

교황청 바깥에 위치한 바티칸의 부동산 자산에는 세금이 적용된다. 세금을 제하고 나면 임대 소득은 크게 줄어든다. 때문에 세금도 무시 못할 중요한 문제이다. APSA의 처장 도메니코 칼카뇨 추기경은 2013년 7월 30일자 편지에서 자라에게 이러한 불편한 문제를 제기했다.

> 로마 교황청의 다양한 독립체들의 소유로 되어 있는 많은 부동산 자산들이 APSA의 교회 자산에 기록되지 않은 것으로 보입니다. 모든 정보가 기록돼 있는 자료가 하나도 없습니다. 부동산을 갖고 있는 독립체들로는 교황청 궁무처(Apostolic Camera)*, 추기경단이 있습니다. (…) 한편 공식적으로는 교황청의 소유지만, 소교구와 다른 종교 기관이 오랜 시간 점유하고 사용해온 부동산도 있습니다. 계약서도 없이 그렇게 한 경우가 많지요. (…) 현재 상황으로 볼 때 부동산 자산의 재무 상태에 대한 조사가 시급합니다.
> 또한 부동산의 소유권을 둘러싼 민감한 책임 문제들이 제대로 정리되지 않은 상태입니다. (…) 이러한 부동산들은 '공식적인 전례 공간'

---

* 교황청 재산 관리실. 이때 베드로 성금과 같은 경상 수지는 제외한다.

으로 신고되어 있기 때문에 세금 면제 대상으로 간주됩니다. 하지만 이 공간들은 다른 목적, 심지어는 상업적인 목적을 위해서 사용되고 있습니다. 그런데 현 행정부는 이를 조사하거나 평가하는 일이 없고 부동산의 실제 용도를 알지도 못합니다. 세금 문제는 매우 중요합니다. 세금 면제 혜택은 '전례를 위해' 사용되는 부동산에만 엄격하게 제한되어야 하기 때문입니다. 다른 용도로 사용되는 부동산에는 세금 면제 혜택이 허가될 수 없습니다. 그렇게 되면 APSA는 세무 조사를 받게 될 수도 있습니다.

골치 아픈 문제는 또 있었다. 부동산이 노후화되면 보수가 필요하기 마련이다. 2014년에 APSA는 특별 보수 계획에 450만 유로(58억 1,300만 원)를, 신앙교리성 같은 기관 건물의 보수 작업에 470만 유로(60억 7,000만 원)를 배정했다. 즉 행정부처 한 곳에서만 보수 작업에 최소 920만 유로(118억 8,300만 원)를 책정한 것이다.

대부분의 유럽연합 국가들과 달리 바티칸시국 행정처는 유지보수업자를 구할 때 매번 경쟁 입찰 과정을 거치지는 않는다. 사실 업체 선택은 전화 한 통으로 끝나는 경우가 많다. 바티칸 내부자를 통해 사적인 입찰이 이뤄지는 것이다. 내부자의 재량이 결정에 큰 비중을 차지하므로 업체 역시 최고의 견적을 뽑아내려고 노력할 필요가 없다. 결국 바티칸은 가격을 통제할 방법이 없다.

프란치스코는 2013년 7월에 열린 그 유명한 회의에서 이러한 관행을 비판한 바 있다. 몇 개월 후 COSEA가 임대료 소득 감사에 들어가면서 이 문제는 다시 도마 위에 올랐다. 첫 번째 문제는 APSA의 부동산 특별 보수 작업에 관한 것이었다. 보수 작업비는 기관의 몫으로 할당되어 2014년 예산에 포함되었지만, 총 예상 비용은 알 수 없었다. 특히 '잡다한 공사, 설치, 화재 안전 기준을 충족시키기 위한 개조 작업'이라는 항목에는 아예 가격이 명시되어 있지 않았다.

그중에서도 특히 두 건의 작업이 철저하게 조사되었다. 역사적인 건물인 성 칼리스토 궁전과 르네상스 시대에 지어진 웅장한 상서원 궁전* 이었다. 내부 자료를 보면 '최종 결정안 없이도 두 건물의 유지보수 작업에 각각 25만 4,257유로(3억 2,800만 원)가 책정'되었다.

추기경, 주교, 관료들은 자신들이 사는 아파트먼트의 완성도에 상당히 신경을 쓴다. 그들은 집 안의 모든 부분이 완벽하기를 원한다. 문, 창문, 수도꼭지, 온열기가 효율적으로 작동해야 하고 벽은 정기적으로 깨끗하게 페인트칠을 해줘야 한다. APSA는 마치 절대왕정 국가들처럼 로마 교황청의 고위직들이 집을 수리하는 데 드는 비용을 잊지 않고 예산으로 책정해둔다. 늘 70만 유로(9억 원) 정도의 예비 자금이 준비되어 있다. 만약 어떤 추기경이 자기 집을 공사하기로 결정했다면 작업은 지체

---

* 상서원 궁전에는 교황청의 세 재판소가 들어서 있다. 내적 법정 업무의 내사원과 고등 법원인 공소원, 교회 최고 법원인 대심원이다.

없이 이뤄진다. 가끔 자기 돈으로 개조 공사를 하는 세입자들도 있다. 이때도 교황청으로부터 돈을 상환받는다. 바티칸 행정부는 세입자의 리모델링 비용을 현금으로 상환해줘야 하는 경우를 대비해 항상 50만 유로(6억 4,500만 원)의 현금을 경비로 마련해둔다.

APSA만 이러한 관행을 일삼는 것이 아니다. 감사단의 조사에서 다른 특별 리모델링 지출 사례들이 발견되었다. 인류복음화성의 정기 및 특별 유지보수 비용과 관련해서는 더 많은 문제들이 제기되었다.[2]

> 인류복음화성은 공급업체 명단도 갖고 있지 않습니다. 예를 들면 해당 성의 경제적인 요건, 조직 차원의 요건, 실질적인 요건을 충족시키는 회사들의 목록 같은 것도 없습니다. 경쟁 입찰 참여 조건을 충족시킨 회사들의 목록 말입니다. 공급업체 명단을 만드는 것은 각각의 서비스 시장을 참고할 때 유효한 도구가 될 수 있습니다. 현재 상황으로 볼 때 인류복음화성은 엄격한 의미에서의 경쟁 입찰을 도입하기보다는 먼저 구체적인 프로젝트와 요구조건을 세워야 합니다. 그리고 그 요구조건을 충족시킬 수 있는 회사들에 접근해 공급 및 용역 계약에 대한 가격을 제시해달라고 요청하는 것이 낫습니다. (…) 인류복음화성은 공급업자의 선정을 보다 주의 깊게 감독해야 합니다. 대형 프로젝트일 경우 높은 가격을 제시하는 회사들에 새로운 계약 방식을 제안하는 식으로 말이지요.

03

시세가 적용되지 않는
임대료

부동산 매매 및 임대 역시 까다로운 사안이다. 지난 20년간 교황청과 교회 기관들은 부동산 관련 스캔들에 끊임없이 휘말렸다. 그들은 친구나 친구의 친구에게 부동산을 실제 가격보다 훨씬 더 싼 가격으로 팔았다. 포교성성에서부터 바티칸은행에 이르기까지, 교회가 부동산을 특별 할인해줬다는 기사들이 헤드라인을 장식했다. 바티칸은행의 전 회장 안젤로 칼로이아(Angelo Caloia)는 바티칸 사법 당국에 횡령 혐의로 기소되었다. 스카라노가 구매한 집들에 대한 기사도, 수도원이 클리닉이나 고급 호텔로 변신했다는 기사도 났다. 칼로이아의 재판은 지금도 진행 중에 있다. 프로몬토리의 직원들도 APSA가 지난 15년 동안 매매한 부동산 목록을 샅샅이 조사했다. 부동산 판매 건수는 비교적 적어서, 전체 부동산의 6%인 228건만 판매되었다. 특별 기밀 자료에 따르면 79건은 기부되었다. 기부된 부동산들 중에는 아파트먼트 20채, 교회 23채, 구내식당과 주거시설이 있다. 판매된 것으로는 집 119채가 있다.

또 교회가 소유한 아파트먼트는 시세에 맞게 임대된 적이 거의 없었다. 할인율은 입이 떡 벌어질 정도였다. 평균 시세보다 30~100% 더 저렴했다. 쉽게 말해 수천만 유로의 소득을 날렸다는 뜻이다. 심한 경우 어떤 부동산은 임대 소득에 비해 특별 유지보수 비용이 훨씬 많이 들었다. 스스로 부채를 만든 격이었다.

프로몬토리와 감사관들은 교황청이 처한 비극의 전체적인 윤곽을 알고자 APSA, 포교성성, 바티칸은행을 조사했다. 그 내용을 COSEA 위원회와 프란치스코 등에게 전달했다. 내가 단독으로 입수한 이 보고서에서는 수많은 오차와 변칙을 찾아볼 수 있다.

바티칸에 위치한 여러 기관들이 약 40억 유로(5조 1,700억 원)의 교황청 기관의 자산과 약 60억 유로(7조 7,500억 원)의 제3자의 자산을 관리합니다. 총 100억 유로(12조 9,200억 원) 상당의 자산 중 90%는 증권, 10%는 부동산입니다. (…) 하지만 이 부동산 자산 중 70% 정도는 추정 시가가 기록상의 가치보다 더 높습니다.[3] APSA가 소유한 상업용, 주거용, 기관용 부동산의 시가는 대차대조표에 기입된 금액보다 일곱 배는 더 높을 것으로 추정됩니다. 총 추정 시가는 27억 유로(3조 4,900억 원) 정도입니다. 또한 포교성성의 추정 시가는 대차대조표의 금액보다 적어도 다섯 배는 더 높습니다. 총 추정 시가는 5억 유로(6,500억 원)입니다.

포교성성이 모든 외부 임차인에게 임대료를 시세만큼 받을 경우 부동산 임대 수입을 지금보다 50% 증가시킬 수 있습니다. 이것은 총 470개의 부동산 중에서 상업 및 주거 용도의 부동산 219개에만 해당되는 사항입니다. 나머지 부동산은 표면적에 대한 정보가 없어서 계산이 불가능합니다. 또한 포교성성의 전(前) 직원들은 임대료를 시세보다 60~70% 정도 할인받고 있습니다. 할인받는 직원들 중에는 바티칸에서 일을 그만둔 지 8년이나 지난 사람들도 있습니다. 포교성성이 소유한 부동산의 현행 임대료를 추정 시가와 비교하면 전자는 1㎡당 21유로(2만 7,000원)인 반면 후자는 1㎡당 31유로(4만 원)로 계산됩니다. 1년 손실액만 340만 유로(43억 9,200만 원)에 달합니다. 부동산 감사 결과에 따르면 부동산 관리에 대한 감독과 효율성, 적절한 전략이 빈약합니다.

APSA가 로마에 갖고 있는 임대 부동산은 세 가지 기준으로 분류된다. 하나는 신규 또는 재계약으로 나누는 계약의 종류이고, 두 번째는 직원, 은퇴자, 외부인으로 나누는 계약 당사자이며, 마지막은 지역이다. 로마 외각 지역의 임대료가 1㎡당 5유로(6,500원)라면 로마 중심부에 위치한 펜트하우스는 1㎡당 9.88유로(1만 3,000원)이다.[4] 쉽게 말해 성 베드로 광장이 내려다보이는 역사적인 지역에 위치한 최고층 고급 아파트의 임대료가 한 달에 1,000유로(130만 원) 정도밖에 안 한다는 말이다. 정말 엄청나게 할인된 가격이다. 은퇴자는 그 가격에서 15%를 추가로 할인받는다고 하니 더 이상 말할 필요가 없다.

교황청에 소속된 사람들은 그렇다고 해도, 교황청에 고용되지 않은 개인이나 회사와 같은 '외부' 세입자는 어떠한 명분으로 할인해주는 것인지 이해하기 어렵다. APSA에는 각 건물의 임대료를 나타낸 표가 있다. 가장 높은 임대료는 한 달에 1 m^2 당 26유로(3만 3,000원)이다. 이 부동산은 숨 막힐 정도로 아름다운 로마의 경관이 한눈에 보이는 시내 중심부에 위치해 있다.

실제로 지불하는 임대료에도 문제가 있다. 외부 세입자가 내야 하는 금액과 실제로 지불하는 금액이 일치하는 경우는 거의 없다. 세입자의 50% 정도가 실제로 낸 임대료는 표에 있는 최소 임대료보다 훨씬 더 적었다. 이를 발견한 대책 본부의 컨설턴트들이 다음과 같은 질문을 쏟아냈다.

표에 있는 임대료와 실제 지불하는 임대료가 불일치합니다. 세입자의 '자격'에 변동이 발생했는데도 임대료를 조절하지 못해 이렇게 된 것입니다. 게다가 임대료 지불이 늦는 경우가 너무 잦고 자료에 빠진 정보도 많습니다. 저희는 데이터를 좀 더 체계적으로 분석해봤습니다. 같은 시세가 적용되는 지역별로도 살펴보고 같은 건물별로도 살펴본 결과, 실제 지불하는 임대료와 원래 책정된 임대료가 대부분 불일치한다는 사실을 알게 되었습니다.

특히 이상한 점은 외부 임차인과의 임대 계약 515건 중에서 적어도 259건은 계약서에 명시된 임대료가 최저 시세보다도 낮았다는 것입니다. (…) 임차인의 지불능력에 문제가 생길 경우를 대비해 계약서에 보증금 제도를 명시해야 합니다. 임차인이 바티칸 직원이나 은퇴자일 경우는 사실상 문제가 되지 않지만 외부인일 경우에는 위험할 수 있습니다.

더욱이 보증금이 임대료에 비례하지 않는 경우도 있습니다. 예를 들어 이탈리아의 은행인 방카 인테사는 1년치 임대료로 16만 3,369유로(2억 1,100만 원)를 내는데 보증금으로는 1,894유로(180만 원)밖에 내지 않았습니다. 보증금이 1년치 임대료의 1.16%밖에 되지 않는 것입니다. 심지어 감사단의 2013년 10월 9일자 보고서에 따르면 방카 인테사는 임대료를 체납했고 언제 지불할지 알 수 없는 상태인 것으로 보입니다.

───────────────

바티칸이 은행을 외부 고객으로 받았다는 점, 그리고 은행의 '편의대로' 계약이 이뤄졌다는 점, 그렇게 큰 규모와 영향력을 지닌 은행이 터무니없이 낮은 보증금만 냈다는 점이 놀랍다. 게다가 이탈리아에서 가장 큰 은행 중의 하나인 방카 인테사가 '체납금을 언제 지불할지 알 수 없는 상태'라는 것은 정말 말이 안 된다.

임대료 연체는 밥 먹듯 했다. 포교성성은 390만 유로(50억 3,800만 원)의 임대료를 받지 못했다. 체납금의 3분의 1 이상인 160만 유로(20억 6,700만 원)는 계약 후 첫 9개월 동안 생긴 것이다.[5] APSA가 받지 못한 누적 연체 임대료는 290만 유로(37억 4,600만 원)였다.[6] 이것은 총 임대료 소득 중 9%에 해당하는 금액이다. 엎친 데 덮친 격으로 이상한 관행이 생겨나 문제를 더욱 악화시켰다. 몇몇 세입자들이 임대주와 상의 없이 마음대로 임대료를 낮춘 것이다. 많게는 50%까지 낮춘 경우도 있었다.

체납금의 18% 정도가 이미 만료된 임대 계약에 대한 채무액이라는 사실도 이상합니다. 임대 만료 세입자의 채무액은 거의 77만 유로(9억 9,500만 원)에 달합니다. (…) 또한 경제적인 어려움에 처한 세입자가 일방적으로 임대료를 깎는 경우가 있어 문제가 되고 있습니다. 할인에 관한 추가 조항이 정식 계약서로 작성된 것도 아닙니다. 때문에 장부에 기재된 소득만큼 임대료가 들어오지 않았는데도 세금만 많이 내고 있습니다. (…) 대표적인 사례가 바로 보르기라는 회사입니다. 이 회사는 몇 달 치 임대료를 일방적으로 낮추고, 계약서에 명시된 임대료의 2분의 1 가격인 5만 유로(6,500만 원)만을 월세로 지불해 왔지요. 그 결과 그들이 체납한 임대료는 무려 40만 유로(5억 1,700만 원)에 달합니다.

조사 결과 훨씬 더 어이없는 사실이 드러났다. 유서 깊은 장소들이 뚜렷한 이유 없이 공짜로 임대되었다. 이 혜택은 추기경들뿐 아니라 평신도, 관료, 일반 개인에게까지 제공되었다. 바티칸에서는 개인에 대한 보상책으로 부동산을 제공하는 경우가 많았다. 경력으로 보나 학벌로 보나 바티칸이 주는 것보다 더 많은 급여를 받을 만하다고 여겨지는 사람들이었다. 하지만 그런 사람들에게만 무료 임대 혜택을 제공하는 것은 아니었다.

수백 개의 공짜 아파트는 일종의 우대 수단이자 특권의 표현이었다. 이는 프란치스코가 중요시 여기는 원칙에 어긋났다. 그 부동산들은 신자들이 낸 기부금으로 구매한 것이었음에도, 공짜로 무기한 임대를 해 주는 명분이 분명하지 않았다.

APSA가 로마 시에 임대한 부동산 5,050개에서는 놀라운 사실들이 계속해서 드러났다. 15% 정도에 해당하는 주거용, 사무용, 상업용 부동산 715개의 1년 치 소득이 '0유로'로 기재되었다. 이 아파트들은 대개 로마의 심장부에 있는 호화 건물 안에 위치했다. 전부 성 베드로 대성당에서 겨우 몇 블록 떨어진 지역이나 부촌, 혹은 역사적으로 중요한 위치였다. 또 다른 부동산 115채에는 말도 안 되게 낮은 임대료가 책정되었다. 월세는 1.71유로(2,200원)에서 100유로(13만 원) 사이였다.

F.A.라는 이니셜을 가진 한 직원이 지불하는 월세는 점심값 정도밖에 안 된다. 그는 비아 디 포르타 카발레제리(Via di Porta Cavalleggeri) 길에 위치한 97㎡(29평) 크기의 공간을 2011년 11월 1일에 임차 계약 맺었는데,

1년 치 월세가 20유로 67센트(2만 7,000원)였다. 월세에 공과금이 포함된 것인지는 계약서에 명시되지 않았다. 그가 내는 월세는 이웃이 내는 월세의 절반 정도이다. 그의 이웃인 J.L.은 1년 치 임대료로 그 두 배인 51.65유로(6만 7,000원)를 낸다. 하지만 J.L.의 집은 142.99m^2(43평)에 달한다.

프로몬토리는 부동산의 부실 관리 현황을 기밀 보고서로 작성하여 교황청에 전달했다. APSA가 소유한 부동산의 전체 표면적은 34만 7,532m^2(10만 5,312평)이며 임대 소득은 2,340만 유로(304억 원)이다. 그러나 임대료의 추정 시가는 그보다 훨씬 더 높은 8,280만 유로(1,080억 원)이다. 임대료를 시장 수준으로 끌어올릴 경우 현 1.14%의 수익률을 4.01%로 증가시킬 수 있다. 즉 현재 APSA가 부동산에서 얻는 수입은 극히 적다고 할 수 있다. 또, 프로몬토리에 따르면 APSA가 소유한 부동산의 44%는 임대가 되지 않은 것으로 보인다. 시세가 적용된다면 집을 제공받은 직원들로부터 들어오는 임대 소득은 현재 620만 유로(80억 5,400만 원)에서 1,940만 유로(250억 5,900만 원)로 증가할 것이다. 현재 수익이 발생되지 않는 '기관' 건물들도 잘 관리하면 340만 유로(43억 9,200만 원)의 수익을 만들 수 있다. 상업용 부동산에서 나오는 수익도 300만 유로(38억 7,500만 원) 가까이 더 올릴 수 있다.

04

프란치스코의 사람들, 등에 칼을 맞다

이번 이야기는 교황청 내부의 삶을 지배하는 질투와 내분에 관한 것으로, 주인공은 베네딕토 16세이다. 구즈만 카리퀴리 레코르(Guzmán Carriquiry Lecour)는 요한 바오로 2세와 베네딕토 16세 밑에서 경력을 쌓았고, 프란치스코에 의해 중요한 직책에 임명된 인물이다. 1944년 우루과이에서 태어난 레코르는 처음에는 우루과이 지부의 국장이었다가 나중에는 남미 지역 전체의 국장이 되었다. 그는 1970년대에 교황청에서 변호사로 처음 일을 시작했다. 1991년 요한 바오로 2세는 그를 평신도 평의회의 부사무총장으로 임명했다. 베네딕토 16세가 교황으로 있을 때도 그는 같은 자리를 지키다가 2011년에는 남미위원회의 사무총장으로 임명되었다. 오늘날 그는 바티칸에서 가장 영향력 있고 막강한 평신도로 간주된다. 프란치스코가 베드로의 왕좌에 오른 후로 그는 전략적인 역할을 맡았다. 사실 구즈만은 프란치스코의 사적인 친구로, 알고 지낸 지 오래되었을 뿐만 아니라 서로에게 진실한 애정과 존경을 갖고 있다. 결혼해서 아이 넷을 둔 구즈만은 138m^2(42평) 크기의 무료 임대 주택에 산다. 그의 집은 성 베드로 광장과 성 안나의 문에서 멀지 않은 곳에 있다. 성 안나의 문은 바티칸은행의 사무실이 들어서 있는 니콜라스 5세의 탑과 가장 가까운 바티칸의 성문이다.

COSEA 위원회에게 구즈만의 무료 아파트에 대해 보고한 사람은 APSA의 처장인 칼카뇨 추기경이었다. 칼카뇨 추기경은 교황청의 비밀이란 비밀은 다 꾀고 있었고, 자신이 알고 있는 정보로 일을 잘 꾸며내는 교활한 인물이었다. 2013년 9월 30일, 칼카뇨는 그 문제에 관한 자신의 견해를 적어서 COSEA 위원장 자라에게 전달했다. 이 문서에는 서명이 없었고 사용된 종이 또한 일반적인 것이었다. 문서의 첫 부분은 APSA가 교황청의 부동산 관리에서 겪는 어려움들을 적은 것처럼 보였다. 그는 무정부주의 상태에 다다른 현 상황을 걱정하는 척하면서 중간중간 슬그머니 문제점을 제시했다.

적어도 APSA의 입장에서 봤을 때 교황청의 행정에 드리워진 어두운 그림자는 한두 개가 아닙니다. 최근 수년간 그림자들은 사라지지 않고 계속해서 더 짙어지기만 했습니다.

안타깝게도 바티칸의 몇몇 기관들은 관리감독이나 지출 사용 기준을 조사받지 않아도 된다고 여기는 것 같습니다. 심지어 1년 치 예산안을 준수하지 않아도 된다는 식으로 생각합니다. 우리는 이러한 추측을 가벼이 넘기지 말아야 할 것입니다. 이와 관련하여 제 머릿속에는 교황궁내원과 교황 전례원의 상황이 가장 먼저 떠오릅니다. 이 두 조직에 대해서는 조사가 이뤄질 수 없는 상황입니다. 왜냐하면 교황의 사람들을 돌보는 조직이기 때문이지요. 바티칸의 기관들이 무절제와 사치에 입각한 태도로 결제를 요청하는 문제나 이미 그런 식으로 돈을 낭비한 문제에 대해 APSA가 비판하고 바로잡으려고 하면 저희에게 달갑지 않은 눈초리를 보냅니다.

독립체와 재단이 증가한 것과 더불어 국무원의 행정 부처도 확장되었습니다. 국무원은 교황께서 바라시는 것과 달리 중요한 사안들에 집중하지 않고 있습니다. 국무원은 상당한 액수의 돈을 관리하면서도 돈의 출처나 관리 기준에 대해서 알지 못하거나 무슨 이유인지 말을 하지 않는 상태입니다. 심지어 교황청 재무심의처 처장조차도 이와 관련하여 파악하고 있는 바가 없는 상태입니다.[7]

칼카뇨는 보고서 말미에 한 가지 사례를 언급하며 독침을 날린다. 전체를 통틀어 칼카뇨가 언급한 구체적인 사례는 그것 하나뿐이었다. 바로 베네딕토 16세의 뜻에 따라 무료로 제공됐다고 추정되는 주택에 관한 이야기였다.

마찬가지로 APSA의 재정에 부담을 주는 예외적인 개별 사례들이 없잖아 있습니다. 최고의 권위를 갖고 있는 분들께서 베풀어주신 은혜를 말합니다. 하나만 언급하자면 구즈만 카리퀴리 교수의 사례가 있습니다. 그는 베네딕토 16세로부터 자신과 배우자가 평생 동안 살 수 있는 집을 무료로 제공받았다고 합니다.

칼카뇨는 구체제를 옹호하는 추기경들 중 한 명으로, 새로운 시대와 보조를 맞추지 않으려고 한다. 그와 프란치스코의 관계는 처음부터 공식적인 차원에 한정되었다. 따라서 보고서에 그런 내용을 적은 이유는 사적인 원한이라기보다는 바티칸 보수주의자가 취할 수 있는 전형적인 비수 찌르기 공격이라고 봐야 할 것이다. 막강한 권력을 행사하며 교황청을 수년간 이끌어온 사람들은 프란치스코가 자신들을 압박해오는 것을 느꼈다. 프란치스코는 그들 조직의 회계 장부를 이 잡듯이 조사했다.

사실 베네딕토 16세가 교황으로 있을 때부터 내분은 잦았다. 베네딕토 16세는 그러한 상황을 알지 못했거나 아니면 알면서도 잠자코 있었거나 둘 중 하나였다. 클래식 음악 애호가이자 섬세한 교리 전문가인 베네딕토 16세는 설교 시간에 '권력에 대한 인간의 야망'을 비난하는 데 그쳤다.

프란치스코가 교황이 되면서 추기경들은 문화 충격을 겪었다. 국제 감사관들이 추기경들의 회의에 참석했고 프란치스코의 대의를 위해 싸웠다. 그러자 교황청은 곧 폭발하기 일보 직전의 상태이었다. 칼카뇨는 앞에서 언급한 것처럼 교황의 친구인 구즈만 카리퀴리가 받은 혜택을 위원회에 보고했다. 그의 행동은 마치 이렇게 말하는 것이나 다름없었다. '그렇게 우리 바티칸의 비밀을 밝혀내고 싶다면 당신이 어디를 먼저 찾아봐야 하는지 알려주겠소.'

구즈만으로서는 누가 자신의 집에 대해 물어보더라도 기꺼이 설명할 준비가 되어 있었다. 그 집은 급여 문제를 원만하게 해결하기 위한 혜택으로서 제공된 것이었다. 지난 수년간 그는 교황청보다 훨씬 더 높은 급여를 준다는 제안을 숱하게 받았다. 바티칸은 그의 이직을 막고자 그에게 무료로 아파트를 제공한 것이다.

그러나 칼카뇨는 압박을 느꼈고, 부동산 감사관들이 완벽하게 합법적인 그의 수입과 부동산에 의심을 품을 수도 있다고 생각했다. 그렇게 해서라도 로마의 성문 바로 바깥에 위치한 농지 20 ha(6만 500평)를 비롯한 자산을 지키는 게 그에게는 너무나도 중요했다. 누군가는 교황청의 돈으로 농지를 일구며 장밋빛 미래를 꿈꾸고 있었던 것이다.

05

대농장의 주인은
누구인가?

2002년 3월 9일, 라우렌티나 공동묘지에서 몇백 *m* 떨어진 곳에 산 주세페 농업 회사가 설립되었다. 이 지역에 일고 있는 건축 열기는 폰테 라우렌티나(Fonte Laurentina)라는 작은 동네를 완전히 변모시켰다. 로마 의 외곽순환도로인 GRA(Grande Raccordo Anulare) 근처에는 값싼 임대 아파트 수천 채가 들어섰다.

하지만 아직까지는 들판과 농지가 많은 부분을 차지한다. 이 지역은 그 섬뜩한 사건이 있기 전까지는 상대적으로 복잡한 대도시를 벗어나 휴식과 안식을 얻을 수 있는 평화로운 곳이었다. 2011년 3월 8일, 줄에 칭칭 감긴 한 여성의 시신이 발견되었다. 시신은 하반신 없이 상반신만 발견되었고 장기들이 모두 제거된 상태였다. 이 살인 사건은 아직도 미궁 속에 잠겨 있다.

비아 라우렌티나 1351번지에 위치한 산 주세페 농업 회사는 2011년 6월 8일에 개인 기업으로 등록되었다. 20*ha* 크기의 농지에서는 주로 가축 사료용 밀과 의료용 허브, 올리브 나무가 재배되었다. 처음에는 올리브 나무가 800그루나 되었다. 열매는 냉압착기를 통해 올리브 오일로 만들어졌다. 농장 입구에 서 있는 간소한 간판에는 농장의 주인인 루마니아인 가족의 이름이 정자체로 쓰여 있었다. 농장을 경영하는 가족은 APSA의 소유로 되어 있는 집에 살았고 임대료는 무료였다. 이 전도유망한 농업 회사가 어느 날 도둑들의 병참 기지가 되면서 APSA의 개입이 불가피해졌다. 2013년 5월 29일, 칼카뇨 추기경은 이러한 상황을 베르살디에게 편지로 설명했다. 위원회로부터 진상 규명을 긴급 요청받고 쓴 편지였다.

 곳곳의 울타리가 망가져 있습니다. 농장 안의 한적한 구역을 도둑들이 훔친 구리선을 은닉해두는 장소로 사용하고 있었습니다. 신고를 받은 경찰은 잠복근무를 하다가 훔친 물건을 되찾으러 온 도둑들을 놀라게 해 도망가도록 만들었다고 합니다. 거센 폭풍이 그 지역을 강타한 날 밤, 도둑들은 경찰관들이 농장에 없을 때를 틈타 훔친 물건을 챙겨서 달아났습니다.

성문 밖으로 나가본 사람은 그 일대의 자연에 푹 빠져들게 된다. 오른편에는 흙길이 하나 있는데 스물두 그루의 올리브 나무들이 각각 길 양편으로 죽 늘어서 있다. 길 끝에는 사람이 살지 않는 것처럼 보여도 관리 상태는 좋은 농가 한 채가 서 있다. 집 2층의 양면은 스투코칠이 되어 있고 창틀도 새것이다. 마치 집의 한 부분만 최근에 재공사한 듯 보인다. 이 집으로 뻗은 200 m 거리의 길은 걷는 이에게 즐거움을 선사한다. 울음소리로 이웃들의 밤잠을 깨우는 나쁜 취미를 가진 칠면조들, 암탉들, 거위들, 공작새 한 쌍이 방문객들을 환영한다. 마구간에는 말 세 마리와 당나귀 두 마리가 있다. 텃밭에는 없는 게 없다. 토마토, 마늘, 양파, 피망, 멜론, 가지, 감자, 수박, 콜리플라워가 자란다. 또 농부의 아내는 찾아오는 손님들과 아이들을 대접하기 위해 딸기도 재배했다.

이웃들은 또 다른 사람들도 그 농장을 종종 찾는다고 했다. 추기경이나 장관 같은 중요한 인사들 말이다. "이번 여름의 일이었어요. 손자와 들판에 놀러 나갔는데 손자가 갑자기 사라져버린 거예요. 정말 정신이 어떻게 되는 줄 알았어요." 1960년대부터 그곳에 살았던 한 여성이 나에게 말했다. "저는 잠시 후에 손자를 다시 찾았어요. 그런데 그 옆에 올이 다 드러나 보이는 검은색 긴 코트를 입은 한 노인이 지팡이를 짚고 서 있지 않겠어요. 세상에, 저는 그 남자가 양치기인 줄 알고 아이한테 '양치기는 내버려두고 이리 왜!'라고 소리쳤지 뭐예요. 그러자 그가 저에게 미소를 지으며 부드럽게 말했어요. '부인, 저는 다른 양치기들과는 다르답니다. 목자이기는 하지만 양을 치지는 않지요. 저는 영혼의 목자랍니다.' 처음에 저는 무슨 말인지 이해를 못했어요. 알기 쉽게 말해달라고 하니까 그는 자신이 추기경이라고 하면서 그냥 자기를 '알베르토 씨'라고 불러달라고 하더군요. 그래서 저는 '알베르토 씨' 하고 그를 불렀지요."

산 주세페 농업 회사의 이웃들은 다른 유명한 사람들의 이름도 말했다. 그들은 그곳에서 꽤 많은 시간을 보낸다고 했다. 그중 특별히 언급할 만한 사람들은 아틸리오 니코라(Attilio Nicora) 추기경과 칼카뇨 추기경이다. 칼카뇨 전의 APSA 처장이었던 니코라는 2011년 1월 19일부터 2014년 1월 20일까지 바티칸 금융 정보 기관의 초대 관장을 역임했다. 베네딕토 16세가 만든 이 조직은 교황청의 모든 재정 운영을 관리했다. 또한 교황청의 재정이 유럽 연합이 도입한 돈세탁 방지 규제법에 맞게 운영되도록 감독한다. 이웃들의 증언에 따르면 니코라와 칼카뇨는 그곳을 자주 찾았다고 한다. 아마도 그들은 농가 내부의 아파트먼트 두 개를 개조해놓고 휴식을 취하기 위한 시골 별장쯤으로 사용했던 것 같다. 한 추기경의 대학생 조카가 그곳에 잠깐 머물기도 했다.

칼카뇨에 따르면 니코라는 '산 주세페 농업 회사의 설계와 설립 과정에 참여했다. 그 과정에서 파리데 마리니 엘리세이(Paride Marini Elisei)의 도움이 있었다. 엘리세이는 APSA와 국무원의 행정부처가 신뢰하는 공증인이었다. 2011년 9월 13일, APSA와 농업 회사는 라우렌티나와 아쿠아프레다(Acquafredda)의 땅에 대한 임대 계약서를 작성했다'. 이 계약으로 바티칸의 부동산에 41 *ha*(12만 4,000평)의 땅이 추가되었다.

그런데 이 땅은 누구에게 속한 것일까? 이 질문에 대답하기 위해서는, 확실한 것이 거의 없고 물음표만 많은 또 다른 이야기를 시작해야 한다. 먼저 확실한 것 한 가지는 22*ha*(6만 6,600평)의 땅이 한때 몰라리 가의 형제자매들인 레티치아, 주세피나, 도미틸라, 루이지의 소유였다는 것이다. 이들 모두는 슬하에 자식이 없었다. 독실한 가톨릭 신자였던 이 형제자매는 자신들의 땅을 교회에 기부하기로 동의했다. 때는 1975년 3월 22일이었다. 당시 이미 APSA의 직원이었던 기사 단장 루이지와 레이치아, 주세페, 도미틸라는 알레산드로 마리니(Alessandro Marini)라는 공증인 앞으로 문서를 작성하여 자신들의 땅을 교황청에 기부하기로 결정했다. 당시 국무원장이었던 장 빌로 추기경은 기부를 받아들였다.[8] 요한 바오로 1세 교황이 해고하려고 했던 바로 그였다.

산 주세페 농업 회사는 지금도 계속 운영되고 있다. 이 회사의 동업자에는 칼카뇨라는 성을 가진 사람이 한 명 더 있다. 도메니코 칼카뇨가 아닌 주세페 칼카뇨다. 주세페 칼카뇨는 도메니코 칼카뇨 추기경과 친척지간일까? 이 잠재적인 이해관계에 대한 사실 확인과 조사가 이뤄졌다. 교황청 재무심의처는 도메니코에게 해명을 요청했다. 도메니코는 화가 난 나머지 주세페와 혈연관계에 있지 않다는 것을 증명하기 위해 가족 묘지에 있는 묘비들까지 조사했다. '묘지 조사관들'이 조사를 마치고 바티칸으로 돌아오자 도메니코는 다음과 같은 편지를 썼다.

"묘비들에 적힌 정보로 볼 때 주세페와 저에게 하나의 공통된 조상이 있다고 추정할 수 있는 계보학적 접촉점은 없습니다."

도메니코가 보낸 사람들은 도메니코 가의 전체 가계도를 그렸다. 그들은 도메니코의 증조부부터 현세대에 이르는 모든 가족들의 이름을 하나하나 열거했다. 그리고 다음과 같이 결론을 맺는다. "제가 신학대 학생이었을 적에 저는 사제에게 교구의 세례자 명단을 보여달라고 청한 적이 있습니다. 저는 명단 조사를 시작하자마자 그것이 품이 많이 드는 일이라는 것을 알게 됐습니다. 1500년대 후반 이래 트라몬타나 주민의 절대 다수가 자신의 세례명을 '칼카네우스 데 칼카네이스(Calcaneus de Calcaneis)'로 등록했기 때문입니다. 혈족 간의 결혼을 피하기 위해 칼카뇨 가문의 남자들은 다른 성을 지닌 여성들과 결혼했습니다." 사실 그가 편지에 첨부한 가계도를 보면 주세페의 아내인 마리안젤라(Mariangela)와 도메니코는 친척관계에 있는 것으로 보였다. 물론 10촌에 해당하는 아주 먼 친척이긴 하다.

농업 회사와 바티칸의 사이는 여전히 끈끈하다. 만약 그 루마니아 농부 가족의 친척들이 단언한 것처럼 그 가족이 바티칸을 위해 일하는 것이 사실이라면, 이따금씩 필요할 때마다 일꾼들을 데려오는 것 역시 바티칸일 것이다.

나는 데이터베이스를 보고 비아 라우렌티나 1351번지에 있는 5구획의 땅이 APSA의 것이라는 사실을 확인했다. 그곳의 건물 네 채와 아파트먼트 세 채, '주택 단지' 하나와 창고 열한 채, 저장 시설 세 채도 마찬가지로 APSA의 소유로 되어 있다. 이 부동산들 중 임대된 것은 없는 듯하다. 물론 루마니아 가족이 살고 있는 $75m^2$(22평) 크기의 집은 제외다. 그럼 다른 집들에는 누가 살까? 이것이야말로 베일에 겹겹이 싸여 있는 미스터리다. 그 집들은 고위 성직자들에게 한 달에 150유로(20만 원)라는 턱없이 싼 가격에 임대된다는 소문이 교황청에 돌았다. 즉 성직자들이 도시 성문 밖의 이상적인 피난처에서 부담 없는 가격에 달콤한 전원 생활을 누리고 있다는 것이다. 그 가능성도 전혀 배제할 수는 없다. 그러나 만약 그것이 사실이라면 유령 계약이 있었다고 해야 한다. 왜냐하면 내가 갖고 있는 공식적인 데이터에 의하면 그 집들은 임대되지 않은 것으로 기록되어 있기 때문이다.

어쨌든 그 농장에 상당한 관심과 흥미가 집중되고 있는 것만은 분명하다. 2013년 4월 13일, 프란치스코는 이 문제에 관하여 자필로 편지를 썼다. 편지에서 그는 아쿠아프레다 근방의 그 농장과 관련하여 '모든 법적 조치를 취할 수 있는 권한과 법정에서 대리인 역할을 할 권리', 즉 그 자산을 처분하거나 제3자에게 양도할 기회를 칼카뇨에게 줬다.

수년 동안 이 부지를 놓고 여러 가지 아이디어들이 제안되었다. 예를 들어 2008년에는 태양광 발전 시설을 세우자는 계획이 있었다. 연간 20만 3,000유로(2억 6,200만 원)의 수익 창출이 예상되는 야심 찬 프로젝트였으나 안타깝게도 무산되었다. 비아 라우렌티나 1351번지의 미래는 아직도 불투명한 상태이다. 산 주세페 회사는 '매월 650유로(84만 원)의 프로젝트 지원금을 예치했다'. 그러나 동시에 상당한 지원을 받았다. 임대 계약서에도 이 농업 회사는 '각 프로젝트의 지출이 2만 유로(2,600만 원)를 초과할 경우 지출에 대한 배상을 요청할 권리를 가진다. 또한 임대인인 교황청으로부터 사전 허가를 받은 후 매각을 진행할 권리를 갖는다'고 분명하게 적혀 있다.

이 농장의 회계 장부와 '라우렌티나 운영 기금'이라는 이름으로 APSA에 개설된 은행 계좌 속 1만 9,560번에 달하는 거래 내역에 대한 꼼꼼한 감사가 진행되었다. 조사는 2013년 1월 2일에 APSA 계좌로 이체된 5만 7,982유로(7,500만 원)에 집중되었다. 어디서 누가 보낸 것인지는 불분명했지만, 베르가모(Bergamo) 교구를 수취인으로 하는 금융거래에 APSA가 청구한 1.5%의 수수료라는 사실은 밝혀졌다. 그러나 베르가모 교구는 돈을 받은 적이 없었다. 위원회가 사실을 재구성하는 과정에서 같은 날 386만 5,499유로(50억 원)가 스위스 루가노(Lugano)의 BSI 은행에 개설된 APSA의 계좌에 예치되었다는 것을 알게 되었다. 계좌 기록에는 '베르가모 교구의 카사 산타 마리아 앞'이라는 메모가 남아 있었다.

APSA의 내부 회계에 따르면 그 돈이 마지막으로 안착한 곳은 베르가모 교구의 바티칸은행 계좌 19412002번이었다. 이체된 금액은 5만 7,982유로가 부족한 380만 7,517유로(49억 1,800만 원)였다. 그런데 그 돈이 베르가모 교구의 바티칸은행 계좌로 이체된 것은 농장의 경비 항목에 잡혀 있는 5만 7,982유로의 이체가 취소된 직후였다. 안타깝게도 나는 누가 그 거액의 돈을 스위스의 은행에 예치했는지, 왜 그 수수료의 이체가 취소되었는지, 왜 전액이 베르가모 교구로 이체되지 않았는지에 대해서는 알아낼 수 없었다.

비아 라우렌티나 1351에는 농업 회사 외에도 에딜 아르스라는 회사 이름으로 등록된 창고가 하나 있다. 에딜 아르스는 역사적인 건축물을 전문적으로 복원하는 회사이다. 기막힌 우연의 일치일까? 이 회사의 홈페이지에는 'APSA와 바티칸시국 행정처의 협력 업체'라고 쓰여 있다.

나는 회사에 전화를 걸었고 다음과 같은 답변을 들었다. "저희는 그곳에 보관 시설 하나만 갖고 있을 뿐입니다. 본사는 다른 곳에 있습니다. 비아 데 포르타 카발레제리 53번지예요."

성 베드로 광장에서 몇백 m 거리에 위치한 이 회사는 거대한 상업용 공간을 사용하면서도 1년에 3만 유로(3,900만 원)만을 임대료로 냈다. 에딜 아르스는 또 다른 회사인 아프 코스트루치오니 제네랄리로 합병되면서 사라졌다. 아프 코스트루치오니 제네랄리에서는 '에딜 아르스에 있었던 사람들'이 '에딜 아르스에서 했던 일'을 똑같이 하고 있다.

에딜 아르스는 APSA의 전 처장 니코라 추기경을 화나게 한 적이 있다. 이러한 사실은 2008년 니코라 추기경이 베르토네 추기경에게 쓴 편지에서 확인된다. 니코라 추기경은 에딜 아르스를 매우 '신뢰하기 어려운 회사'라고 여겼다.

2002년 4월 17일, APSA의 일반과 담당자인 카를로 리베라티(Carlo Liberati)는 안젤로 프로이에티(Angelo Proietti) 씨가 운영하는 에딜 아르스와 임대 계약을 맺었습니다. APSA는 에딜 아르스에 마구간과 창고, 집, 우물 등을 무료로 사용하도록 허락했습니다. 그런데 에딜 아르스는 APSA가 허락한 임대 조건을 어기고 공간을 마음대로 사용했습니다. 이 회사는 사실상 임대 공간의 용도를 수정했으며 현재 그곳을 관리하고 있는 부처에 협력하고 있지 않습니다. (…) 이 회사는 오염 물질과 건축 장비를 포함한 엄청난 양의 쓰레기들을 임대한 부지에 쌓아 놓은 채 환경을 어지럽히고 있습니다. 이에 APSA는 에딜 아르스를 신뢰하기 어려운 임차인이라 판단하였고 2006년 12월 22일부로 에딜 아르스와의 임대 계약을 공식적으로 취소했습니다.

APSA와는 그렇게 끝났지만 사실 에딜 아르스는 마르코 밀라네세(Marco Milanese)의 전적인 신임을 받는 회사였다. 마르코 밀라네세는 이탈리아의 전 재무장관 줄리오 트레몬티(Giulio Tremonti) 밑에서 일했던 사람이다. 에딜 아르스는 밀라네세 가의 집 하나를 공짜로 리모델링해 줬다. 사실 그 집의 실거주자는 트레몬티였으며, 40만 유로(5억 1,700만 원)짜리 공사였다. 그리고 에딜 아르스는 2002년에서 2006년 사이에 소제이라는 상장 기업으로부터 계약을 따냈다. 이 이야기는 2011년 이탈리아 신문들의 헤드라인을 장식했으며 함께 게재된 사진의 배경에는 성 베드로 대성당의 돔이 보였다.

06
유럽의 바티칸 거류지

바티칸의 부동산 자산이 가진 또 다른 특징은 '거류지 개척'이다. 거류지 개척이란 유럽 각 지역의 유명한 건물들에 대한 바티칸의 현명한 해외 투자를 말한다. 바티칸은 파리 시내의 건물들, 런던 템스 강변의 타운하우스들, 스위스 로잔 등에 있는 환상적인 아파트먼트들을 갖고 있다. 이 부동산들의 총 시가는 대략 5억 9,100만 유로(7,677억 원)에 달한다. 기자 에밀리아노 피티팔디(Emiliano Fittipaldi)가 주간 잡지 〈레스프레소〉에 실은 취재 기사 덕분에 이 정보는 대중에게 공개되었고, 소프리텍스 지주 회사의 모든 것이 밝혀졌다.

회사 가치가 4,680만 유로(604억 5,000만 원)에 이르는 이 회사는 파리의 중심부에서 가장 훌륭한 건물들 중 일부를 관리한다.[9] 기사에 따르면 '회사에는 매니저 한 명, 직원 세 명, 청소 인부들과 컨시어지 열여섯 명이 있다'. 프로몬토리의 분석가들은 이 회사의 전 직원과 이사회의 소득에 대한 기록을 찾아냈다. 소프리덱스의 이사인 보두앵 드 롬블레 (Baudouin de Romblay)는 한 달 월급으로 1만 2,956유로(1,700만 원)를 받았다. 또한 월급 한 달 치를 연말 보너스로 받았다. 다양한 건물에서 일하는 컨시어지 열여섯 명의 임금도 전부 조사했다. 그들의 월급은 7,000유로(910만 원)부터 다양했다. 휴가를 간 동안 투입된 대체 인력에게는 3만 8,563유로(5,000만 원)가 지급된 것으로 기입되어 있다. 컨시어지 서비스에 들어가는 비용의 75%는 세입자 앞으로 청구되었지만, 나머지 25%는 소프리덱스가 부담했다.

바티칸이 프랑스의 수도 파리에 갖고 있는 부동산 자산은 500개에 달한다. 이 부동산들의 시가는 제무제표에 쓰여 있는 것과 꽤 다르다. 분석 보고서에 따르면 실제 소득은 신고 소득 4억 6,900만 유로(6,000억 원)보다 10배는 높을 것으로 추정된다. 이러한 차이가 생긴 이유는 꽤 간단하다. 부동산 취득세가 있는 나라에서는 부동산의 가치를 낮게 평가할수록 더 적은 재산세를 낼 수 있기 때문이다.

스위스에 있는 부동산들은 또 다른 지주 회사인 프로피마가 관리한다. 1926년 로잔에 설립된 프로피마는 과거에 비오 11세(1922~1939년) 교황의 금고로 사용되었던 적이 있다. 라테란 조약이 이뤄진 후 바티칸이 이탈리아로부터 받은 소위 '손해배상금'의 일부가 그 금고에 예치되기도 했다. 프로피마는 아홉 개의 다른 회사들과 함께 이른바 '금융 열도

(Financial Archipelago)'에 속해 있다. 이 회사들 중에는 류 솔레이와 디베르사가 포함되어 있다. 분석가들의 보고서에 따르면 이 두 회사는 '예치금과 로슈에 갖고 있는 지분을 포함한 다른 주식 및 증권의 관리'를 담당한다.[10]

다른 지주 회사 네 곳은 마지막 철자만 다를 뿐 완전히 똑같은 이름을 갖고 있다. 회사들의 이름은 각각 S.I. Florimont B., S.I. Florimont C, S.I. Florimont E, S.I. Florimont F이다. 그리고 이 회사들은 또 다른 '세 샴쌍둥이' 회사들과 협력관계에 있다. 세 샴쌍둥이는 각각 S.I. Sur Collanges A, Sur Collanges B, Sur Collanges C이다. 스위스에 있는 이 회사들은 수십억 유로에 달하는 재산을 통제하는 정교한 네트워크로서 바티칸의 지시를 받는다. 분석가들에 의하면 이 회사들은 제네바와 로잔에 있는 각각의 부동산을 관리하기 위해 설립되었다. 재무제표에 따르면, 이들의 자산 가치를 모두 더한 총액은 1,800만 유로(232억 5,000만 원)이다. 하지만 이 회사들의 실제 가치는 4,900만 유로(633억 원)로 재무제표에 기록된 액수와 큰 차이를 보인다.[11]

런던에서는 브리티시 그롤룩스 투자회사가 부동산을 관리한다. 1933년에 세워진 브리티시 그롤룩스는 주택과 고급 상점을 관리한다. 이 회사가 관리하는 부동산들의 시가는 7,300만 유로(943억 원)이지만 장부에는 3,880만 유로(501억 1,800만 원)로 기입되어 있다. 브리티시 그롤룩스는 런던 바깥에 위치한 여러 개의 부동산도 관리한다. 프로몬토리의 분석가들에 따르면 APSA가 이탈리아, 스위스, 프랑스, 영국에 갖고 있는 부동산 자산의 총 가치는 20억 유로(2조 5,900억 원)가 넘는다. 하지만 재무제표에는 훨씬 더 낮은 액수인 3억 8,960만 유로(5,000억 원)로 적혀 있다.[12]

이러한 차이는 오늘날 바티칸 내부의 깊은 모순을 보여준다. 바티칸의 한편에서는 관리자들이 고급 양복을 입고 막대한 부를 통제하며, 지주 회사들로 이뤄진 정교한 금융 열도를 관리한다. 그리고 다른 한편에서는 교황이 복음의 명을 받들어 가난한 교회를 위해 싸우고 바티칸에 자발적인 정화를 요구한다.

MERCHANTS
IN THE TEMPLE

"가난한 교회로,
가난한 사람들을 위해 봉사하길 원합니다."

- 프란치스코 교황 -

01

연금기금의 적자 폭이
계속 커지고 있다

기독교를 믿는 이들에게 천국이란 육신과 죄로부터 벗어나 평화와 자유를 얻는 곳이다. 그러나 교황청 사람들의 사망률 통계를 보면, 그들의 삶에 대한 애착은 매우 끈질긴 것처럼 보인다. 특히 로마, 바티칸, 서구의 부유한 지역에 사는 가톨릭 신자들은 그 지역의 평균수명에 비해 5~10년 더 오래 산다.

만약 세속에서의 삶이 연장된다면 우리 모두는 그것을 기쁘게 받아들여야 할 것이다. 그러나 수명 연장이 좋은 것만은 아니다. 사망률 통계는 교황청에 기쁨보다는 시름을 안기고 있다. 터무니없는 말이라고 생각할지도 모르겠지만 실제로 그럴 만한 이유가 있다. 오래 살면 살수록 연금을 더 오랫동안 받게 되기 때문에, 이로 인해 연금기금의 부족액은 매년 불어나고 있다. 이에 대해 제대로 관심을 갖는 사람은 아무도 없지만, 이 사실이 알려지면 바티칸 직원들 사이에 동요가 일어날 것이다. 바티칸시국에서 사람들이 항의 팻말을 들고 데모하는 광경을 상상할 수 있겠는가?

교황청 재무심의처의 수장인 주세페 베르살디가 먼저 이 화제를 꺼냈다. 그는 재정 상황 및 지출 현황, 특히 사회보장기금의 관리 상황을 보면 바티칸의 행정기관들이 무너질 수도 있으며 결국에는 바티칸시국 자체가 살아남지 못할 수도 있다는 두려움에 떨고 있던 차였다.

한 평신도 관리자가 연금기금의 걱정스러운 재무 상황에 대해 경고한 적이 있다. 그러나 그의 말을 경청한 사람은 거의 없었을 뿐더러 대부분은 관심조차 보이지 않았다. 이렇게 된 데는 두 가지 이유가 있다. 프란치스코의 강력한 비판 대상인 교회 내 권력 집단은 책임감이란 것을 거의 갖고 있지 않다. 그들은 긴 토가 자락을 날리며 평신도들이 하는 말을 무조건 축소시키는 경향이 있다. 평신도들의 주장이 꼼꼼한 회계 감사와 데이터에 근거했다는 사실은 중요하지 않다. 평신도 관료들이 비판할 때마다 추기경들은 매번 이렇게 대꾸한다. "교회는 숫자가 아니라 영혼으로 이뤄진 것입니다."

2012년, 연금 시스템에 금이 가기 시작했을 때도 이 같은 일이 벌어졌다. 6월 12일, 교황청 재무심의처의 컨설턴트 중 한 명인 요헨 메세머(Jochen Messemer)는 국제 감사관들이 모인 회의에서 이 작은 국가에 있는 은퇴자 1,139명과 현 직원 4,699명의 연금이 처한 불투명한 미래에 관해 가혹하다 싶을 정도로 세게 말했다.[1] 듣고 있던 동료들 대부분은 문자 그대로 얼굴이 하얗게 질렀다. 그가 말한 대로라면 상황은 매우 심각했다.

물론 당장 코앞에 닥친 문제는 아니지만 언젠가는 반드시 닥칠 문제였다. 그는 계속해서 쩌렁쩌렁한 목소리로 말했다. "베를린 교구가 파산한 것은 실제로 무슨 일이 벌어지고 있는지를 이해하지 못했기 때문입니다. 베를린 교구는 점점 위기로 치달았지만 그 사실을 알지 못했습니다.[2] 연금 문제를 과소평가했다가는 베를린 교구에 닥쳤던 것과 같은 재앙이 발생할 수 있습니다."[3]

하지만 교황청은 꿈쩍도 안 했다. 여섯 달 후인 12월 19일, 그는 감사관들이 모인 자리에서 다시 한 번 가차 없이 말하기로 했다. 그의 명료함은 다음의 회의록에 잘 드러나 있다.

저는 연금기금 문제에 관해 발언하고자 합니다. 누적 연금 예산액 중 다음의 세 가지 주요 예산에 대한 검토가 이뤄져야 합니다.

첫째, 이미 은퇴한 전 직원들을 위한 연금(지급 연금의 현 평균가치)인 2억 6,600만 유로(3,500억 원), 둘째, 현 직원들을 위한 연금(현재 유효한 미지급 연금의 현 평균가치)인 7억 8,200만 유로(1조 200억 원), 셋째, 미래에 채용될 직원들을 위한 연금(미래에 유효성을 얻게 될 미지급 연금의 현 평균가치)인 3억 9,500만 유로(5,100억 원).

이것들을 모두 더하면 대략 우리에게 필요한 연금 예산은 14억 7,000만 유로(1조 8,800억 원)에 육박합니다. 현재 연금 잔액은 3억 6,900만 유로(4,800억 원)이므로 계산하면 필요한 총 연금액의 26%밖에 해결하지 못합니다. 부족액은 10억 유로(1조 3,000억 원) 정도입니다. 다른 곳들의 연금기금에 비교하면 26%라는 보장률은 매우 낮은 수준입니다. 가장 가난한 교구들조차 60~70% 정도는 보장해두려고 합니다.[4]

메세머는 여기까지 말한 다음 연금기금의 운영 계획을 짤 때 가장 먼저 생각해야 할 점을 분명하게 짚었다. 퇴직연금은 연금을 받는 사람이 살아 있는 동안 계속 지급된다는 사실이었다. 그렇다면 은퇴한 직원들이 연금을 지급받는 평균연수를 어떻게 추정할 수 있을까? 이때 유효한 데이터는 사망률에 관한 것뿐이었다. 그는 다음과 같이 말한다.

사망률 통계에 대해 짚고 넘어가자면, 이것이 마지막으로 갱신된 때가 언제죠? 몇몇 통계자료에 따르면 가톨릭 신자들은 평균수명보다 더 오래 삽니다. 만약 이 통계가 사실이라면 심각한 문제가 될 수 있습니다. 우리가 그동안 엉뚱한 통계를 근거로 계획을 세웠단 의미이기 때문입니다. 새로운 통계대로 우리가 5~10년을 더 산다고 하면 부족액이 더욱 누적될 것입니다. 그로 인해 언젠가는 축적된 기금만으로 퇴직자들의 연금을 보장하기 힘든 때가 올 것입니다. (…) 지금 까지 우리는 연금기금의 확보를 위한 투자 계획을 논의한 적이 한 번도 없습니다. 경제적인 측면에서 볼 때 연금기금은 시장의 습성을 무시할 수 없습니다. 우리는 스트레스 테스트, 그러니까 잠재적으로 가능성 있는 시나리오를 가정해봐야 합니다. 또한 손실이 발생할 경 우, 무엇을 해야 하는지 생각해둬야 합니다.

이러한 조치들은 전문적인 종류의 문제이면서 동시에 반드시 필요한 것이기도 합니다. 이런 종류의 기금을 관리할 때는 어느 정도의 책임 감이 필요합니다. 직원들은 40년 동안 임금의 80%만을 받고 일합니다. 나머지 20%는 연금기금을 위해 원천징수됩니다. 기금을 상환받 을 수 없다는 말보다 더 끔찍한 말은 없습니다. (…) 우리는 더 이상 이런 식으로 모른 척할 수 없습니다. 연금기금의 기존 체계는 낡았습 니다. 대책본부를 만들어 이 문제들을 비밀리에 처리해야 합니다.

사람들은 아연실색했다. 그러나 메세머의 발언은 교황청 재무심의처 의 회의장 문밖을 넘지 못했다. 이날 작성된 회의록은 불안과 동요를 불 러일으킬 수 있다는 이유로 대중에게 공개되지 못하고 교황청 재무심의 처의 철갑금고에 보관되었다. 크리스마스를 겨우 6일 앞둔 날이었다. 베 네딕토 16세가 교황으로서, 베르토네가 국무원장으로서 보내는 마지막 크리스마스였다.

2013년 3월, 프란치스코의 교황 당선과 함께 침묵에 금이 가기 시작했다. 5월, 프란치스코가 보편 교회 통치의 보좌 역할을 맡긴 추기경 자문단은 메세머의 호소를 지지했다.[5] 금고에 보관되었던 회의록이 밖으로 나왔고, 교황의 완벽한 신임을 받는 고위급 성직자들에게 몰래 쥐어졌다. 국무원의 웰스 추기경은 사회 보장 분야에 관한 메세머의 전문성을 높이 샀다. 그는 메세머에게 COSEA의 위원 자리를 제안했다.

2013년 8월, 문제의 연금기금 사안이 COSEA의 공식적인 조사 대상으로 채택되었다. 작업은 극비리에 진행되었다. 열심히 일하고 있는 교황청 직원들의 평화로운 일상을 방해하지 않기 위해서였다. 그들은 자신들의 미래를 좌지우지할 연금기금의 상태에 대해 전혀 몰랐다.

대책본부를 만들어야 한다는 메세머의 제안을 들은 모두가 귀머거리는 아니었다. 그 결과 빠른 조치가 이어졌다. 이 임무는 '경영 컨설팅 분야의 거인'이라고 불리는 다국적 기업 올리버 와이만(Oliver Wyman)에게 맡겨졌다. 그들은 연금기금의 재무 상태를 평가하기 위한 보험 통계 연구를 수행하고, 급료의 원천징수 금액이 모두에게 안전한 미래를 보장할 수 있을 정도로 충분한지 평가했다. COSEA는 올리버 와이만에게 '부족액을 해결할 수 있는 방안'도 고안해달라고 했다. 또한 추기경들에서부터 바티칸을 지키는 용병인 스위스 근위대에 이르는 모든 직원에게 평온한 노년을 보장할 수 있도록 연금기금의 재무 상태를 회복시켜달라고 요청했다.

여기서도 마찬가지로 이러한 사실을 알고 있는 추기경들, 주교들, 몬시뇰들은 두 파로 나뉘었다. 이제껏 격돌해왔던 것처럼 프란치스코가 구성한 팀과 그 반대자들이었다. 한쪽에는 과거의 상황이 지속되기를 바라는 낙관주의자들이 있었다. 이들은 부동산 몇 개를 팔아서 부족한 예산을 채우자고 제안했다. 또한 이들은 실제 부족액이 4,000만 유로(520억 원)'밖에' 되지 않는다는 말을 퍼뜨렸다. 이것은 연금기금의 마지막 감사가 이뤄졌던 2011년에 로마의 한 전문가가 계산한 수치였다.

반면 프란치스코의 충신인 현실주의자들은 실제 상황을 묘사했다. 이들은 부족액의 규모가 소문으로 떠돌고 있는 비공식적인 수치보다 훨씬 크다는 사실을 알았다. 또한 모든 데이터를 검토해 바티칸의 사회보장체계가 붕괴 직전에 다다랐다는 사실을 확인했다. 그들에게 보이는 미래는 너무나 캄캄했다. 교황과 가까운 추기경들은 또 다른 긴급 조사를 제안했다. 이들은 여러 재무 문제들을 검토하면서 한 가지 확신을 얻었다. 바로 확실한 데이터 연구를 통해서만 실행 가능한 대책을 찾아내고 실행에 옮길 수 있다는 사실이었다.

프란치스코의 협력자들은 영리했다. 바티칸 내에 떠돌고 있는 낙관적인 전망들, 즉 부족액이 겨우 몇천만 유로라는 소문에 대놓고 반박하지 않았다. 바티칸의 사람들이 패닉 상태에 빠지지 않도록 하기 위해서였다. 연금 문제는 갓난아이 다루듯 매우 조심스럽게 다뤄졌다. 교황청 직원들이 알았다간 언론의 반향을 불러일으킬 수도 있고, 또 연쇄반응으로 체제 타도를 외치는 파업이나 시위가 일어날 수도 있었다.

9월 말, 올리버 와이만은 바티칸의 여러 부처들로부터 모은 데이터를 근거로 사전 평가를 진행했다. 10월 11일, 1급 기밀문서가 작성되었고, COSEA 위원장인 자라와 프로젝트의 전체 진행 상황을 총괄하는 메세머가 그 문서를 받았다.

다음 날은 비교적 평화로운 일요일이었다. COSEA 위원들은 아침 일찍 세 번째 만남을 가졌다. 그들은 커피 한 잔을 하면서 짧게 환영 인사를 했다. 메세머와 자라는 자신들이 받은 정확하면서도 냉정한 정보를 기탄없이 공개하기로 했다. 위원회는 놀라지 않을 수 없었다. 그날 그들이 느낀 괴로움의 깊이는 회의록에 생생하게 담겼다.

 우리가 고용한 컨설팅 기업 올리버 와이만은 바티칸의 40개 부처들로부터 획득한 데이터에 근거하여 10월 11일에 사전 보고서를 작성했습니다. 이 보고서를 대충이라도 훑어본다면 여러분은 연금기금이 극도로 위험한 지경에 처했다는 사실을 확인할 수 있을 것입니다. 이제 올리버 와이만은 주로 연금기금에 초점을 맞춰 조사를 진행할 것입니다.

연금기금의 위기를 입증하는 첫 번째 증거는 작년에 작성된 보고서와 새로 입수한 데이터를 비교했을 때 부족액의 규모가 봄에 예상했던 것보다 훨씬 더 늘어났다는 점이었다. 부족액은 성전의 복도를 떠돌아다니는 비공식적인 수치에 비해 믿을 수 없을 정도로 많았다. 몇천만 유로라던 부족액이 5억 유로(5,500억 원)로 증가한 것이다. 그러나 이렇게 크다고 느끼는 수치도 나중에는 너무나 낙관적인 전망에 불과했다는 평가를 받게 될 것이었다.

02

바티칸은
절멸 위기에 처했다

프란치스코의 목표는 재무, 경영, 행정에 이르는 교황청의 모든 영역을 복음의 가르침으로 회귀시키는 것이었다. 이러한 기준에 따르면 건강보험과 연금 또한 재고되어야 했다. 따라서 연금 시스템의 개혁은 시스템 자체의 문제로서가 아니라 직원들과 교황청의 관계에 대한 새로운 모델을 기반으로 검토되어야 했다. 노동청의 기능과 역할을 재검토하고, 이 과정에서 세 가지 핵심 요소를 합리적으로 따져 바로잡아야 했다. 그 세 가지 핵심 요소란 인적자원, 연금, 건강보험이었다.

이는 2013년 10월 말에 열린 COSEA 모임의 회의록에 분명하게 나타나 있다. 이날 위원회는 직원들과 관계된 모든 문제를 담당하는 새로운 전략 기관을 창안하자고 제안했다. 다음의 문서는 연설문의 원고인 것으로 보인다. 1인칭으로 쓰였고, 교황의 서명이 들어 있다.

직원들에 대한 배려는 교황청의 독특한 장점이라고 할 수 있습니다. 최근 직원들이 보다 안정적인 조건에서 풍부한 결과물을 낼 수 있도록 돕기 위하여 많은 조치들이 취해졌습니다. 1988년, '교황 헌장 착한 목자(Apostolic Constitution Pastor Bonus) 제36조'를 통해 교황청에 노동청이 설립되었지요. (…) 연금기금은 1993년 이래 지금까지 운영되고 있고, 노동청은 그때부터 은퇴자의 처우 관리와 더불어 연금을 배분하는 역할을 해왔습니다.

수년 동안 건강보험기금은 만족할 만한 수준의 서비스를 제공해왔다고 알려졌습니다. 바티칸의 보건 복지 서비스는 적시성과 약제 부담의 면에서 경제적으로 더 발전한 여러 선진국들과 어깨를 나란히 할 정도였습니다. 물론 적절한 자원이 존재한다면 보건 복지 서비스는 언제든지 더 개선될 수 있긴 하지만 말입니다.

최근 국무원에서는 신입 평신도 직원을 고용하는 절차를 규제하고 표준화하며 보다 투명하게 만들기 위한 목적으로 위원회를 설립했습니다. 결국은 기본 급여가 자주 오르는 것과 자동적으로 급여가 인상되는 기존의 시스템에 대한 논의가 특히 필요합니다. 이러한 시스템은 과거 많은 나라들이 채택했지만, 이제는 거의 모든 나라가 그만 둔 상태입니다. 경제 위기가 계속되고 있기 때문입니다. 마찬가지로 우리 주변의 국가들은 연금 분배액의 계산에 대한 기준을 크게 바꿨습니다.

하느님의 섭리 덕분에 우리는 신성한 교회의 임무를 수행하는 데 필요한 수단들, 즉 영적인 수단과 물질적인 수단을 항상 확보할 수 있었습니다. 이것들은 우리에게 평온함을 채워주는 수단이기도 합니다. 그러나 모든 사람에게는 복음의 뜻과 정신에 맞게 이 수단을 사용해야 할 의무가 있습니다. 특히 전 세계에 있는 신자들이 교황청에 보내온 자선기금은 그 취지에 맞게 용도가 결정되어야 합니다. 본래 의도했던 직접적인 목표에서 벗어나서는 안 되며, 부적절한 방식으로 사용되거나 낭비되어서도 안 됩니다.

기부금을 어디에 얼마큼 할당해야 할지는 복음을 기준으로 삼아야 합니다. 요즘같은 심각한 경제 위기 때는 더더욱 그래야 합니다. 경제 위기는 너무나 많은 물질적·정신적 문제를 일으킵니다. 그에 따라 사람들은 큰 괴로움을 겪고 있습니다. 저는 로마 주교와 보편 교회의 모든 사람들이 평온함을 얻을 수 있도록 돕고 싶습니다.

8인 추기경 자문단이 로마 교황청에 보다 폭넓은 개혁을 가져오기 위해 헌신해주실 것을 믿고 기다리고 있습니다. 하지만 한편으로는 물질적인 자산의 올바른 사용을 위해 지금부터라도 점진적인 조치를 취해나가는 것이 바람직하다는 생각을 했습니다. 모든 직원들에게 고용 안정성, 공평한 급여, 적절한 보건 복지 서비스, 은퇴 후의 품위 있는 삶을 가능하게 해주는 경제적 자원의 미래를 보장하기 위해서라도 말입니다.

이 내용은 깊이 곱씹어볼 필요가 있다. 프란치스코의 사람들은 직원 관계라는 핵심 사안에 대한 개혁을 기대한다. 프란치스코의 도전 과제는 평신도들과 성직자들 사이의 관계를 재설정하고, 그 관계를 토대로 새로운 바티칸시국을 건설하는 것이었다.

특히 위원들은 바티칸에 직원들과 인사부가 너무 많다는 점에 초점을 맞췄다. 위원들이 입수한 최근 데이터에 따르면 실제로 교황청에는 서른다섯 명의 직원들로 구성된 인사부처가 스물한 곳이나 있었다. 이 각각의 인사부처는 총 4,699명의 직원들을 조금씩 나눠서 관리했다.

이러한 상황은 APSA와 바티칸시국 행정처도 마찬가지여서, 인적자원 부서에 각각 일곱 명의 직원을 두고 있었다. 다른 조직들도 비슷한 구조였다. 바티칸 라디오는 세 명, 포교성성, 바티칸은행, 인쇄소, 바티칸 일간지 〈로세르바토레 로마노〉, 성 베드로 성당, 성 베드로 대성당 관리 성성, 대리주교원(代理主敎院), 심지어 도서관도 각각 두 명씩 인사관리 직원을 가지고 있었다. 단 급여는 APSA가 관리했다. 따라서 위원회는 인사부처를 하나로 통일하고자 했다.

경제적 자원의 올바른 사용을 달성하기 위해서는 여러 가지 변화 조치들이 필요합니다. 저는 많은 협력자분들의 의견을 경청한 후, 교황청의 행정부처들이 인사관리에 사용하는 자원들의 통합 작업을 우선적으로 추진하기로 결정했습니다. 따라서 새로운 결정이 내려지기 전까지는 아래 명시한 규정이 지켜져야 합니다. 이 규정은 특히 교황청 내 부처들의 인사부가 맡고 있는 기능들과 관련되어 있습니다.[6] 새로운 인사원(人事院)은 다음의 사안들을 담당하게 될 것입니다. (…) 평등과 정의라는 원칙에 보다 부합하는 규정들을 세우기 위해 우리가 해볼 수 있는 것들을 모두 검토해보고 제안하는 특별한 작업이 필요할 것입니다.

안타깝지만 고용과 직무 할당에 보다 신중하자는 교황의 호소는 이번에도 관심을 받지 못했다. 교황청은 교황의 경고를 신경 쓰지 않았고 모든 지시는 무시되었다. "우리는 우리의 사고방식을 바꿔야 합니다." 2012년 12월 19일, 감사관들과의 비밀회의에서 베르살디가 외쳤다. "우리는 우리 자신이 처한, 제한된 현실 너머의 것을 보려고 노력해야 합니다. (…) 바티칸은 복음이 선언한 공통의 가치를 추구해야 합니다. 어떤 경우든 비용의 삭감을 거부하는 행위는 전체 구조를 붕괴시킬 수 있습니다."[7] 그러나 이러한 호소도 귀머거리들에게는 들리지 않았다. 이런 저런 부처들이 급증했고, 각 부처는 서로 비슷한 업무를 하면서 비용을 증가시켰다. 때로는 교황이 내린 기준과는 다른 기준에 따라 새로운 직원들이 고용되었다. 상황은 통제 불능이었다.

03
'바티칸 자산관리센터'의 등장

연금 시스템에 대한 조사는 계속되었다. 그 후 세 달 동안 전문 분석 가들은 문제의 근원을 파고들었고, 그들이 찾아낸 것을 보고서에 가혹 하리만치 비판했다. 정보를 서로 대조하고 비교하면서 연금기금의 부족 액이 7억~8억 유로(9,000억~1조 원)에 달한다는 사실을 알아챘다. 기금은 빠른 속도로 한계에 도달하고 있었다. 지급 예정으로 묶여 있는 기금이 12억~13억 유로(1조 5,600억~1조 6,900억 원)에 달한 반면 기부금은 4억 5,000만 유로(5,900억 원)가 채 되지 않았기 때문이었다.[8]

이것은 구조적인 문제였다. 이로 인해 이미 퇴직을 한 직원들과 앞으로 퇴직을 계획 중인 직원들을 위한 연금 시스템 전체가 위태로워지고 있었다. 위기가 점점 커진 유일한 이유는 연금 관리자들의 무능력 때문이었다. 분석가들은 '기금을 관리감독하는 일부 부처들이 보험 및 자산 운용 분야에 대해 무지하다'고 강조했다.[9]

2월 17~18일, COSEA는 추기경 경제평의회와의 회의에서 그 어떤 과장도 보태지 않고 있는 그대로의 현실을 말했다. 보고 내용은 다음과 같이 요약된다. '연금기금이 곤경에 처했다. 한쪽에는 엄청난 액수의 부족액이 쌓여 있고, 다른 한쪽에는 회계를 관리하는 담당자들의 전문성 부족이라는 심각한 문제가 있다.'

기금 자산이 운영되는 실태를 보면 COSEA의 평가는 옳다. 부동산과 증권으로 이뤄진 기금의 자산은 상당한 위험에 처했다. 자산이 운용되는 방식은 기금의 부족액을 고려했을 때 적절하지 않다. 또한 이탈리아 정부 공채 같은 위험한 곳에 많은 자산이 투자되어 있다.[10]

부동산 투자에도 몇 가지 문제가 있다. 부동산 투자는 다양한 곳에 분산되는 대신 로마에 집중되어 있기 때문에 시장유동성에 크게 영향을 받을 수밖에 없는 처지였다. 일반적으로 연금기금은 기존의 적립금이나 부동산 투자를 바탕으로 운영되지 않는다. 기존 직원 및 신입 직원이 낸 분담금에 주로 의존하며, 이 돈이 꾸준히 모여 퇴직자의 연금을 채운다. 하지만 바티칸은 사정이 많이 다르다. 다들 짐작하겠지만 사망률과 출산율이 매우 낮기 때문이다.

부정적인 평가들은 긍정적인 데이터로 상쇄될 수 없는 정도였다. 2013년 예산안과 2014년 추정 데이터에서 발견된 다음의 긍정적인 데

이터는 2013년 12월 19일, 칼카뇨 추기경이 교황청 재무심의처 처장인 베르살디 추기경에게 직접 보낸 편지에 들어 있던 것이다.

가장 존경하는 추기경 예하께

연간 예산에 따르면 2,770만 유로(360억 원)의 재정 흑자가 가능한 것으로 예상됩니다. 2014년 추정 예산안에서도 2,800만 유로(364억 원)의 재정 흑자가 예상되었습니다. 즉 2013년과 2014년 회계 연도에 예측된 결과들만 봐도 2014년 12월 31일자로 4억 7,910만 유로(6,200억 원)에 달하는 연금기금 자산은 충분히 마련될 수 있습니다. 추기경님에 대한 저의 높은 존경심을 이렇게 확인시켜 드릴 수 있는 기회를 갖게 되어 감사합니다.

– 존경의 마음을 담아, 도메니코 칼카뇨

재무 관리를 통해 채권으로부터 들어온 수입은 1,090만 유로(141억 5,000만 원), 이자로 들어온 수입은 46만 1,000유로(5억 9,800만 원)이다. 한편 '2013년 12월 13일자 연간 잔액인 전체 재무성과는 2,770만 유로(360억 원)였으며, 이것은 2013년 추정 예산안에서 예상했던 것보다 46만 6,000유로(6억 500만 원)가 부족했다'.[11] 2013년 9월 30일자 채권 포트폴리오 검토 보고서에서 두드러지는 것은 이탈리아 정부가 발행한 공채다. 분석가들은 이탈리아 재무부에서 발행한 7,000만 유로(908억 7,600

만 원)짜리 장기 국채 등에 대해 위험하다고 판단했다. 그러나 적립금을 이탈리아 공채에 투자하는 것은 오래된 관행이었다.[12]

이 관행은 교회가 이탈리아의 정치인들에게 로비할 때 유리하게 작용한다. 바티칸은 외국 정부와 관계를 맺을 때 항상 다양한 설득 수단을 사용했다. 이탈리아뿐 아니라 아프리카나 남아메리카 국가들과의 관계에서도 마찬가지였다. 《교황 성하》에 밝혔던 것처럼, 바티칸은 가족에 관한 법과 인공수정에 관한 법들을 재고해달라고 이탈리아 대통령에게 직접 압력을 넣을 수 있지만 다른 수를 쓸 수도 있다. 즉 공채의 지분을 인수하거나 국채에 상당한 투자를 하는 것이다.

2014년 1월 22일, 현 상황에 대한 조사를 맡은 컨설팅 기업 올리버 와이만은 바티칸의 대표자들과 메세머, COSEA 위원들을 소집했다. 이 회의에는 다음과 같은 결정적인 내용을 논의했다.

올리버 와이만은 보험 회계 감사를 근거로 바티칸의 연금기금이 상당한 자금 부족을 겪고 있다고 평가한 바 있습니다. 여기에는 참석하신 모든 분들이 동의하실 겁니다. 부족액이 매우 크다보니 연금기금의 미래가 잠재적으로 상당히 위험한 상황입니다. 그러나 같은 감사 결과에 따르면 단기적인 자금을 조성할 수도 있는 것으로 보입니다. 즉, 재편성을 추진하여 기금의 붕괴를 막을 수 있습니다. 어쨌든 부족액이 점점 더 커지는 것을 막으려면 최대한 빠른 시일 내에 특단의 조치를 취해야 합니다.

그 조치들이란 다음과 같습니다.

첫째는 바티칸 행정부들로부터 자본을 수혈받아 기금의 자산을 강화하기, 둘째는 미래 연금 재설정하기입니다. 예를 들어 이탈리아의 연금 시스템을 기준점으로 삼는다면, 현재 이탈리아 행정부처에서 일하는 직원들에게 지원되는 혜택과 비슷한 정도를 바티칸 직원들에게도 보장할 수 있을 것입니다.

즉 결론은 다음과 같다. '바티칸은 연금기금의 자본을 탄탄하게 할 수 있도록 도와야 하며, 직원들에 대한 기존의 혜택을 경제적으로 적당한 수준으로 조정할 필요가 있다.' 또한 다음과 같은 제안도 있었다. '바티칸 자산관리센터(VAM, Vatican Asset Management)를 통해 연금기금의 자산을 운용하면 바티칸은 일정한 이율을 확보할 수 있을 것이다.'[13]

그들이 바티칸 자산관리센터를 제안한 것은 엄청난 의미가 있다. 연금기금을 포함한 교황청의 모든 유동자산 및 부동산을 관리하는 단 하나의 구조를 만들겠다는 말인데, 이것은 바티칸 역사상 전례가 없는 일이기 때문이다.[14] 프란치스코의 사람들 전부가 이 계획에 찬성했던 것은 아니다. 사실 몇 개월 후인 2014년 상반기에 바티칸 자산관리센터는 COSEA 내부에 깊은 내분을 낳은 원인이 된다.

수개월 동안 전쟁은 소규모 접전, 더러운 속임수, 태업을 통해 은밀히 진행되었다. 한편에는 프란치스코의 지지자들과 그의 개혁을 관용해온 사람들이 있었다. 또 다른 편에는 그를 비난하고 저지하려는 사람들이 있었다. 그들은 협박, 공격, 음모를 통해 아르헨티나 출신 교황의 야심 찬 도전을 좌절시키려고 했다.

교황의 도전에는 그저 바티칸의 미래만 걸려 있는 것이 아니라, 교회 전체의 미래도 걸려 있었다. 그러나 훨씬 더 힘든 역경이 프란치스코를 기다리고 있었다.

PART 8

—

개혁에 대한
반격이 시작되다

MERCHANTS
IN THE TEMPLE

"복음의 사제들은
사람들의 가슴을 따뜻하게 만들 수 있는 사람이어야 합니다.
그들과 함께 캄캄한 밤을 뚫고 지나는 사람이어야 하고,
어둠 속으로 들어가되 길을 잃지 않는 방법을
아는 사람이어야 하지요."

- 프란치스코 교황 -

01

COSEA의 비밀문서를
도둑맞다

2014년 3월 30일 일요일, 동이 틀 때까지는 아직 몇 시간이 남아 있었다. 성 베드로 광장은 쥐 죽은 듯 고요했다. 세계에서 보안이 가장 철저한 곳 중 하나인 이곳에서 한밤중에 뭔가 예기치 않은 일이 일어났다. 도둑들이 보안을 뚫고 교황청에 침입한 것이었다.

깊은 적막이 비오 12세 광장에 접한 성성의 궁전을 가득 메웠다. 당시 수위실은 잠겨 있었고, 관리인은 주말이라 집에 가고 없었다. 이 건물은 나이지리아 출신 추기경 한 명과 은퇴자 한 명이 임대한 방 하나짜리 아파트를 제외하고는 전부 상점과 사무실로 사용되었다. 특히 4층과 꼭대기 층은 전부 교황청 재무심의처의 사무실로 할당되었다. 교황청 재무심의처는 프란치스코가 시작한 로마 교황청 조사 활동의 근거지와 같은 곳이다. 여기서 감사관들은 COSEA 위원들과 팔꿈치를 맞대고 일했다. 가장 많은 비밀문서들이 보관된 곳이었으며, 교황청 재무심의처의 사무국장이자 위원회의 조정관인 바예호 발다의 사무실이 있는 곳이기도 했다. 그곳은 프란치스코 혁명 활동의 상징이자 중심이었다.

도둑들은 토치램프를 사용해서 문을 열고 성성 사무실에 들어가, 모든 층을 돌아다니며 금고를 열고 돈을 훔쳤다. 그들이 가져간 돈은 각 사무실당 몇백 유로가 채 되지 않았다. 성성과 교황청 재무심의처는 사무실에 현금을 거의 보관하지 않았다. 그토록 경비가 삼엄한 장소를 덮친 것치고는 벌이가 영 시원치 않은 셈이었다. 그러나 도둑들은 전문가처럼 움직였다. 그들은 금고가 어디에 있는지와 잠금장치를 최단시간에 해체하는 방법, 어떤 문이든 쉽게 여는 방법을 알았다.

수사관들에 따르면 이 도난 사건의 독특하고도 놀라운 점은 도둑들이 건물 침입 성공 직후 보여준 행동에 있었다. 도둑들은 정해진 대로 치밀하게 움직였다. 침입의 의미를 해석할 수 있는 열쇠였다.

교황청 재무심의처의 사무실에 들어간 도둑들은 금고 속 돈만 가져간 것이 아니었다. 그들은 여러 개의 사물함이 있는 방에도 들어갔는데, 사물함 단 하나만을 겨냥했고 여는 데 성공했다. 도둑들은 똑같이 생긴 여러 사물함 중 어느 것을 열어야 하는지 정확하게 알고 있었다. 그들이 애초에 그 잠금장치를 해체한 목적은 돈이나 귀중품이 아니라 가지런히 정리되어 있던 수십여 건의 비밀문서 때문이었다.

이것은 단순한 절도가 아니었다. 도둑들은 COSEA 위원회의 비밀문서 보관소에 침입하는 데 성공했다. 전례 없는 사건으로, 위원회의 모든 노력을 물거품으로 만들어버릴 수 있는 치명적인 범죄였다. 교황의 조사관들이 보관하고 있던 문서와 다른 금고에 들어 있던 현금은 대체 무슨 관계가 있는 걸까?

다음 날 침입 흔적이 발견되었다. 바티칸 헌병대가 수사에 착수했고 뒤이어 이탈리아 경찰도 통고를 받았다. 두 나라의 경찰대는 합동 수사를 개시했다. 이번 사건이 벌어진 곳은 전 세계적으로도 독특한 지역이었다. 도둑들이 침입했던 건물은 라테란 조약에 명시된 치외법권 지대에 속했다. 성성의 궁전은 바티칸 성벽 바깥에 위치해 있기는 하지만 교황청에 속한 건물이었기 때문에 사실상 바티칸시국의 일부로 간주되었다. 건물의 내부는 바티칸시국의 영토에 속했으므로, 수사권은 바티칸 헌병대에게 있었다. 반면 건물 바깥의 주변 거리들은 이탈리아 수사관들의 관할이었다.

수사관들은 주변의 감시 카메라에 녹화된 영상 수십 개를 확인해 사건 경로를 재구성했다. 보통의 사건이라면 두세 명으로 추정되는 도둑들은 건물의 주 출입구를 통과해 들어왔을 것이다. 하지만 수사관들의 머릿속에 처음 떠오른 시나리오는 조금 달랐다. 도둑들이 지하를 통해 건물에 들어온 것이 아닐까? 그들은 바티칸의 여러 건물을 연결하는 지하 터널들 중 한 곳을 이용해서 성성에 접근한 것인지도 몰랐다. 이 가정은 언뜻 비현실적인 것으로 보이긴 했지만 사실 그럴듯한 추리였다.

이 건물의 지하실은 다른 여러 건물과 통로로 이어져 있다. 다른 성성의 본부가 있는 쌍둥이빌딩이나 바티칸은행, 심지어는 사도 궁전 등으로도 갈 수 있다. 지하 통로와 야외 복도, 차폐된 통로와 노출된 통로, 계단과 엘리베이터로 연결된 미로 대부분은 21세기 초반 세계대전 당시에 만들어진 것들이다. 길을 잘 아는 사람들은 미로를 통해 모습을 감추고 빠르게 움직일 수 있었다.

이 비밀 통로의 존재는 교황청의 이중적인 세계를 가장 잘 함축했다. 한 세계는 표면적인 사건들을 공식 발표를 통해 공개하지만 또 다른 세계는 비밀의 방들에서 완성된다. 이 두 세계가 서로 평행하며 교황청을 구성한다. 로마 시 거리 아래에는 지하 세계가 살아 움직이고 있지만, 수많은 관광객들과 순례자들은 발밑에 무엇이 있는지 꿈에도 모른 채 그 위를 걸어 다닌다. 지극히 소수의 사람들만이 아는 사실이지만, 외부의 접근이 통제된 바티칸은행과 성성의 지하실에 비밀문서 보관 창고가 있는 것은 전혀 우연이 아니었다.

그러나 지하실에 내려간 수사관들은 모든 것이 질서정연하게 보관되어 있다는 사실을 발견했다. 대사관과 교황청에서 사용하는 검은색 리무진 차량 여러 대가 차고에 그대로 주차되어 있었다. 성성과 바티칸은행의 지하 보관 창고에도 손댄 흔적이 전혀 없었다. 사도 궁전으로 이어지는 복도는 잠겨 있었다. 감시 카메라도 많았다. 도둑들이 지하 통로를 이용해 보관 창고로 침입하기는 어려웠을 것이다. 그렇다면 도둑들은 비오 12세 광장을 접한 주 출입구들 중 하나를 통해 침입했다고 보는 것이 가장 현실적이었다. 하지만 자물쇠는 제대로 잠겨 있었고 손댄 흔적이 전혀 없었다. 도둑들이 열쇠를 갖고 있었던 것일까?

절도 사건에 대한 소식이 빠르게 퍼졌고, 바티칸은 발칵 뒤집혔다. 위원회 사람들도 물론 그 소식을 들었다. 그들은 너무 놀란 나머지 충격에 빠졌고 겁에 질렸다. 자라는 출장 차 런던에 있었다. 그는 하루 종일 전화기를 붙들고 자신이 신임하는 동료들로부터 수사의 진행 상황을 전해들었다. 월요일 오후, 경찰은 여러 가지 가설들을 내놨다. 가장 신빙성 있는 가설은 이번 절도가 철저하게 의도됐다는 것이었다. 도둑들이 몇백 유로를 훔치기 위해 금고들을 망가뜨렸을 것이라고 생각하는 사람은 아무도 없었다. 어떤 멍청이가 고작 몇 푼 얻겠다고 세상에서 가장 경비가 삼엄한 곳 중 하나인 바티칸을 도둑질하겠는가? 몇몇 수사관들은 도둑들의 진짜 목표가 문서였다고 생각했다. 다른 물건을 훔친 것은 수사관들이 냄새를 맡지 못하도록 하기 위한 장치일 가능성이 컸다.

그렇다면 누가, 왜 그 문서들을 훔친 것일까? 누군가 그 문서들을 통해 위원회가 무슨 일을 하고 있는지 알아내려고 했던 것일까 아니면 문서들을 없앰으로써 로마의 주교와 그의 사람들이 진행 중인 작업의 속도를 지연시키려고 했던 것일까? 확실히 도둑들은 그 공간을 완벽하게 숙지하고 있었다. 문을 열 수 있는 열쇠도 갖고 있었고 딱 맞는 장비도 가져왔다. 물론 어느 사물함을 열어야 하는지도 정확하게 알았다.

그렇지만 또 다른 시나리오도 존재했다. 수사관들이 고려했던 것들 중 최악의 시나리오였지만 시간이 지날수록 그럴듯해 보였다. 도둑들은 어쩌면 메시지를 남긴 것일 수도 있다. 변화를 도모하는 사람들에게 은근한 경고를 보낸 것이다. '우리는 너희가 비밀문서를 어디에 보관하는지 안다. 우리는 원하면 언제든 거기에 갈 수 있다. 우리는 다 알고 있고, 너희의 모든 것을 찾아낼 수 있다.'

그날 이후로 COSEA 위원들은 심리적 압박감을 느끼기 시작했다. 그들은 또 언제든지 침입당할 수도 있다는 불안감과 함께 모든 비밀이 노출당한 것 같은 느낌을 받았다. 몇 주 후 교황청의 지도자들은 협박 시나리오의 신빙성을 잠정적으로 인정했다.

사건이 있기 몇 주 전 경제사무국의 장이 된 조지 펠 추기경과 프란치스코는 이번 절도 사건에 같은 해석을 내놨다. 경제사무국은 교황이 만든 새로운 조직으로, 앞으로 자세히 다뤄질 예정이다. 두 사람 모두 가장 민감한 사안들을 파헤친 사람들에게 보낸 경고로 봐야 한다고 말했다. 프란치스코는 어떤 일에든 흔들리지 않는 평정심을 지닌 사람이었다. 하지만 그로서도 이런 식의 움직임은 전혀 예상치 못한 것이었다.

02

'이 메시지를 교황에게 전달하라, 너희들은 끝났다'

절도 사건은 단순한 하나의 해프닝으로 볼 수 없었다. 그와 비슷한 시기에 경제사무국의 수장을 맡은 펠 추기경의 개인 비서는 심란한 정보를 보고받았다. 펠 추기경의 집인 도무스 오스트레일리아(Domus Australia) 주변에서 이상한 동태가 파악된다는 것이다. 펠 추기경이 미행을 당하는 이유는 알 수 없었다. 비서는 펠에게 이 내용을 보고하면서 조심하라고 당부했다.

며칠 후인 2014년 4월 10일, 익명의 편지가 런던으로부터 교황청 재무심의처에 배달되었다. 안에는 초록색 종이에 필기체로 직접 쓴 열한 줄의 메시지가 담겨 있었다. 첫 번째 문장은 어나니머스(Anonymous)의 모토를 패러디한 것이었다. 어나니머스는 전 세계에 걸쳐 부패와 금융 사기를 대대적으로 고발하는 막강한 인터넷 해커 집단이다. 이들의 모토는 다음과 같다. '우리는 용서하지 않는다. 우리는 결코 용서하지 않는다. 우리는 너를 찾아갈 것이다!' 교황청 재무심의처가 받은 편지는 다음과 같은 문장으로 시작된다. '외부자들이 외부에서 안으로 들어간다. (…) 이 메시지를 교황과 관계자 모두에게 전달하라, 너희들은 끝났다.'

편지의 내용은 해석하기 어려웠고, 단순한 장난으로 볼 수도 있었다. 그러나 절도 사건이 있었던지라 바티칸의 경계 수준이 높아진 상태였다. '외부자들이 외부에서 안으로 들어간다'라는 문장은 최근 성성이 침입당한 사건을 언급하는 것처럼 보였다. 편지는 교황의 개인 비서에게도 전달되었다. 그는 프란치스코가 경제사무국 사무총장으로 임명한 사람이자 COSEA와의 일들을 직접적으로 처리하는 프란치스코의 대행인이었다. 편지를 받은 두 비서는 이야기를 나눴다. 최근 몇 년간 이런 편지가 온 적은 처음이었다. 하지만 그들은 협박에 굴하지 않았고, 편지의 내용을 심각하게 여기지 않았다. "우리는 숨길 게 아무것도 없습니다. 우리는 우리를 겁주려는 사람이 벌인 게임에 말려들지 않을 겁니다. 우리의 일은 프란치스코를 돕는 것입니다." 이들의 태도는 참으로 의연했다. 그러나 어둠 속에서 움직이는 자들은 그들 몰래 깜짝 선물 몇 가지를 준비하고 있었다. 전쟁이 본격적으로 시작된 것이다.

바티칸의 축제기간이었다. 4월 26일은 하느님의 자비 주일(Sunday of Divine Mercy) 전날이었다. 선대 교황 요한 23세와 요한 바오로 2세의 시복을 위해 아침 10시에 성 베드로 광장에서 성 미사(Holy Mass)가 열리기로 되어 있었고, 수만 명의 순례자들이 모일 것으로 예상돼 철저한 안전조치가 준비되었다. 이른 새벽, 누군가가 교황청 재무심의처의 우편함에 밀봉된 소포 하나를 놔두고 갔다. 소포에는 보낸 이의 주소도, 반송 주소도 없었다. 소포를 개봉한 직원들은 내용물이 한 달 전에 도둑맞은 것들의 일부임을 바로 알아봤다.

도둑들은 수많은 비밀문서 중에서도 무려 1970년에 작성되어 보관해왔던 것들을 돌려줬다. 그 문서들은 바티칸과 프리메이슨을 위해 일했던 부패한 상인 움베르토 오르톨라니(Umberto Ortolani)와 은행가 미켈레 신도나 사이의 사업적인 관계에 관한 것이었다. 그중에는 신도나가 당시 교회의 권력자들에게 보냈던 편지도 몇 통 있었다. 그 권력자들은 역사상 교황청을 가장 수치스럽게 만든 이들이다. 신도나는 바티칸의 금융 역사에서 최악의 사건을 일으킨 주역으로, 1960년대에 미국에서 활동했던 막강한 마피아 보스들과도 가까운 관계를 맺었다.

신도나는 감옥에서 청산가리가 든 커피를 마신 후 죽은 채로 발견되었다. 미스터리한 죽음이었다. 그의 은행 중 한 곳의 매각을 위임받은 변호사를 살해한 죄로 신도나가 무기징역을 선고받은 지 며칠 안 되었을 때였다. 수사관들은 수년간 그의 사인을 자살이라고 주장했다. 또 당시 국무부장이었던 조반니 베넬리(Giovanni Benelli)와 바티칸시국 위원회의 의장이었던 세르지오 구에리(Sergio Guerri) 추기경 사이에 오간 편지들도 있었다. 그 편지는 신도나가 수년간 관계망을 이어주고 계약을 성사시

켜온 공로로 바티칸에서 환대받았다는 사실을 입증했다.

심지어는 주소가 '로마시 바티칸 바오로 6세 교황 전교 미켈레 신도나 귀하'라고 적힌 편지들이 교황청에 배달되기도 했다. 신도나는 바티칸을 대신하여 수백만 리라의 가치가 있는 사업을 수행했다. 밑 빠진 독같은 판타넬라라는 회사에 계속 물을 부은 극적인 이야기도 있다. 교황청은 1968년에서 1969년 사이에 6,000만 유로(778억 9,400만 원)를 판타넬라에 투자하고 회수하지 못했다. 명백히 미래가 보이지 않는 투자임에도 불구하고 회사 하나를 살려보겠다는 가망 없는 희망에 매달려 자본을 계속 댄 것이다.

바티칸은 두려움에 질리기보다는 궁금증에 사로잡혔다. 이 소포의 배달을 어떻게 해석할 것인지, 누가 이 소포를 배달했는지, 그리고 그들이 전달하고자 한 메시지가 무엇인지 등에 대한 질문이 이어졌다. 상황은 점점 더 복잡해졌다. 그것은 자라가 친구들과의 대화에서 표현한 것처럼 '선전포고'였다. 펠 추기경은 자신이 겁먹지 않았다는 것을 알림으로써 사람들을 안심시키고자 했다. 몇 주 후 완벽한 기회가 펠에게 찾아왔다. 펠은 인터뷰를 통해 배달된 소포 덕분에 다시 화제가 된, 과거의 악명 높은 인물들에 대해 거리낌 없이 언급했다.

 이러한 변화는 마지막 콘클라베가 있기 전부터 성성에서 일하는 추기경들이 요청한 것입니다. 1년 전 추기경들은 '이걸로 충분하다'고 했습니다. 스캔들이 더 이상 일어나서는 안 된다는 말이었죠. (…) 우리는 출발점에 섰습니다. 우리는 이제 막 시작했고, 앞으로 나아갈 겁니다. 우리에게는 여전히 개선해야 할 것들이 있습니다. 그러나 한 가지 확실한 것은 신도나 같은 사람들은 이제 충분하다는 겁니다. 우리가 신문을 통해 알게 되는 그런 놀라운 사건들은 더 이상 일어나지 않아야 합니다. (…) 우리에게는 재정의 투명성과 전문성, 정직이 필요합니다.[1]

———————————◆———————————

교황청의 관망자들 중에는 펠의 발언에 대해 생각이 짧았다고 평가하는 사람도 있었다. 아마도 그들은 신도나가 보낸 편지들이 돌아왔다는 소식을 듣지 못했을 것이다. 그 사건은 언론의 관심과 스캔들을 피하기 위해 대중에게 공개되지 않았다. 이제까지 논란거리가 되었던 사건들이 그랬듯 이번 소포 배달 사건도 비밀에 부쳐졌다. 일련의 사건들에서 유일하게 대중에게 공개된 부분은 성성이 야간에 도둑질당했다는 것뿐이었다. 소포에 관한 이야기는 일급기밀로 관리되어야 했다. 신도나의 편지가 알려진다면 교황청은 미디어로부터 감당할 수 없는 관심을 받게 될 것이었다.

대체 누가, 그리고 왜 이런 대담한 전쟁을 일으킨 것인지 이해하기 위해서는 잠시 과거로 거슬러 올라가 몇 달 전에 일어난 일을 살펴봐야 한다. 위원회가 교황청의 구석구석을 들여다보는 것처럼 말이다. 때는 바티칸의 고위급 인사들이 결정적으로 쪼개진 시기로 돌아간다.

2013년 가을, COSEA의 조사가 진행되었고 그와 더불어 바티칸시국을 개혁하기 위한 움직임이 시작됐다. 프란치스코와 그의 사람들은 현재의 부처와 규정을 바꾸기로 계획했다. 또한 새로운 역할, 책임, 위계질서를 표명하려는 구체적인 전략을 세웠다.

교황의 우루과이인 친구 구즈만 카리퀴리 레코르의 말을 빌리자면, 어느 시점에서 교황청에 대한 프란치스코의 '복음적 혁명'은 안에서 터질 위기에 처했다.[2] 지나친 긴장감이 조성되었고 너무 많은 일들이 그 작은 세계에 불을 지폈다. 복음의 의지나 프란치스코의 뜻에 따르려면 교황청은 평화와 자비, 가난한 자들의 것이 되어야 했다. 그러나 반대로 그 세계는 목회나 신학의 본분과는 점점 더 멀어져만 갔다.

03

국무원장 베르토네의
시끄러운 퇴장

2013년 가을, 개혁의 범위는 하루가 다르게 점점 더 명확해졌다. 프란치스코와 그의 사람들은 분석을 끝내고 조치를 취하는 단계로 넘어가기 위해 애썼다. 수세에 몰리자 용의자들은 책임을 면할 수 없게 되었다. 방종한 평신도, 주교, 추기경 수십 명이 빠르게 해고되었다. 교황은 더이상 은밀하게 움직이지 않았다. 그는 자신이 교황으로 지내는 동안 해나갈 일에 대한 지침을 모두의 앞에서 밝혔다. 그는 바티칸 성벽 안팎의 모든 사람들에게 참여를 촉구했다.

프란치스코는 포용적인 정책을 펼쳤다. 그는 교황청의 모든 사람들을 새로운 권력의 중심으로 끌어들이고자 했다. 대상의 범위는 포콜라레 운동(Focolare movement)*에서부터 오푸스 데이(Opus Dei)까지, 베르토네의 전 측근에서부터 북남미 주교단의 대표자들과 외교관들에까지 이르렀다. 순례자들, 소교구들, 일반 가톨릭 신자들은 그에게 열광했다. 하지만 그가 항상 성공한 것은 아니었다. 바티칸 내부에서는 반발이 일어날 때가 더 많았다. 변화를 지연시키려는 성직자 또는 개혁 정책에 불만을 품은 불평분자들이 매일 조금씩 늘어났다.

2013년 9월 말, 교황은 약 열흘간 두 번의 긴 인터뷰를 했고 교황청은 술렁이기 시작했다. 프란치스코의 적들은 점점 많아졌지만 그만큼 그들이 느끼는 두려움도 커졌다.

첫 번째 인터뷰는 예수회 사제이자 잡지 〈라 시빌타 카톨리카(La Civilta Cattolica)〉의 존경받는 수석 편집장인 안토니오 스파다로(Antonio Spadaro)가 신청한 것이었다. 다음은 인터뷰 내용의 일부이다.

로마 교황청의 부처는 교황과 주교들의 명령을 따라야 합니다. 그들은 특정 교회를 도와야 하고 주교들의 회의도 도와야 합니다. 그들은 도움의 도구들이라고 할 수 있습니다. (…) 로마의 성성은 매개자가 되어야지, 중간상이나 관리자가 되어서는 안 됩니다. 우리는 하느님의 사람들을 어떻게 대해야 할까요? 나는 어머니이자 여성 양치

---

* 1943년 이탈리아 북부의 트렌토에서 키아라 루빅(Chiara Lubich)이 창설한 영성 일치 운동. 절대적인 진리를 찾던 중 전쟁으로 폐허가 된 도시를 본 루빅은 영원한 이상은 오로지 하느님 안에서만 가능하다는 것을 깨달았다고 한다.

기인 교회를 꿈꿉니다. (…) 신은 죄보다 더 큽니다. 구조적이고 조직적인 개혁은 부차적인 것이지요. 즉 그것은 나중의 문제입니다.

첫 번째로 개혁되어야 할 것은 태도입니다. 복음의 사제들은 사람들의 가슴을 따뜻하게 만들 수 있는 사람이어야 합니다. 그들과 함께 캄캄한 밤을 뚫고 지나는 사람이어야 하고, 어둠 속으로 들어가되 길을 잃지 않는 방법을 아는 사람이어야 하지요. 또한 대화의 방법을 아는 사람이어야 합니다. 신의 사람들은 목자를 원하지 관료나 공무원처럼 행동하는 성직자를 원하지 않습니다.[3]

며칠 후에도 로마의 주교는 같은 주제를 선택했다. 그는 이탈리아의 지성인이며 일간지 〈라 리퍼블리카〉의 설립자이자 무신론자인 에우제니오 스칼파리(Eugenio Scalfari)와 인터뷰했다. 다음은 인터뷰의 일부이다.

교회에는 나르시시스트인 수장들이 많았습니다. 그들은 궁정 신하들의 아첨에 흥분하고 자만했지요. 궁정은 교황의 살을 갉아먹는 나병과 같습니다. 교황청에도 그런 궁정 신하들이 있을 때가 있습니다. 하지만 교황청은 완전히 다른 곳이어야 합니다. (…) 교황청의 중심은 바티칸입니다. 교황청은 바티칸의 이해를 파악하고 돌봐야 하지만, 아직도 세속적인 이해가 우선시되는 경우가 많습니다. 나는 이러한 상황을 받아들이지 않을 것입니다. 상황을 바꾸기 위해서라면 무엇이든 다 할 것입니다. (…) 그 일환으로 가장 먼저 추기경 8인을 나의 직속 자문관으로 임명했습니다. 이 사람들은 궁정 신하가 아니라 나와 같은 생각을 공유하는 현명한 사람들입니다. 이것은 수직적이면서 동시에 수평적이기도 한 새로운 교회 조직의 시작이라고 할 수 있습니다.[4]

프란치스코는 수십 년간 권력을 남용해온 모든 사람들에게 직접적이고도 거친 비판을 쏟아냈다. 그러나 말을 행동으로 옮기는 일은 쉽지 않았다. 바티칸에서 있었던 두 번의 인터뷰는 추기경들 사이에서 토론의 주제로 떠올랐다. 그가 그렇게 날카로운 말을 하리라고 예상했던 사람은 거의 없었다. 교황이 그토록 단호한 태도를 보인 것은 처음 있는 일이었다. 즉 교황의 혁명 선언이 단순히 말로 끝나지 않을 것이라는 사실을 암시했다. 이제 교황청은 역사적인 변화의 기로에 놓였다. 프란치스코는 권위적인 모습을 보여주긴 했지만 독재자는 아니었다. 그의 결단력은 상냥하고 부드러운 형태로 드러났다.

프란치스코의 단호한 태도와 획기적인 발언으로 그의 조력자들은 개혁 작업에 더욱 뜨거운 열정을 갖게 되었다. 특히 과거 바티칸에 투명성을 요구했지만 오랫동안 무시당해왔던 사람들은 프란치스코에게 전부를 걸 태세였다. 교황청의 행정 부처에서 중요한 역할을 맡고 있는 평신도들도 프란치스코에게 열광했다.

교황청 주재 영국 대사였던 나이젤 베이커(Nigel Baker)도 이들과 같은 반응을 보였다. 2013년 10월 3일, 그는 국무차장에게 '사적인 비밀편지'를 보냈다. 베이커는 편지에 다섯 쪽짜리 문서를 첨부했다. 그 문서는 영국의 정치인이자 저명한 은행가였던 토마스 스토너(Thomas Stonor)가 서명한 것이었다. 바티칸 경제에 대한 상세 개혁안이 포함된 그 문서는 사실 교황청의 고위 성직자들에게 전달된 적이 있었다.

놀라운 것은 제안서의 제출 날짜로, 2004년 6월 22일이었다. 즉 이 제안서는 교황이 인터뷰했을 때에서 무려 9년 전에 쓰인 것이었다. 물론 그의 제안서는 무시당했다. 스토너는 APSA의 자문관으로서 교회의 가까운 조력자이기도 했기에 자신의 역할에 충실하고자 했다. 그는 한 추기경과 상담한 후 교황청의 여러 우두머리들에게 제안서를 다시 보냈다. 그의 제안은 9년 전의 것이었지만 여전히 유의미했다.

교황청의 자원에 대한 재무 관리 구조는 21세기의 상황에 적합하지 않습니다. 낡은 구조는 자원을 위험하게 만들 수 있고 교황청의 명예에 잠재적인 위협이 될 수 있습니다. (⋯) 재무 활동 및 연간 예산의 단순한 부실 관리라든가 바티칸은행을 통한 돈세탁 연루로 교황청이 위태로워질 수 있기 때문입니다. 앞으로도 관련 사건들이 십중팔구 교황청의 명예를 더럽히게 될 것입니다. 저는 APSA 자문관들과 회의를 가질 때마다 이러한 사안들에 관해 언급했습니다만 헛된 노력에 그쳤습니다. 제가 충분히 설명하지 못해서 그런 것일 수도 있겠지요. (…) 저는 APSA에 의사 결정 권력이 결여되어 있다는 사실을 알아차렸습니다. (…) 바티칸은행 같은 독립체가 정말로 교황청에 필요한 것인지 매우 진지하게 자문해봅니다. 바티칸은행이 제공하는 모든 서비스는 다른 은행으로부터 충분히 제공받을 수 있는 것입니다. 그 편이 훨씬 안심도 되고요. (…) 특히 돈세탁 연루 사건과 같은 매우 심각한 문제가 발생했던 것을 생각해본다면 말이지요.

———————————————

프란치스코의 사람들은 이 문서를 읽었다. 스토너가 말한 것처럼 교황청의 대다수는 적어도 9년 전부터 당면한 문제에 대해 알고 있었지만 상황을 바꿀 생각은 전혀 없었던 게 분명했다. 이 문서는 그들의 완고함을 입증하는 증거였다. 며칠 후면 임기를 마치게 될 국무원장 타르치시오 베르토네가 대표적인 인물이었다.

국무원장직이 베르토네에서 카라카스의 교황 대사였던 피에트로 파롤린으로 교체되는 인수인계식이 10월 중순으로 예정되어 있었다. 인수인계식에는 이들의 연설도 있을 예정이었다. 그런데 예기치 않은 일이 일어났다. 파롤린이 작은 수술을 해야 해서 자리에 참석하지 못하게 된 것이다. 임명식을 연기할 수도 있었지만, 프란치스코는 베르토네가 하루라도 더 자리를 보존하는 꼴은 보고 싶지 않았던 것 같다.[5] 인수인계식은 긴장감이 감도는 송별회 같은 분위기가 되었다. 겉치레에 지나지 않은 감사가 오갔다. 베르토네는 퇴임 연설에서 교황청의 '까마귀'와 '뱀'을 들먹이며, 몇 안 되는 그의 충신들에게 으레 했던 것처럼 새로운 교황과의 관계를 회복하고자 했다. 그러나 이미 때는 너무 늦었다.[6]

베네딕토 16세가 임명했던 국무원장은 한때는 막강한 힘을 가졌었지만, 점점 고립되었고 영향력이 줄어들었다. 그날 인수인계식 말미에 한 고위 성직자가 몇몇 성직자들과의 대화에서 이렇게 말했다. "임기 시작 후 첫 여섯 달 동안 교황은 마치 베르토네가 존재하지 않는 것처럼 행동했습니다." 사실 프란치스코는 교황이 되고 난 직후 여섯 달 동안 국무원장 없이 모든 일을 처리했다. 베르토네가 한 번도 그의 신임을 얻지 못했다는 것은 프란치스코의 충신인 오스카 로드리게즈 마라디아가 (Oscar Rodriguez Maradiaga)에 의해 간접적으로 입증되었다. 마라디아가는 개성 강한 살레지오회의 회원이자 온두라스 출신으로는 역사상 처음으로 추기경에 오른 사람이었고, 8인 추기경 자문단의 조정관이기도 했다.

마라디아가는 한 캐나다 TV 프로그램 〈빛과 소금〉에 출연했다. 그는 프란치스코가 교황으로 당선된 지 나흘째 되는 날인 3월 17일에 교황과 대화를 나눈 적이 있으며, 그때 벌써 베르토네의 후임으로 파롤린이 임명될 것이라는 사실을 알았다고 했다.

반면 그의 전임이었던 베네딕토 16세가 베르토네를 국무원장으로 임명하기까지는 14개월이나 걸렸다. 역대 교황들이 인사에 들인 시간과 비교하면, 프란치스코는 모든 기록을 깬 것이나 다름없었다.

04

추기경들의 권력이 줄어들수록
평신도들의 힘은 커진다

교황의 직속 위원회 두 곳에서 명확한 정치적 노선을 취하자 프란치스코의 적들 사이에서는 우려가 더욱더 깊어졌다. COSEA와 종교 사업 기구 자문 위원회는 사실 서로 다른 두 개의 전선에서 작업했다. COSEA의 조사 결과는 널리 공유되었다. COSEA는 바티칸은행의 계좌들과 교황청의 다른 행정부처들에 대한 분석을 통해 앞에서 묘사했던 타성과 무능, 남용을 찾아냈다.

하지만 또 다른 전선, 종교 사업 기구 자문 위원회에서 일어나는 활동은 잘 알려지지 않았다. COSEA 위원들은 8인 추기경 자문단으로부터 새로운 요청을 받았다. 문제 영역이나 잠재적 위험만 찾아낼 것이 아니라 명확한 해법을 제안하고, 바티칸시국의 행정처와 전체 조직을 바꿀 방법을 조언해달라는 것이었다. 바티칸의 내부 권력 구조를 마지막으로 한 번 더 재설정하는 작업이 절대적으로 필요했다.

8인 추기경 자문단 회의가 2013년 12월 로마에서 열리기로 결정되었다. COSEA 사람들은 이 회의에 대비하여 교회를 기초부터 변화시킬 전략을 고안했다. 첫째로 평신도들과 성직자들의 힘의 균형을 재조정하는 작업이 필요했다. 평신도들이 경제 영역과 행정 영역에서 보다 중요한 위치를 차지해야 했다. 이것은 성직자 왕을 둔 절대왕정에는 혁명적인 제안이었다. 로비를 벌여가며 바티칸을 지배해온 막강한 권력집단은 새로운 발전 방향을 받아들일 수 없었다. 개혁 프로젝트는 '궁정 신하들'에게 전쟁 선포나 다름없었다.

때는 2013년 10월이었다. 내가 직접 읽어본 네 쪽짜리 회의록은 전체를 다 읽어볼 만한 가치가 있다. 회의록을 읽고 나면 COSEA 위원들이 이제 더 이상 돌이킬 수 없는 지점에 이르렀다는 인상을 받는다. 프란치스코의 충신들은 압박을 완화할 생각이 없었다. 처음으로 발언한 사람은 조지 여였다. 그는 싱가포르의 외무부에 있었던 사람으로 위원회에서는 유일하게 정치 경험이 있었다. 여는 경제적 권력과 정치적, 종교적 권력 간의 뚜렷한 분리를 염두에 뒀다. 그다음으로는 APSA가 중앙은행으로서의 역할을 계속해야 하는지 문제를 제기했다.

 교황청의 결정들은 추기경단의 배치로부터 자유로워야 합니다. 교황청의 기능에 외무부의 기능과 총리의 기능을 통합하기는 어렵습니다. 우리에게는 전권을 가지고 예산을 관리하는 재무부가 필요합니다. 교황청 재무심의처는 외무부로 변형될 수 있을 것입니다. 하나의 재무부가 예산을 전부 관리하게 되면 모든 성성은 예산에 맞게 활동을 조정하려고 할 것입니다. 재무부는 예산에 대한 책임을 져야 합니다. 교회가 운영하는 복음 사업은 전 세계적으로 진행됩니다. 따라서 재무부가 복음 사업의 재무도 관리감독해야 합니다. 재무부의 설립을 통해 APSA의 기능과 역할은 재규정될 것입니다. (…)
APSA가 중앙은행으로서 현재 연방준비은행, 영국은행, 독일연방은행과 합의한 내용은 계속해서 유지되어야 합니다. 그들과 다시 협상하기는 어려울 것이기 때문입니다.

────────────────●────────────────●────────────────

위원회가 보기에, 바티칸시국 행정처가 누구에 의해 운영되어야 하는지는 교황이 직접적으로 개입해야 할 문제였다.

바티칸시국 행정처는 또 다른 문제입니다. 이 문제는 교황과 함께 논의해야 합니다. 바티칸시국 행정처의 회계와 예산 문제, 재무부의 자원들과 자급자족 문제, 성직자들과 추기경들의 무용성 문제가 그렇습니다. 또 한편으로는 매우 분명한 문제들이 있습니다. 보안, 투명성, 선한 통치 등의 문제, 그리고 자율적인 독립체가 되어야 하는 과제를 안고 있는 바티칸 박물관의 문제 등입니다.

위원회는 회의를 통해 8인 추기경 자문단의 요청에 부응할 만한 답을 그려나갔다. 우리는 이 회의록을 통해 혁명의 심장부를 들여다보고, 지휘 체계를 명확하게 그려볼 수 있다. 8인 추기경 자문단과 이야기를 나눈 교황이 그들에게 지침을 내린다. 8인 추기경 자문단은 교황의 지시 사항과 우선 사항을 COSEA에 전달한다. COSEA의 조정관인 바예호 발다는 현재 형성되어 있는 중앙 권력을 근본적으로 재편해야 한다는 지침을 받는다. 바예호 발다는 전달받은 사항을 COSEA 위원들에게 간략하게 브리핑한다.

브리핑 내용은 이렇다. '교황청은 주교에 의해 통치되어야 하며 추기경에 의해 통치되어서는 안 된다. 이때 주교는 성성에 권위를 행사하는 것이 아니라 그들의 작업을 조정하는 것뿐이다.' 국무원장이라는 직함도 바뀌어야 했다. '앞으로는 교황청 사무국장(Papal Secretary)으로 불려야 한다. 그렇게 되면 국무원장은 바오로 6세가 있었던 때보다 훨씬 더 적은 권력을 갖게 될 것이다.'

요한 바오로 2세와 베네딕토 16세가 교황으로 있을 적에는 '장애물로 인정된 모든 문제들을 처리하는 데 반드시 국무원장의 승인이 필요했다'. 또한 '추기경 중심의 평의회는 폐지되어야 했다. 국무원장이 가진 여러 가지 기능들 중에서 딱 하나 진정으로 유효한 것이 있다면 그것은 여러 주교들 간의 회의에 참석하여 조정자 역할을 하는 것이기 때문이다'. 문화의 관점에서 말하자면 '로마는 일방적으로 교리를 퍼뜨림으로써 나머지 세계를 지배하려고 해서는 안 된다. 이러한 규제를 받으면 교황청은 보다 가벼워지고 관리하기가 쉬워질 것이다'.

회의의 주제는 다른 사안으로 넘어갔다. 추기경과 평신도의 역할을 재평가해야 할 필요성에 대한 것이었다. 이것은 COSEA가 만든 전략적인 정책이었으며 8인 추기경 자문단에도 보고되었다.

추기경들만 행정부처들의 장이 되어서는 안 됩니다. APSA처럼 순수한 행정기관은 추기경이 필요하지 않습니다. 물론 추기경이 지휘하는 평의회는 계속 존속할 것입니다. 그렇지만 바티칸시국 행정처의 장에게는 이전처럼 시의회와 함께 일하는 시장의 역할을 부여하는 편이 좋을 것입니다.

장 비들랭 세베스트르는 조심성이 많은 사람이었다. 그는 과거와 너무 날카롭게 단절하지 않으면서 추기경들의 합의를 이끌어낼 수 있는 길을 모색했다. 그는 다음과 같은 조건이 아니라면 개혁을 성공시키기가 어렵다는 사실을 알았다.

우리는 실질적으로 무엇이 문제이며 중요한 지점인지 알아낼 것입니다. (…) 그것들을 해결함으로써 악을 뿌리 뽑을 것입니다. 우리는 역기능이 발생한 근원을 찾아낼 것입니다. 하지만 무엇보다 중요한 것은 추기경들의 합의를 얻어내는 것입니다. 추기경들은 성직자로서는 전문가이지만 경제 전문가는 아닙니다. 우리가 비현실적인 해결책을 제안하고 있다는 사실을 인식해야 합니다.[7]

요헨 메세머는 좀 더 결정적이고 단호한 방법을 추천했다.

우리는 재조직의 원칙과 지침을 바꾸지 말고 그대로 밀고 나가야 합니다. 몇 가지 방법을 제안해볼 수 있습니다. 두려워해서는 안 됩니다. 우리의 몫은 개선책 제안입니다. 우리가 제안하면 교황과 8인 추기경 자문단이 우리의 개선책을 평가하고 결론을 내줄 겁니다.[8]

그러나 그것은 그렇게 간단한 문제가 아니었다. 바예호 발다는 거친 현실주의적 관점에서 다음과 같이 말했다. "사실 우리에게는 재정적인 자유를 얻기 위한 돈이 필요합니다." 즉 재정적인 독립이 이뤄지지 않으면 교황청은 계속 쉽게 흔들릴 것이고, 스캔들에 노출될 것이었다. 마지막으로 자라는 다음과 같이 말했다.

우리는 자문관들이 말한 사실과 목표를 머릿속에 항상 떠올려야 합니다. 특히 평신도와 관련된 지침을 말이죠. 사제들은 출세주의자가 되어서는 안 됩니다. 몇몇 직책은 성직자보다는 유능한 전문가에게 맡기는 게 더 낫습니다.

비밀회의가 끝난 후 국제 자문관들은 위원회의 추천 사항들을 흡수
했다. 그리고 미국에서 일본에 이르는 전 세계의 교회를 받들 새로운 국
가 조직도의 윤곽을 잡았다. 이제 교회의 위계질서에서 한 사람의 지위
는 '권력'이 아닌 '봉사'에 의해 규정될 것이다.

2013년 11월 20일, 프로몬토리의 미국인 자문관들은 COSEA 위원
들에게 새로운 국가의 윤곽을 보여줬다. 다양한 버전의 조직구조가 제
안되었다. 현 권력 배치에 대한 급진적인 구조 개혁이 바티칸에서 벌어
졌다. 몇몇 성직자들은 세속적인 책임을 맡게 되었다. 지금까지 없었던
일이었다.

이러한 계획을 알게 된 교황청의 추기경들은 큰 충격에 빠졌다. 그들
은 경고를 보냈고 조치를 취하기 시작했다. 불법적인 행동이 벌어지기
도 했다. 심지어 어떤 사람들은 성 베드로 광장에 몰아친 혁명을 저지하
기 위해서라면 무슨 일이든 다 할 기세였다. 이전까지 개혁 반대자들의
공격은 조직화되지 않았고 개인적인 저항에 그치곤 했다. 그러나 반격
이 거세지면서 두 세력 간의 전쟁은 최고조를 향해 달리기 시작했다.

PART 9

—

전쟁 제1막 :
예산 감축과 관료주의 폭력

MERCHANTS
IN THE TEMPLE

"돈은 사고와 신념을 병들게 합니다.
탐욕이 승리하면 인간은 존엄성을 잃고, 정신이 부패하며,
돈을 위해 위험을 무릅쓰면서까지 종교를 이용하게 됩니다.
돈을 숭배하는 덫에 빠지지 않도록
하느님이 우리를 도와주시길 기도합니다."

- 프란치스코 교황 -

01

과연 변화는
일어나고 있는가?

프란치스코 교황이 산타 마르타나 성 베드로 대성당에서 설교를 할 때 누누이 강조해온 말이 있다.

"돈은 사고와 신념을 병들게 합니다. 탐욕이 승리하면 인간은 존엄성을 잃고, 정신이 부패하며, 돈을 위해 위험을 무릅쓰면서까지 종교를 이용하게 됩니다. 돈을 숭배하는 덫에 빠지지 않도록 하느님이 우리를 도와주시길 기도합니다."[1]

그는 또한 여러 조사단의 회계 장부를 꼼꼼히 들여다보고 대규모 지출과 임의의 특권들, 피상적인 정보에 대한 설명을 요구했다. 하지만 변화에 이르는 길은 멀고도 험난했다. 교황청의 모든 것이 예전처럼, 마치 아무 일도 없었던 듯 돌아갔다. 처음에는 정말로 변화가 일어날 것처럼 보였다. 하지만 교황의 새로운 방향 제시는 교황청 내부의 거센 저항을 불러일으켰다. 이것은 교황의 결정이 개혁 대상에 명중했다는 사실을 보여주는 분명한 신호였다. 하지만 2013년 12월, 교황청과 행정처의 2014년도 예산을 검토하는 자리에서는 위선과 관료적 행태가 다시 힘을 얻기 시작했다. 불과 이틀 전에 재무 문서를 전달받은 감사관들은 부랴부랴 그것들을 들여다봤고, 경악을 금치 못했다. 회계 감사관들이 비밀리에 회동하여 COSEA가 만들어진 지 반년이나 지났을 때였다. 교황의 새로운 접근이 예산안에 반영되기를 기대했던 사람들은 크게 낙담했다.

교황청의 자문관들이 방으로 들어서자 무거운 침묵이 내려앉았다. 자문관들은 근래 들어 가장 극적인 순간을 마주하게 될 것임을 예감하고 있었다. 기도가 끝나고 베르살디 추기경이 예식을 시작했다. 그는 낙관적인 표정으로 '개혁이 가속화되고 있음'을 역설했다. 방 안에서 나지막이 속삭이는 소리가 들렸다. 감사관들은 추기경의 말에 동의할 수 없었다. 그들이 보기에는 모든 것이 제자리였고 프란치스코 교황이 선포한 새로운 시대의 혁신은 찾아볼 수 없었다. 베르살디 추기경도 그 사실을 누구보다 잘 알고 있었다. 그는 잠시 말을 멈추고 긴 한숨을 내쉬었다. 의도적으로 몇 초를 지나보냄으로써 자신이 내뱉을 말에 권위를 실었다.

우리는 개혁이 갖고 있는 인간적이고 종교적인 측면도 주목해야 합니다. 우리는 보여주기식 개혁이 아니라 종교적 기준으로부터 영감을 얻고 형제 정신으로 잘못된 관행을 바라봐야 합니다. 먼저 이해당사자들이 함께 논의해야 합니다. 물론 그들이 잘못된 방식을 고집해온 점에 대해서는 제재를 가해야 할지도 모릅니다. 이렇게 접근해야만 지금까지 이뤄놓은 성과들을 잃지 않을 것입니다. '처벌'에 앞서 우리는 반드시 잘못된 것을 바로잡으려고 노력해야 합니다.

주목할 사실은 행정기관의 수장들이 잘 협조하고 있으며 악의가 아니라 생각하는 방식이 달라서, 혹은 관행적이기 때문에 문제가 일어난다는 점입니다.

그는 원로답게, 다양한 해석이 가능하도록 언어를 구사했다. 하지만 COSEA 위원들은 추기경의 충고가 무엇을 의미하는지 놓치지 않았다. 베르살디 추기경은 험난한 길을 예고하고 있었다. 그는 교황의 혁신 의지를 따르기보다는 관련자들의 불만을 최소화하려 했다. 감사관들을 달래고, 그들이 요구하는 엄격한 조치를 완화시키려 했다. 고위 성직자들이 하는 일을 개혁하려다가는 모두가 다칠 수도 있으며, 부정을 저지른 자들에 대한 처벌은 결국 하나로 귀결될 것임을 경고했다. '성취한 모든 성과들을 개혁과 함께 잃게 될 것이다.'

베르살디는 부정을 저지른 자들에게 보호벽을 만들어주고자 했다.

그는 한발 더 나아가, 변화는 반드시 보편적인 합의를 이뤄야 하며 그렇게 하지 않으면 방해자들이 승리할 것이라고 말했다. 추기경들은 분명한 신념을 갖고 행동했지만, 관성에 대해 관성으로 대응해서는 아무 데도 이를 수 없었다. 새 예산안이 통과될 경우 위원회가 교회 관리자들의 무관심, 또는 교황을 향한 그들의 적대감과 싸우고 있다는 증거는 어디에도 나타나지 않게 될 것이었다. 베르살디는 프란치스코 교황의 임기 첫 6개월 동안 이렇다 할 결과물이 나오지 않았다고 단호하게 말했다.

우리의 노력에도 불구하고, 지난 1년 동안 두 차례의 예산안은 군데 군데 작은 부분을 감축한 것을 제외하곤 어떤 진전도 없었습니다.

자료에 담긴 내용은 낙담할 만한 수준이었다. 베르살디의 비판은 모든 열정을 수그러들게 만들었다. 그는 '어떤 진전도 없었다'고 재차 강조했다. 위원회는 다시 원점으로 돌아왔다. 2013년 6월 프란치스코가 처음 COSEA를 만들어 바티칸의 무너져가는 재정 문제를 다루기로 결심했을 때로 말이다. 베르살디가 한탄했다. "바티칸에는 눈에 띄는 진전이 없습니다. 바티칸의 지출은 여전히 지속 불가능한 수준입니다. 헌금을 통해 수입 늘리기를 기대할 수 없으니, 유일한 해결책은 비용을 줄이는 것뿐입니다." 그렇기 때문에 몬시뇰 바예호 발다가 지적한 것처럼, 2014년도 예산안에서 지출이 늘어난 것은 더욱 애석할 뿐이었다. '즉 예산안

은 모든 면에서 더욱 악화되었다.'

베르살디의 견해에 반대하는 사람은 적지 않았다. 회계사 스테파노 프랄레오니는 바티칸은 언제나 전해보다 더 많이 지출하려고 하는 관습이 있음을 지적했다.

APSA 감사는 아주 길고도 어려운 작업이었습니다. 모든 부서의 회계 장부를 확인해야 했으니까요. 우리가 회계 장부에서 발견한 것은 지출뿐이었습니다. 의심이 되는 행정 부서들이 APSA에 보고를 하긴 하지만, 그들은 지출뿐 아니라 자산도 기록해야 합니다.

또 다른 모순도 있습니다. 예산안에서 예상 비용이 증가한 것을 볼 수 있는데, 이는 더 많이 지출하려는 의도입니다. 예산안과 최종 수지 사이에는 언제나 커다란 차이가 존재합니다. 이는 최대한 많은 지출을 승인받아서 일부의 돈을 확보하려는 생각 때문입니다.

우리는 많이 감축해왔지만, 일부의 항목을 더 자세히 알아볼 필요가 있습니다. 그럼에도 불구하고 교황청의 최종 수지는 2,500만 유로 (324억 5,600만 원) 적자인 것으로 나타나고 있으며, 재정상의 소득은 보통입니다. APSA는 이 사안에 대해 어떤 언급도 하지 않았는데, 교황청으로서는 이를 이해하기 어렵습니다. 시장 상황 변동을 예측하는 것이 복잡할 수 있지만, 그것을 직업으로 삼은 전문가들이 존재합니다.

고용 동결을 제안했음에도 불구하고 고용 지출은 계속 높아져왔습니다. 하지만 가장 심각한 사안은 예산안에 이러한 증가가 이미 계획되어 있었다는 점입니다. 이는 권위에 대한 명백한 모욕입니다.

또한 통합 항목에 변동이 없었습니다. 이는 기술적인 이유보다는 정치적인 이유로 결정되었습니다. 회계원칙 표준화의 필요성도 마찬가지입니다. 교황청의 기능은 명료하게 확립되어 있지만 그것들을 운영하는 것은 불가능했습니다.[2]

교황청 감사관으로 참가한 COSEA의 위원장 자라 역시 어떤 진전도 발견하지 못했다고 말하며 변화하기를 거부하는 오만한 사람들을 비판했다.

똑같은 상황이 매년 반복된다는 사실은 우리가 겪고 있는 현재의 위기가 일시적인 것이 아니라 지속적인 것임을 보여줍니다. 문제는 절차가 아니라 정신 상태와 일을 수행하는 방식입니다. 행정부 수장들의 협조가 곧 있을 것입니다. 그들은 매우 오만할 수 있습니다. 이 일을 처리할 수 있는 사람은 오직 자신들뿐이라고 믿기 때문이지요.

02
충격적인 반대 선언,
그리고 냉각 기류

회의 하루 전날, 특히 완강한 고문관들이 모여 서로의 의견을 알아보는 비공식적인 투표를 진행했다. 그들은 여러 상위 기관의 전문가들과 자문관들 사이에 꺼림칙한 불편함이 자라고 있다는 것을 알게 되었다. 많은 사람들이 이전까지와는 다른 무언가를 해야 한다고 생각했다. 늦은 밤까지 통화가 이어졌고, 자정을 지나 새벽까지 논의와 합의가 이어졌다.

감사관들은 용기를 한데 모았다. 그들은 함께 모여, 모두를 놀라게 할 제재 방법을 떠올렸다. 지난날처럼 그저 가만히 앉아서 불평만 하고 싶지는 않았다. 이제 그들은 결과를 확인하고 싶었다. 몇 시간이 훌쩍 지나고 계획이 윤곽을 드러냈다. 거의 모든 감사관이 이에 동의했다.

중대한 회의의 날이 밝았다. 첫 번째 발언자인 프랄레오니가 연설하기 위해 앞으로 나선 순간부터 이미 회의가 어디로 흘러갈지 분명해 보였다. 그리고 잠시 시선을 내려 부채 항목을 확인한 후 말을 신중하게 골랐다. 그는 1993년에 요한 바오로 2세의 가장 긴밀한 협력자이자 국무원장이었던 안젤로 소다노가 바티칸 방송국의 예산안을 허가하지 않은 사건에 대해 언급했다. 그것은 가장 주요한 선례이며, 모두에 대한 경고였다. 또다시 그런 일이 일어나지 말란 법은 없었다.

다음 연설자들도 총대를 메고 저마다의 비판을 덧붙였다. 마우리치오 프라토의 차례가 왔다. 여전히 예전 그날의 사건에 압도당한 것처럼 보이는 그는 끓어오르는 감정을 겨우 누르며 말했다.

아직도 똑같은 일이 일상적으로 이뤄지고 있는 교황청의 모습을 보는 건 절망스럽습니다. 바꾸려는 기미도 없고, 재산을 보다 정확하게 효율적으로 운용하려는 책임의식도 보이지 않으며, 초과 지출을 막으려는 시도도 없습니다. 교황청의 통합 예산안은 군데군데 개선한 점들이 보입니다만, 전체적으로 여전히 혼란스럽고 명확히 이해하기 어렵습니다.

가장 큰 문제는 지출 부분과 일부 실망스러운 투자였다. 프라토가 계속해서 말했다.

기관의 행보에 대해 말하자면, 전 세계의 교구가 교황청을 후원하기 위해 로마로 보내는 돈 덕분에 복음 기반의 소득은 전반적으로 안정적인 것을 생각할 때, 2012년까지 지출이 막대하게 증가한 이유는 인건비 300만 유로(38억 9,500만 원)가 증가했기 때문이기도 하지만 무엇보다 일반 행정 비용이 900만 유로(116억 8,500만 원)나 증가했기 때문입니다. 2012년과 비교해보면, 금융 활동이 크게 감소했습니다. (…) 2013년은 소득이 줄었지만 상대적으로 금융시장이 안정적이었습니다. 그토록 큰 손실이 발생했다는 것은 자산의 운용과 투자 기준의 관리가 부주의하고 개탄스럽게 이뤄졌다는 것을 보여줍니다. 최근 수년간 감사관들이 반복적으로 호소했는데도 말이죠.[3]

베르살디 추기경이 그를 저지했다. "우리에겐 힘이 없습니다. 그건 최고 권위자가 해야 할 일입니다. 그들은 지시사항이 잘 지켜지고 있는지 확인해야 합니다. 우리는 과거의 회의에서 여러 차례 뭔가를 하려고 노력했지만, 효과적인 도구가 필요합니다."

베르살디 추기경은 특히 베네딕토 교황의 임기 동안에 시노드홀에서 열린 두 차례의 회의를 가리켜, '교황청과 행정처의 현재 상태를 세계적인 관점에서 바라보고 그것에 기초해서 모든 일을 운영하려는 시도'였다고 말했다. 하지만 이제까지 어떤 움직임에도 결코 바뀌지 않았던 교황청을 개혁하는 데는 '좋은 의도' 이상이 필요했다.

11시가 되기 조금 전, 휴식시간을 갖기 위해 회의를 잠시 멈췄다. 스페인 출신의 감사관인 조셉 쿠이에는 아직 연설을 하지 않았다. 잠깐의 쉬는 시간에 그는 메세머, 자라, 몬시뇰 바예호 발다 등과 이야기를 나눴다. 일부는 쿠이에의 말에 아무 대꾸도 하지 않았고, 일부는 고개를 끄덕였다. 하지만 결국 모두는 쿠이에가 흐름을 이어가야 한다는 것에 동의했다. 회의가 재개된 이후 그는 첫 발언자로 앞에 나섰다.

이번 보고서는 국제 감사관들이 수년 동안 주목해온 문제점들을 조명하고 있다는 점에서 긍정적입니다. 하지만 저는 이 예산안을 승인하는 것에 대해서는 호의적이지 않습니다. 우리가 예산안을 거부하는 구체적인 이유를 글로써 설명하자고 제안합니다. 그 설명에는 최소한 프라토가 강조하는 점들을 포함할 수 있을 것입니다.

앞서 회의에서 결정된 비밀 조치는 예산안을 거부하고 반송하는 것이었다. 이와 같은 극적인 선택은 교황청에서 벌어지는 승부전을 망칠 수 있을 뿐 아니라, 행정부의 활동을 더디게 만들어 오히려 피해가 부메랑처럼 프란치스코에게 돌아갈 수 있었다. 쿠이에는 말을 이었다.

예산과 관련된 문서를 보면 구조 전체에 문제가 있다고 보입니다. 인건비 증가, 외부 업체와의 계약 건수 증가 등 대다수 정보가 불분명합니다. 투명성이 없으면 예산안을 통과시킬 수 없습니다. 한동안 교황청은 한층 권위 있는 기관으로 나아가는 듯 보였으나 달라진 것은 많지 않습니다. 바티칸의 모든 행정부에 적용할 예산 관련법을 만들지 않으면 어떠한 개혁도 불가능합니다.

목표에 이르기 위해서는 선한 의지 이상의 것이 필요합니다. 모든 행정부에서 자원을 관리하는 법을 아는 관리자들이 적절한 예산안을 작성하게끔 의무화하는 법이 필요합니다. 행정부의 자율성을 통제할 수 있는 분명한 법이 있어야 합니다. 이런 법이 구체적으로 어떤 양상을 띨지는 모르지만, 근본적으로 지출을 통제할 방법을 확보하고 바티칸의 경제적인 재무 전략을 지도해야 합니다. 우리는 우선순위를 정하고 명확히 정돈할 필요가 있습니다. 교황 성하가 말씀하신 것처럼 분명하게 정의된 절차가 필요합니다.

정보의 투명성과 관련해 정보 관리와 구조 개혁에 대해 많은 말이 오가고 있습니다. 하지만 예산안의 어느 부분에 반영되어 있습니까? 도대체 어디에 기록되어 있습니까? 경쟁 입찰이 있었습니까? 바티칸은 친구와 지인들에게 비공식적으로 계약을 주고 있습니다. 하지만 가장 기본적인 기준으로서 사용 가능한 자금이 얼마인가를 고려해야 합니다. 또한 위기 기간에는 유지 비용을 줄여야 합니다. 우리에겐 더 긴급하고 우선적인 다른 사안들이 있기 때문입니다.

사람들의 시선이 모두 몬시뇰 바예호 발다에게 쏠렸다. 그는 베르살디를 제외하면 유일한 고위 성직자였다. 베르살디를 제지하기 위해서는 그의 지지가 반드시 필요했다. 그는 사람들을 실망시키지 않았다.

바티칸은 경쟁 입찰 참가 기업의 수를 지금까지 거래해온 5~10개 기업으로 줄곧 제한하고 있습니다. 경쟁 입찰에 대한 공지사항도 공개하지 않습니다. 일단 계약이 성사되면 예산의 최대치에 대해 어떤 제약도 없으며, 항목별 예상 비용도 작성하지 않습니다.

베르살디가 논쟁을 제지하고 자신의 입장을 다시 꺼내 들었다.

모두에게 경쟁에 참여하도록 무분별한 기회를 열어두면 혼돈이 일어날 것입니다. 정기적으로 검토되고 있는 공인된 기업들과 거래하는 것이 낫습니다.

바예호 발다가 즉시 대답했다. 그는 최근 바티칸 도서관에서 있었던 일을 언급했다. 교황청 측에는 아주 골치 아픈 사안이었다. 예측 비용과 실제 비용 사이에 커다란 차이가 있었기 때문이다.

바로 이런 운영 방식 때문에 문서를 분석하기가 불가능합니다. 누가 자금을 할당했습니까? 예산은 어떻게 결정한 거죠? 계획안은 작성했습니까? 기업을 선정하는 데 어떤 기준을 적용했습니까? 누가 관리에 대해 책임을 지죠?

자라가 이 논의에 치명적인 결론을 내렸다. 새로운 규칙을 도입하는 것은 그리 큰 문제가 아니었다. 바티칸이 잃어버린 것은 새로운 규칙을 적용하고자 하는 의지였다.

근본적인 문제는 절차가 존재하지만 적용되지 않고 있다는 점입니다. 그리고 사람들이 관습에 기초해 행동하고 규칙에 따라 행동하지 않는다는 것이지요. 지침을 보다 명확하게 정의하는 것에 더해 우리는 지침을 따르지 않는 부서에 개입하고 그들을 제재할 수 있는 구체적인 도구를 만들어야 합니다. 절차는 정기적으로 검토되고 여러 주체들이 책임지도록 만들어야 합니다.

예산안은 다시 쓰였다. 일부의 감사관들은 더 엄격한 수단을 원했다. 프라토는 가장 강경한 사람들 중 하나였는데, 전체적으로 이전 연도의 예산에서 10%를 감축하자고 제안했다. 카일이 이를 가로막았다.

바티칸의 일 처리가 느린 것을 고려해서 우리는 구체적인 결과물을 내놓는 데 우선순위를 둬야 합니다. 제가 일했던 기업들 중에 독재를 저지르는 곳은 한 곳도 없었습니다. 언제나 팀워크였죠.

하지만 장기적으로 누군가가 의사 결정을 내려야만 했습니다. 예산을 정하는 일은 직원들이 아니라 관리자가 하는 일입니다. 법과 마감일을 무시하는 사람은 누구든 교체되어야 합니다. 자원을 잘못 관리하도록 허용하는 것은 교회를 지켜보고 있는 누구에게라도 충격적인 사건입니다. 젊은 사람들에게도 그럴 것입니다.

감사관들의 행동은 대담했다. 베르살디는 동요하지 않는 척했다. 그는 방에 모인 전문가들을 응시했다. 몇 개월 전, 프란치스코 교황이 자원 사용의 부정을 추적할 수 있게끔 탄약을 제공해준 바로 그 사람들이었다. 그들이 이토록 완강한 자세를 취할 수 있는 것은 교황이 뒤를 봐주고 있기 때문이리라. 그렇다면 감사관들은 자신들의 입으로 교황 성하의 의지를 표현하고 있는 것일 수도 있다. 그를 직접적으로 개입시키지 않으면서 말이다. 베르살디는 능수능란하게 갈등을 조율했다.

현재의 구조에서는 심리적이고 병리적인 저항력이 감지됩니다. (⋯) 저는 다시 한 번 교황청에 반기를 들지 않으면서 이를 변화시키려는 노력의 필요성에 대해 강조하고 싶습니다. 만약 행정부의 수장들이 문제를 바로잡지 않는다면, 그때 가서 그들에게 지시사항을 따르게 하거나 악의적인 저항에 대해 논의할 수 있습니다. 제가 여러분께 신중한 태도를 촉구하는 이유는 책임을 회피하기 위해서가 아니라 그토록 바라온 변화를 추구할 올바른 방식을 찾고 싶기 때문입니다.[4]

하지만 결국 이 의견은 끝내 받아들여지지 않았다. 이미 적자가 막대했기 때문에 신중하게 조율할 수 있는 시기는 지난 상태였다. 회의가 잠시 중단되었다. 감사관들은 교황청과 행정부의 2014년 통합 예산안에 서명하는 것을 거부했다.

분위기가 싸늘해졌다. COSEA와 국무원장 사이가 팽팽하게 맞섰다. 지난 두 달 동안, 교황의 긴밀한 협력자인 피에트로 파롤린이 새로 국무원을 이끌었다. 그는 사도 궁전에서 2014년 예산안을 준비했다. 베르토네가 임명한 관리자들이 7년 동안 무자비하게 국무원을 통치했던 바로 그곳이었다.

03

복음을 전하는 비용도
줄여야 할까?

교황청의 감사관들의 결정과 관련된 전례를 찾아보려면, 20년 전으로 돌아가야 한다. 당시 소다노 국무원장은 바티칸 방송국의 예산안을 거부했다.[5] 하지만 이번에 보인 그들의 결단력은 당시보다 더욱 주목할 만했다. 그들은 교황청과 행정부의 모든 예산안을 거부했다. 이는 바티칸의 재정이 거의 모두 정지되었다는 것을 의미했다. 하지만 이 결단만으로 바티칸 정부가 새로운 길을 걷게 될 것이라 말할 순 없었다. 감사관들도 이 사실을 잘 알았다. 역사 속의 전례들이 이를 분명히 말해준다.

바티칸 방송국은 교황청이 절대 변하지 않는다는 것을 보여주는 좋은 사례이다. 방송국과 통신국은 여전히 적자이며, 손실을 줄이기 위해 노력할 때마다 매번 실패했다. 방송국의 적자는 교황청 재정의 블랙홀

중 하나다. 이는 요한 바오로 2세와 베네딕토 16세 재임기간 동안 걱정
과 위기감을 키워왔고, 여전히 감사관들로부터 혹독한 비판의 대상이
되고 있었다.

12월 18일 회의 때 방송국 운영에 대한 비판 여론이 거셌다. 특히 프
라토가 다음과 같이 말했다.

바티칸 방송국은 아직도 초과 지출을 하고 있습니다. 2,600만
~2,700만 유로(337억 7,400만~350억 7,300만 원)에 이르는 적자가 이를
입증합니다. 바티칸 방송국의 태도는 '하늘 아래 새로운 것은 없다'
입니다. 향후에 유의미한 규모의 적자를 줄일 수 있다고 기대하는
사람이 있다면 도대체 어떻게 그렇게 생각할 수 있는지 들어보고 싶
습니다. 일간지 〈로세르바토레 로마노〉, 인쇄소, 서점, TV 방송국이
모두 비슷한 상황입니다.

고용 인원이 늘고 인건비가 증가했지만, 그 이유는 해명되지 않고 있
습니다. 우리는 고용 동결이 절대적으로 필요합니다. 2014년 통합
적자는 2,510만 유로(325억 8,600만 원)로 추산됩니다. 2013년 손실은
2,800만 유로(363억 5,000만 원)였습니다. 바티칸 유산의 침식 속도가
가속화되고 있습니다.

유럽연합이었다면, 아마도 관리자들이 진작 회계 장부를 들고 파산

법원으로 향했을 것이다. 물론 6월 회의에서도 이와 같은 비판의 목소리들이 터져 나왔다. 이제는 베르살디가 가톨릭 라디오 방송국과 〈로세르바토레 로마노〉의 예산을 단속해야 할 차례이다.

이제는 복음을 전하는 데 드는 지출도 줄여야 합니다. 우리는 기관의 목적 달성에 영향을 주지 않는 선에서 비용을 줄일 수 있습니다. 며칠 뒤, 무엇을 할지 결정할 것입니다. 현재로서는 산타 마리아 디 갈레리아 방송국이 특히 유지비가 많이 들기 때문에 문을 닫아야 하는 것이 분명해 보입니다.[6] (…) 고용을 늘린다고 생산이 반드시 개선되지는 않습니다. 〈로세르바토레 로마노〉의 사진국은 교황의 사진을 엄청나게 판매하면서도 결국은 적자로 한 해를 마무리합니다.

교황청은 이 사실에 대해 언짢아했다. 하지만 수년 동안 변한 것은 아무것도 없었다. 카일이 6월 회의 때 지적한 것처럼 말이다. "바티칸 라디오가 이 지경이 되도록 도운 추기경은 단 한 명도 없었으며, 개발도상국의 대표들 중에도 없었습니다. 국무원이 개입해보려고 했지만, 효과가 거의 없었습니다. 단파 송신을 단호하게 차단해야 합니다." 라디오 방송국의 수녀부는 언제나 변화를 거부해왔다. 베르살디 추기경은 방송국의 관리자들이 '교황청의 수장들을 성직자가 아니라 기업가로 상대하려 했다'고 종종 냉소적으로 말하곤 했다.

몬시뇰 바예호 발다는 인건비와 관련해 통렬히 비판했다.

경영의 일부가 심각하게 훼손되었음이 분명합니다. 행정부의 수장들도 이를 완전히 이해하고 있습니다. 폰테 갈레리아 라디오 방송국의 방송 장비는 차라리 박물관에 더 어울립니다. 교황청의 지출 중 방송 지원 관련 비용이 20%를 차지합니다. 미디어국의 수장들은 그들이 소유하고 있는 사무 공간의 평수가 얼마인지도 모르고 있습니다. APSA가 지출을 관리하기 때문에 비용을 최적화하는 데 크게 신경 쓰지 않는 것일 수 있습니다. 그들은 이 장소를 세입자들에게 빌려주고 수입원으로 삼을 수 있습니다.

하지만 무엇보다도 가장 변화가 필요한 곳은 인건비입니다. 〈로세르바토레 로마노〉에서 일하는 언론인의 수는 84명입니다. 하지만 전부가 필요한 인원은 아닙니다. 하다못해 계약서를 수정할 수도 있었지만 그저 해가 바뀔 때마다 수동적으로 재계약했습니다. 비록 이번 연도의 예산은 수지가 맞지만, 석연찮은 요소들이 숨겨져 있습니다. 예를 들면 인건비가 지속적으로 증가하고 있다는 점입니다.

2013년 가을, 맥킨지 컨설턴트들의 도움을 받은 COSEA는 회계 장부가 전혀 간섭받지 않는 이유들을 밝혀냈다. 총 네 가지의 위험 요소가 확인되어 교황청의 추기경들 앞에서 공개됐다.

예산 외의 자원들이 전 세계 여러 지역에서 사용되고 있습니다. 바티칸 방송국은 프랑스와 벨기에(5,300만 명의 가톨릭 신자), 알바니아(30만 명의 가톨릭 신자)에 똑같이 편집 인력 3명을 두고 있습니다. 〈로세르바토레 로마노〉의 경우, 인쇄비와 운송비를 전혀 감당하지 못하고 있습니다. 1부를 인쇄할 때마다 1.5유로(2,000원)의 손실이 발생할 정도입니다. 또 생산 계획 등도 부실합니다. 이탈리아판 발행 부수의 70%가 회수되고 있는 현실입니다. 바티칸 인쇄소의 회전식 인쇄기는 하루에 두 시간만 돌아갑니다. 뉴스 제작, 온라인 활동 등 미디어 관련 부서들 간의 주요 활동 내용은 중복됩니다.

프란치스코 교황은 언론 및 홍보의 개혁과 바티칸 미디어센터의 설립을 강조해왔다. COSEA의 고문관 프란체스카 샤우키가 이를 준비했다. 2014년 1월, 위원회는 여러 편집부서들의 수장들과 일련의 만남을 가졌고 언론 및 홍보 부문의 인력과 비용, 투자를 능률화할 새로운 부서의 창립에 대한 지지를 얻을 수 있었다. 이는 바티칸 교회가 전 세계에 복음을 전하는 데 필수적인 역할을 할 것이 분명했다. 2015년 6월 홍보처가 설립되었다. 수장은 바티칸 텔레비전센터의 장인 다리오 에도아르도 비가노(Dario Edoardo Viganò) 신부였다.[7] 그를 보좌할 인물은 바티칸 인터넷국의 장인 몬시뇰 아드리안 루이즈(Adrian Ruiz)이었다. 교황이 선출된 직후에 교황에게 아이패드를 선물로 줬던 인물이었다.

04

바티칸 관료주의의 반격

2013년 12월 16일을 시작으로 COSEA와 맥킨지의 컨설턴트들이 국무원 사무실에서 일련의 조사와 감사를 시작했다. 그들은 기류가 냉각되어 있다고 느꼈다. 그들은 불신과 불쾌함, 저항을 극복하고 나서야 비로소 필요한 자료들을 손에 넣을 수 있었다. 자라는 홀로 고립되어 있는 기분을 느끼고는 프란치스코의 비서에게 조언을 구했다. 프란치스코 교황과 가까운 사이의 추기경들은 완강한 태도를 취하지 않았고, COSEA와 국무원 사이의 긴장감은 고조되었다. 프란치스코의 지지자들이 똘똘 뭉쳐야 할 시기였지만 오히려 균열이 생겨났다. 2013년 말부터 2014년 초 사이의 짧은 기간 동안 COSEA는 교황청의 25개 부서에 대해 보다 광활한 조사를 펼쳤다.

2013년 12월 4일 COSEA는 국무원장 파롤린에게 감사에 필요한 문서들을 열람할 수 있게 해달라고 서신을 보냈다. 그리고 1월 3일 파롤린은 또 한 통의 편지를 받았다. 편지는 요청받은 법규와 문서를 1월 10일까지 넘겨야 한다고 넌지시 알리고 있었다. 다음 날, 파롤린은 두 장의 편지를 통해 터무니없는 소리라고 답했다. 그는 그 이유를 이렇게 설명했다. '본원은 요청받은 문서를 갖고 있지 않다. 또한 각각의 해당 부서에 직접 요청하는 것이 더 올바른 방법으로 보인다.' COSEA 서신에 언급된 몇몇 기관들에 대해서 그는 '요청한 문서가 교황청에도 보관되어 있다'고 말했다. 그저 자신들의 사무실에 있는 문서 보관함을 뒤지면 될 뿐일 문제였지만, 파롤린은 짜증을 숨기지 않았다.

 또한 덧붙이자면, 저는 우리가 주고받은 서신들을 교황 성하께 보여
드리는 게 의무라고 생각했습니다. 그래야 모든 것이 교황 성하의
필요에 충실하게 수행될 수 있기 때문입니다.

한편 승인을 거부당한 예산안 문제도 분명히 해야 할 필요가 있었다. 2014년 1월 3일, 교황은 이 문제에 관심을 두고 고뇌하던 베르살디 추기경에게 알현을 허락했다.

교황과의 면담 이후에 베르살디는 바티칸시국 행정처 장관 베르텔로와 APSA 처장 칼카뇨에게 긴급 서한을 보냈고, 파롤린에게도 그 사본

을 보냈다. 그들은 사태를 진정시킬 돌파구가 필요했다. 베르살디로 인해 불안감은 점점 더 조성되었다.

교황 성하께서 저의 요청을 받아들이시어 알현할 기회를 주셨습니다. 이 면담에서 성하께서는 저로 하여금 2월 중순에 열리는 15인 추기경 평의회 모임 전까지 APSA와 내각을 맡으라고 하셨습니다. 이번 만남의 목적은 각 부처에 국제 감사관들의 비판적인 견해를 설명하고, 관련 기술자들이 이를 평가하고 수용하게 하기 위함입니다. 그렇게 함으로써 교황청과 바티칸시국의 경제 및 행정 체계 전반의 위기를 피할 수 있을 것입니다.

폰티프의 지시사항에 따라 마련한 교황청 재무심의처의 모임에 참석할 뜻을 신속하게 밝혀주시기를 요청드립니다. 분명히 말씀드릴 것이 있습니다. 저의 의도는 협력적으로 대화함으로써 서로를 이해하고 또 객관적으로 존재하는 문제들, 교황청 재무심의처에서 다년간 노력하고 있지만 현재까지도 극복하지 못하고 있는 문제들에 대한 해결책을 마련하는 것입니다.

한편 칼카뇨는 긴장감을 풀려고 노력하면서, 서한을 받은 즉시 답장을 써서 전달했다.

우리는 함께 문제를 개선하는 것에 언제든 열려 있습니다. 당신이 하

시는 일이 잘되시기를 기원합니다. 곧 뵙겠습니다.

  양측은 팽팽하게 맞섰다. 국무원은 감사관들의 정보 요구가 자신들

의 영역을 침범한다고 느꼈다. 다른 한쪽에서는 교황청의 예산이 몇 주

동안이나 통과되지 않은 채로 묶여 있었다. 교황청의 기류는 점점 더 팽

팽해졌다. 예상치 못한 지출에 관한 소식은 긴장감을 더했다. 교황이 리

우데자네이루에서 2013년 7월 22일부터 29일 사이에 열리는 세계청년

대회, 즉 로마 가톨릭교회에서 지정한 청년의 날 조직위원회에 360만

유로(48억 7,400만 원)를 기부했다는 소식을 브라질 현지 언론이 전했다.

이는 조직위원회가 짊어진 2,830만 유로(367억 4,000만 원)의 채무를 이

행하기 위해서였다. 이 대회는 현지 대교구가 주관했으며, 해당 교구의

주교인 오라니 주앙 템페스타(Orani Joao Tempesta)는 추기경으로 임명되

길 기다리는 중이었다.

  교황청에서는 계속해서 모임이 이어졌다. 자라는 성난 파도를 잠재

우지 않으면 현재 상황을 고수하고 싶어 하는 사람들만 혜택을 입고 말

것임을 깨달았다. 그는 1월 6일에 국무원장과의 면담을 요청했다. 목적

은 요청한 정보를 받아내는 것과 긴장감을 낮추는 것 두 가지였다.

  파롤린은 라틴아메리카에서도 가장 빈곤한 지역들 중 한 곳에서 왔

으며, 베네수엘라 대사로 지냈다. 그는 소박하고 꾸밈없으며 진실한 사

람이었지만 교황청의 충직한 일꾼이기도 했다. 자라는 숫자를 이해하는 사업가였다. 둘은 프란치스코 교황의 정책에 공감했지만 성향이 너무 달랐고, 오해가 생길 수밖에 없었다. 자라는 전략을 세웠고 면담이 끝나고 48시간 만에 국무원으로 화해의 손을 내밀었다. 그는 파롤린과의 면담이 공식 기록에 남을 수 있도록 면담 내용을 길게 요약해서 파롤린에게 편지를 보냈다.

 친애하는 파롤린 예하께

지난 월요일에 만나 뵙게 되어 기뻤습니다. 어렵게 시간을 내주셔서 감사합니다. 보편 교회를 이롭게 할 개혁을 추진하는 고무적인 일에 예하를 도울 수 있어 영광입니다. 우리가 함께 논의한 여러 가지 내용들 중 일부에 대한 견해를 말씀드리려고 합니다. (…)

4) 국무원 회계. 오늘 아침이 되어서야 저희가 요청드린 회계 자료에 대한 답변을 받았습니다. 덕분에 통합 회계를 만드는 저희의 수고를 반으로 줄일 수 있게 되었습니다. 교황청 재무심의처는 예하께서 보내주신 편지에서 1번으로 언급된 부서들의 재정 증명서나 기타 정보들에 대해 사본을 갖고 있지 않다고 확인해줬습니다. 저희는 해당 정보가 없으면 일을 계속 진행하는 것이 불가능합니다.

아기예수병원의 경우, 교황청 재무심의처에 마지막으로 재정 증명서를 제출한 때가 2006년이었습니다. 프로피티 씨가 교황청 재무심의처에 보낸 재정 관련 내용의 서신을 여기에 첨부합니다.[8] 마치 멈추지 않고 도는 회전목마 같습니다. (…) 다시 한 번 말씀드리지만, 저희는 매우 고무적인 개혁을 추진하고 있습니다. 그렇기 때문에 거센 반발과 저항에 부딪히는 것이 정상입니다.

예하와 저는 가장 원활한 방식으로 교황 성하의 뜻을 이행할 결의에 차 있다는 것을 압니다. 하지만 모든 사람이 사태의 심각성과 시급성을 이해하지 못하고 있다는 것이 분명해 보입니다. (…) 저희가 함께 추진하고 있는 이번 민감한 일에 이로운 해결책을 찾아주시길 간청드립니다. 저는 1월 20일 로마로 돌아갑니다. 필요하다면 그때 다시 만나 뵙죠. 어려운 임무를 수행 중인 예하를 온 마음으로 지지한다는 사실을 기억해주십시오.

– 최선을 기원하며, 조[9]

05

보라색의 의미

　같은 기간 동안 파롤린은 감사관들로부터 예산이 거부당한 이유에 대해 해명을 요구받았다. 재무 관련 서류에 대한 일곱 장짜리 비평문이었다. "전반적인 관성의 힘이 작용하고 있습니다. 변화의 기미나 교황청의 재산을 잘 관리하려는 책임의식 같은 것은 보이지 않고, 예산 내에서 지출하려는 구체적인 행동도 없습니다."

　예를 들어 교황청의 재산과 관련해서는 '자산 유지 관련 일자리 계획, 임대 사업의 효율화, 외부 업체 선정 절차의 명료화처럼 반드시 필요하지만 누락되어 있는 정보'에 대한 요청이 있었다. 예산안은 특히 금융 부문과 인사 부문이 수정되어야 했다. 그전까지 예산안은 묶여 있을 수밖에 없었다.

고용 동결, 노동력 배치, 은퇴자 교체, 초과 근무, 승진, 임금 인상의
제한을 염두에 두고 인건비 항목 재작업.

마침내 국무원과 APSA, 바티칸시국이 협력하기로 했다. 그들은 모든 질문에 대답했고, 예산안도 수정해서 1월 14일 추기경 회의가 열리기 직전에 제출했다. 예산안 안에 자료와 정보가 담겨 있기는 했지만 국무원이 감사에 필요해서 요청한 서류들은 여전히 미동도 없었다. 1월 11일 자라는 파롤린에게 접근해 다시 한 번 그가 수장으로 있는 조직의 하위 기관들의 재정 증명서를 요청했다.

국무원장은 압박감을 느꼈지만, 프란치스코는 물러서지 않았다. 다음 날, 파롤린은 교황으로부터 무한한 신뢰를 받고 있음을 재확인받았다. 미사 저녁 기도 중에 2월 22일 추기경회의 때 교황으로부터 추기경으로 임명될 열아홉 명의 고위 성직자 가운데 한 명으로 파롤린의 이름이 불렸다. 이로 인해 여러 교회의 책임자들이 바뀌었다. 신임 추기경 파롤린은 자라에게 다음과 같이 이메일을 보냈다.

친애하는 자라, 조
추기경 임명을 함께 축하해주셔서 감사합니다. 책임과 과제가 하나
더 늘었습니다. (…) 보라색은 순교의 색입니다. (…) 저를 위해 기도
해주십시오! 저를 대신해 가족분들께도 안부와 축복의 인사를 전

해주십시오. 앞서 보내신 두 건의 이메일을 받았습니다. 감사합니다. 그 이메일을 보내기 전에 저를 만나주신 것도 감사합니다. 성하의 뜻을 따라서 함께 일하고자 하는 저의 의지를 다시 한 번 확인시켜 드리고 싶습니다. 제가 보기에 가장 시급한 사안은 4번과 5번 항목인 COSEA의 재정에 관한 요청인 것 같습니다. 5번 항목은 제가 내일 교황 성하께 직접 말씀드리겠습니다. 이와 관련해서는 신속하게 해결될 수 있을 것입니다. 4번 항목과 관련해서는 당혹스럽습니다. 필요하신 문서를 정확히 어떻게 되찾을 수 있을지 모르겠습니다. 특히 기한이 얼마 남지 않은 상황이라서 말입니다. 내일 다시 한 번 이 사안에 대해 논의해보도록 하겠습니다.

발다 예하가 직접 연락해서 진행 절차를 보셔도 괜찮습니다. (⋯) 다음번에 로마에 머무르실 때 시간을 내 뵙도록 하지요. 일의 진행 상황에 대한 이야기도 나누고요. 여러모로 감사드립니다. 모든 일을 신의 손에 맡기고, 우리가 언제나 신의 뜻에 따라 행동하고 가톨릭교회의 더 큰 선을 위해 행동할 수 있게 도와달라고 하느님께 기도합시다.

- 따뜻한 안부를 건네며, 피에트로 파롤린

하지만 국무원장이 바라는 대로 상황이 그리 간단치는 않았다. 48시간 뒤에 자라가 그에게 답신을 보냈다.

국무원으로부터 재정 정보를 얻어내는 일은 어려워 보입니다. 지난 밤 저는 프로피티로부터 재정 문서를 받았습니다. 놀랍게도 그는 제게 보낸 편지에서 국무원장에게 발송했다고 말하더군요. 그의 편지를 여기에 동봉하였습니다. 또한 지난 1월 4일 예하께서 보내신 서신에 언급된 부서들과 관련해 드릴 말씀이 있습니다. 교황청 재무심의처는 이를 비롯한 어떤 정보도 갖고 있지 않습니다. 국무원이 이미 이 자료들을 갖고 있다고 해도 저희는 이제 이 부서들에 직접 서신을 보내려고 합니다.

이제 지난 1월 3일에 제가 보낸 서신인 국무원의 은행계좌 관련 항목에 대해 말씀드릴 것이 있습니다. 예하께서 보내주신 답신에는 해당 항목에 대한 언급이 없습니다. 저희가 교황청의 재정에 대해 전체적인 그림을 완성하려면 이 정보가 반드시 필요하다는 사실을 알고 있으시겠죠. 국무원이 기밀계좌를 가지고 있을 수도 있다는 사실은 존중합니다. 하지만 저는 다른 계좌들에 대한 정보를 요청하고 있습니다. 제가 수행하고 있는 이 일이 얼마나 어려운 일인지 예하는 이해하실 겁니다. 교황 성하의 바람과 임무를 실현하는 과정에서 제가 맞닥뜨리는 저항에 대해서도요. 예하께서 관리자들 사이에 개입해 일을 도와주신다면, 그보다 더 감사할 일은 없습니다.

– 행운을 빌며, 조

이제 이 교착 상태를 끝낼 수 있는 사람은 프란치스코 교황뿐이었다. 맥킨지의 컨설턴트들은 주간보고서에서 다음과 같이 말했다.

≫ 국무원의 현재 상황 :
- 국무원장은 서신을 통해, 요청받은 재무 정보 중에서 아무것도 제공할 수 없다는 견해를 밝혔다.

≫ 다음 단계 :
- 공유받지 못한 계좌들에 대해 교황 성하로부터 지시사항을 하달받았다.
- 파롤린 예하와 연락을 유지한다.

파롤린은 COSEA이든 종교 사업 기구 자문 위원회든 바티칸은행이든 결코 굳게 믿지는 않았다. 그는 2014년 2월에 한 일간지와의 인터뷰에서 다음과 같이 말했다.

교황청은 종교 사업을 실현하는 곳이지, 권력과 통제의 중심이 아닙니다. 우리의 손에는 언제나 크든 작든, 권력 남용의 위험이 도사리고 있습니다. 교황청은 이 위험으로부터 자유로울 수 없습니다. '너희는 그러지 않을지니.' 성경은 우리에게 이렇게 경고합니다. 매우 어려우면서도 우리를 해방으로 이끄는 이 말씀을 로마 교황청이 본보기로 삼아 행동해야 합니다. 비록 제약과 결점들이 존재한다고 해도 말입니다.

제가 강조하고 싶은 점은 우리가 반드시 필요한 구조 개혁을 행하고 있지만, 개인의 완전한 전향도 반드시 함께 이뤄져야 한다는 겁니다. 여러 위원회들이 있습니다만, 그것들은 한정된 조건과 업무를 가지고 있습니다. 그들의 목적은 명시된 기능적 틀 안에서 교황과 8인의 추기경에게 견해와 제안을 내놓는 것에 있습니다.[10]

자라의 재촉으로 교황이 직접 개입한 덕분에 1월 30일 위원회는 마침내 교황청의 얽히고설킨 재정망과 관련해 스물아홉 쪽의 불완전한 답변을 받았다. 드디어 무언가가 깨졌다. 위원회 사람들은 일의 막바지에 이르러 마침내 상대방이 와해됐다는 사실을 감지할 수 있었다. 교황의 개입 덕분이었다. 그들 사이에 상호 불신이 피어나고 있었다.

한편 교황은 생각에 잠겼다. 고통스러운 결정을 내려야 할 때 그는 아무도 없는 곳을 찾아 마음을 가다듬으며 힘과 집중력을 얻곤 했다. 그는 십자가상, 성모마리아상, 자비와 희망을 베푸는 성 프란시스코의 성화, 잠이 든 성 요셉의 상이 있는 자신의 단출한 방에서 기도를 드렸다.

교황청은 질책받을 만했다. 일단 묶여 있던 예산이 풀리자, 가톨릭교회 재정의 앞날에 대한 교황의 근심을 모든 공동체가 공감해야 했다. 교황은 필요하다면 강제로라도, 서면상으로만 존재해온 변화를 실행에 옮겨야 했다. 위험은 점점 더 커져 갔다. 부유한 국가들의 경제가 기울면서 그들이 로마의 가톨릭교회로 보내는 성금이 줄어들었다. 또 한편으로 프란치스코 교황이 재임한 이후에도 바티칸시국의 지출은 계속 증가했다. 이 모든 일이 비공개로 진행되는 동안 신실한 순례자들은 계속해서 성 베드로의 광장을 찾았다. 교황의 말씀을 실행에 옮기는 일이 얼마나 힘든 것인지 알지 못한 채로.

프란치스코 교황은 즉시 행동해야 한다는 것을 깨달았다. 필요하다면 극단적인 조치를 취해야 했다. 그는 가장 주요한 사안으로 인사 문제에 대해 호소하기로 결정했다. 고용과 인사 배치에 대한 그의 호소가 완전히 무시되었을 뿐 아니라, 무엇보다도 보호벽 내에서 생활하고 일하는 사람들의 일상적인 지각을 가장 크게 바꿀 수 있는 것은 인사 조치였기 때문이다. 모두가 사태의 심각성을 깨닫고 교황이 내놓은 약속들이 진심이었음을 깨닫게 만들 극적인 인사 조치 말이다.

교황은 파롤린을 소환해, 전 교황청에 긴급 조치를 시행하도록 지시했다. 압박이 더해졌다. 2014년 2월 13일 국무원장은 감축되어야 할 항목들을 전부 적은 쪽지를 보냈다. 파롤린은 교황청의 각 부처를 이끄는 추기경들에게 보내는 문서에서 위기에 대해 언급하고 다음의 내용을 촉구했다.

경제적 위기라고 불리는 이 어려운 시기에 예산에 맞춰 인사 관련 지출을 관리하기 위한 조치를 즉시 도입함으로써, 우리의 의사 결정이 교황 성하와 보편 교회의 뜻을 실행에 옮기는 온 공동체의 유지를 보장하게 해야 한다.

프란치스코는 부서 간 인사이동이 더욱 자유롭게 이뤄져야 한다고 촉구했다. 또한 초과 근무와 임시 계약직의 연장, 신입 전문가 채용, 진급, 고용을 금지했다. 누군가 은퇴하고 난 다음의 빈자리에 대해서 파롤린은 '우리 직원들은 동료가 더 이상 수행하지 않게 된 업무를 너그러이 끌어안아야 한다'고 충고했다. 하지만 궁극의 목표는 여전히 요원했다.

"가난한 교회로, 가난한 사람들을 위해 봉사하길 원합니다." 프란치스코는 2013년 3월 16일 언론과의 면담에서 진솔하게 말했다. 교황청의 많은 사람들이 교황의 그 말을 기억했다. 그들은 바티칸은행의 회장 마르친쿠스 몬시뇰의 악명 높은 발언과 프란치스코 교황의 말을 대조하곤 했다. 그는 종종 '성모 마리아에게 바치는 기도만으로 교회를 운영할 수는 없다'고 비꼬는 듯이 말하며, 역사의 어두운 시기에서나 우위를 점했을 법한 마음가짐을 퍼뜨렸다. 현재 교황청의 한구석에 여전히 도사리고 있는 그런 상태 말이다.

PART 10

전쟁 제2막 :
떠오르는 펠 추기경

MERCHANTS
IN THE TEMPLE

"우리 모두가 결코 모함하지 않기를. (⋯)
우리를 적대하는 자들을 사랑하기를.
우리는 우리를 해하는 자들에게 복수하지 말아야 하고,
더 나아가 그들을 잘 대해야 합니다."

- 프란치스코 교황 -

01
프란치스코의 혁명 :
경제사무국과 경제평의회

　2014년 2월 21일, 프란치스코는 취임 후 첫 추기경 회의를 기념해 열아홉 명의 추기경을 임명했다. 또한 반성과 기도의 시간에는 국가 재정비에 관해 최종적인 사항들을 명확히 했다. 그가 자신의 방에 갖고 들어온 서류 가운데에는 COSEA 위원회가 준비해 2월 18일에 전달한 여섯 쪽짜리 문서도 있었다. 이 문서의 제목은 '경제적·행정적 기능들의 조율 구조에 대한 제언'이며, 이 작은 국가를 개혁할 일련의 제안을 포함하고 있었다.

　긴장되고 어려운 순간이었다. 앞서 같은 달 3일, 프란치스코는 COSEA의 성과에 대한 최종 보고서를 전달받았다. 결정적인 실패 요소들과 위험성에 대한 소견이 담겨 있었다. 보고서의 어조는 단호했다.

교황 성하께 올리는 마지막 제언

- 통치와 통제, 전문성의 부족은 APSA에 심각한 위험을 초래할 수 있습니다. 이런 위험을 다루는 92개의 권고사항이 있습니다. COSEA는 필요성이 확인된 부분에 대해 적절히 사법 당국을 개입시키는 방안을 제안합니다.

- 각각의 영리활동에 대한 구체적인 권고사항과 행정부의 향후 구조에 관한 제안이 마련되어 있습니다. 간추린 보고서에는 바티칸 내에서 소득세와 부가가치세를 부과할 경우 예상되는 장점과 단점에 대한 질적 분석이 포함되어 있습니다.[1]

2월 23일 일요일 아침, 세인트 피터스 광장이 순례자들로 가득 찼다. 1년 전 즈음 시스티나 성당에 그려진 미켈란젤로의 천장 벽화 아래에서 아르헨티나 출신의 예수회 추기경을 차기 교황으로 뽑기 위해 모였던 추기경들이 다시 로마로 돌아왔다. 교황은 성 베드로 대성당에서 낭독할 연설문을 고심하며 작성했다. 그는 막 임명한 열아홉 명의 추기경과 참석할 예정이었다. 교황은 신임 추기경들에게 힘주어 말했다.

"형제들은 궁전에 입성하는 것이 아니라 로마 교회에 들어서는 것입니다. (…) 우리 모두가 궁전에서 행해지는 관습과 행동 양식인 모함, 험담, 파벌, 편애, 편파를 피하고 또한 남이 피할 수 있도록 돕기를."

베드로의 후계자인 그가 잠시 말을 멈춘 다음, 내부 갈등의 종식을 다시 한 번 강조했다.

"우리 모두가 결코 모함하지 않기를. (…) 우리를 적대하는 자들을 사랑하기를. 우리는 우리를 해하는 자들에게 복수하지 말아야 하고, 더 나아가 그들을 잘 대해야 합니다."

이 평화의 메시지는 15인 추기경 평의회 회의를 앞두고 긴장을 완화하는 동시에 당일에 극적인 움직임을 만들기 위함이었다. 15인 추기경 평의회는 요한 바오로 2세가 바티칸의 재정을 감사하기 위해 만든 기관이었다. 추기경 회의가 끝나면, 추기경들은 로마에 남아 감사관들이 거부한 2014년도 예산안에 대해 논의할 예정이었다. 예산안 관련 문서들은 이제 막 개정되었다. 교황이 직접 나서서 불필요한 외부 고문관을 없애라 지시했고, 인건비를 줄이기 위해 고용을 동결했다. 만일 추기경들이 지금 예산안을 승인하지 않으면, 교황청의 활동은 서서히 줄어들다가 완전히 정지될 수도 있었다. 추기경들은 상황을 잘 알고 있었지만, 상위 행정부가 신설되면 자신들이 옆으로 밀려날 것이라는 사실은 미처 모르는 사람도 있었다. COSEA와 8인 추기경 자문단의 언급에 따라서 새로운 발전이 준비되고 있었다.

2월 24일의 비밀회의는 녹취되어 역사에 기록되었다. 수십 년간의 교착 상태 끝에 마침내 교황청의 가장 중요한 개혁이 교황에 의해 발표될 예정이었다. 추기경들은 회의실에 앉아 그 소식을 듣기 위해 기다렸다.

프란치스코가 가장 먼저 앞에 나섰다. 그는 여느 때처럼 담백하고 직설적인 어조로 중대 사안을 발표했다.

추기경 회의 중에 저는 재정을 지휘할 경제사무국을 신설하기로 결심하고, 오늘 저는 국무원에 조직 신설에 관한 서류를 제출했습니다. 교황 친서에 서명했으며, 펠 추기경에게 경제사무국의 국장직을 맡아달라고 부탁했습니다. 원장이 맞는지 국장이 맞는지 정확히 모르겠습니다. 용어에 대해서는 더 들여다봐야 할 것 같습니다. 서류에 적혀 있지만 잘 기억이 나지 않는군요. (…)

한 교회의 장이었던 펠 추기경으로서는 권력이 축소된 것입니다. 교회를 떠나 은행가가 되는 것이니까요. 하지만 그는 주저 없이 나의 부탁을 수락했습니다. 정말로 그에게 감사합니다.

저는 국무원과 협력해, 행정 조직의 고유성을 유념하며 오늘 날짜로 서명했습니다. 예를 들어, 바티칸시국의 행정처가 하는 일이 시성을 담당하는 부서와 같을 수는 없습니다. 포교성성 또한 특수성을 띠고 있습니다. 헌금을 받는 조직이기 때문이지요. (…) 제가 15인 추기경 평의회 위원들에게 개인적으로 드리고 싶은 말씀은 15인의 추기경 대신에 8인의 주교 및 추기경과 7인의 평신도로 이 조직이 구성될 것이라는 점입니다.

교황의 말이 끝나자 추기경들은 박수갈채를 보냈다. 열다섯 명의 구성원 중 일곱 명은 차출된 전문가로서, 단순히 자문관 역할만 하는 게 아니라 종교인들과 동등한 위치에서 투표권을 갖게 되는 것이었다. 프란치스코는 종교 지도자와 평신도 사이의 위계질서를 없애겠다는 의사를 구체적이고 분명하게 밝혔다. COSEA는 프로몬토리와 맥킨지의 컨설턴트들과 함께 이 문제를 수개월 동안 연구했다. 이는 급격한 변화였다. 역사상 최초로 평신도들이 바티칸 재정의 닫힌 세계, 불가침의 세계로 들어가는 순간이었다.

파롤린이 오른손을 살짝 들었다. 그는 모두의 시선을 끌며 교황에게 감사 인사를 전했다.

교황 성하, 와주셔서 감사합니다. 오늘 보여주신 소통에도 감사드립니다. 저희의 협력 의사를 다시금 보여드리기 위해 이 자리에 있습니다.

프란치스코 교황이 말했다.

그것에 대해서는 나도 잘 알고 있습니다. 여러분이 COSEA와 어떻게 협력해왔는가를 지켜봤습니다.

02

새로운 조직의 설립

이 중대한 회의의 내용은 모두 녹취되었다. 나는 이에 대한 단독 접근 권을 얻어낼 수 있었고, 그중 일부를 공개한다. 이를 통해 우리는 처음 으로 추기경들의 비밀회의 속으로 들어가 가톨릭교회 내부에서 일어나 고 있는 재정 문제를 더 잘 이해할 수 있을 것이다.

파롤린   정말 고맙습니다. 교황 성하께서 펠 추기경에게 행운을 비 셨습니다. 우리도 그가 임명된 것을 축하합니다. 권력의 축 소를 의미한다고 해도 마찬가지입니다. 그는 봉사정신으 로 새로운 책임을 수락했습니다.

추기경 A   이 조직을 즉시 공개할 건가요?

파롤린	교황께서 말씀하시길, 아직 공개되지 않았습니다. 저도 이에 대해 잘 모르고 있었습니다. (…) 제 생각엔 며칠 후에 공개될 것 같습니다. 펠 추기경께서는 좀 더 알고 계실 겁니다.
추기경 B	물론입니다. (…) 펠 추기경께서는 모든 걸 알고 계시겠죠 (웃음).
펠	오늘이나 내일 중에 공개될 것 같습니다. 교황께서 발표하셨으니, 여러분처럼 저도 이미 공개된 것과 마찬가지라고 생각합니다. (…) 하지만 교황 성하의 말씀으로는 오늘이나 내일 중에 <로세르바토레 로마노>를 통해 공식 발표한 뒤에 일을 추진해나갈 것이라고 합니다.
파롤린	고맙습니다. 아마도 내일이 될 것 같네요. 모든 절차를 밟으려면 최소 하루는 걸릴 테니까요. 하지만 교황께서는 자필 증서를 오늘 제출하셨다고 합니다. 이를 처리하고 다시 국무원에 올려 보낸 후 언론 보도를 준비하는 데 최소한의 시간이 걸릴 겁니다.
추기경 C	오늘이 나을 걸요. (…) 그렇지 않으면 바티칸 전문 기자인 토르니엘리(Tornielli)가 오늘밤에 모두에게 말해버릴 테니까요(웃음).
펠	맞습니다. 오늘 해야 합니다. 이미 언론 보도는 준비되어 있습니다. 이제 우리는 새로운 세계에 있습니다. 모두가 협

	력하고 있고요. 다만 이번 언론 보도는 신설 조직이 직접 발표해야 합니다.
파롤린	문제없습니다. 모든 것이 잘 진행되고 있는지 제가 나서서 확인해봐야 합니다. 어쩌면 예산안을 발표하는 동안에 제 책상에 서류가 놓여 있을지도 모르니까요. 일단 한번 가서 보겠습니다. (…) 일이 이렇게 급박하게 돌아가니…. 혹시 우리가 계속 논의를 이어나가야 할까요?
추기경들	아닙니다. 괜찮습니다.
파롤린	그럼 오늘은 여기서 마무리 짓는 것은 어떨지…. 더 하실 말씀이 있나요?
펠	감사합니다, 추기경님. 오늘은 회의를 더 이상 이어나가는 게 의미가 없을 것 같습니다. 다만 최소한 향후 2, 3개월 동안 어떤 정책을 펼 것인지에 대해서는 명확히 해야 합니다. 일단 일부 규정은 그대로 남겨두고, 6, 7월 즈음 추기경과 주교, 평신도로 구성된 새 위원회가 회의 열기를 기대해보죠. 위원회는 반드시 설립되어야 하며, 교황께서도 가능한 한 신속히 진행하길 바라십니다. 그때까지는 지금 그대로 놔두는 것이 바람직할 것 같습니다. 여러분의 의견도 듣고 싶습니다.

추기경들은 방향을 잃고 더욱 혼란스러워했다. 만약 교황이 위원회

를 억누르는 것이라면, 이제까지 그들이 긴급히 승인받으려 한 예산안은 어떻게 되는 것인가? 모든 것이 마비될 위험에 있었다.

새 조직이 나머지 모든 조직들의 질서를 어지럽히는 한편 2014년 예산안을 승인하는 위원회는 모든 힘과 특권을 잃어버렸다. 교황청의 경제 및 재정의 생명은 반드시 이어져야만 했다. 건설 작업이 허가를 받고, 공급사들이 설립되고, 전문가들의 조언이 재고될 필요가 있었다. 추기경들은 무엇을 해야 할지 모르고, 누가 결정을 내려야 할지도 막막해했다.

03
추기경들의 대립

15인 추기경 평의회의 회의를 통솔한 것은 파롤린이 아니었다. 2013년 봄에 프란치스코 교황의 오른팔 역할을 하기 위해 교황청에 들어온 시드니 출신의 야심가 펠 추기경이 15인 추기경 평의회를 지휘했다. 그는 남을 신뢰하기보다 자신의 믿음에 따라서 결정을 내리고 책임을 지는 사람이었다. 그는 주교대의원 회의의 의장이었고, 교황의 뜻에 따라 바티칸 재정을 담당하는 기관의 새 수장이 되었다.

고향에서 소아성애자 신부들을 감쌌다고 비난받았던 펠 추기경이 이렇게 큰 역할을 맡게 될 것이라 예상한 사람은 거의 없었다. 2013년 4월 프란치스코는 펠 추기경을 둘러싼 비난을 무시한 채, 보편 교회와 교황청 개혁에 대해 교황에게 조언해줄 8인의 추기경으로 그를 임명했다. 펠은 하루하루 교황청을 지휘하기 위한 변화를 준비하고 있었다. 이를 두고 권력이 축소되었다고 할 이는 없을 것이다. 바티칸의 모든 사람들이 그가 경제권을 쥐고 있다는 사실을 알았다.

그는 경제사무국의 국장으로 임명된 지 얼마 되지 않아, 15인 추기경 평의회 모임에 참석했다. 경제사무국 신설이 공표된 이후로 줄곧 추기경들 사이에는 우려와 불신이 커지고 있었다. 호주 출신의 펠 추기경과 교황청 재무심의처 처장 베르살디와 바티칸시국의 장관 베르텔로가 이끄는 오래된 세력, 신임 국무원장 파롤린 사이에 팽팽한 힘겨루기가 있었다. 추기경들은 어서 예산안을 통과시키고 이 상황을 마무리 짓고 싶어 했다. 하지만 펠 추기경은 격렬히 거부했다.

베르살디	설령 공식적으로 필요한 일이라고 해도 우리는 조심스럽게 단계를 밟아야만 합니다. 어쩌면 자유가 아니라 무법을 초래할 수도 있습니다. (…) 우리 각자는 펠 추기경이 여전히 권위와 자율성을 갖고 있는지 알고 싶습니다. (…) 예를 들어 펠 추기경이 여전히 회계감사의 권한을 갖고 있나요? 또한 우리가 이것을 계속해야 할까요?
파롤린	먼저 교황 친서가 이 사안에 대해 무슨 말을 하는지 봐야 합니다. 우리는 모르기 때문에 이 문제에 대답하는 것이 불가능합니다. 하지만 제게 논리적으로 보이는 것은 새 기관이 운영을 시작할 때까지 이전과 똑같이 일이 돌아가야

한다는 겁니다. 저는 단지 논리적인 원칙에 입각해 말씀드리는 겁니다.

펠   교황 친서는 세계가 변화했다고 적을 겁니다. 우리는 명백히 앞으로 나아가야 합니다. 대화를 통해서 점증적으로 말이죠. 수많은 논의가 있어왔으며, 앞으로도 계속되어야 합니다. 어느 누구도 개혁을 단행하고 싶어 하지는 않습니다. 하지만 계속 예전처럼 똑같이 할 수 있다고 생각하는 것은 명백한 착각이죠. 세상은 변했습니다. 교황청은 반드시 존립해야 합니다. 그렇기 때문에 여러분의 협력을 구하는 것입니다. 협력이 없다면 교회의 선을 달성하는 일은 불가능합니다. 우리가 원하는 것은 오로지 교회의 선뿐입니다.

파롤린   치프리아니 추기경님이 바라셨던 것은….

어떤 목소리   하지만 한 가지 여쭤보고 싶은 게 있습니다. (…) 칼카뇨로부터 자유로워진다면 나는 기꺼이 교수직으로 돌아갈 것입니다. 당신이 나를 죽이지 않는다면요.

치프리아니   의심스러운 것은 우리가 이렇게 하는 유일한 이유가 예산을 통과시키기 위한 것인가 하는 문제입니다. (…) 만약 펠 추기경께서 생각하시기에 두세 달 동안 예산을 통과시킬 방법이 있다면, 왜 지금 아무것도 통과되지 않고 있지요? 우리는 당장 앞으로 나아가야 합니다. 그렇지 않으면 그들이 내일 무슨 일을 할까요? 저는 모르겠습니다.

펠   제가 보기에 한 가지는 명백합니다. 세 달 동안 임시로 예산을 통과시킬 수 있다면 그것은 유용할 뿐 아니라, 꼭 필요한 일입니다. 교황청이 계속 살 수 있으려면 말이죠….

베르살디   우리에게 주어진 문서를 들여다봅시다. 개정된 예산안인데요, 이것을 국무원장이 편지에 적어 보낸 교황의 인건비 감축 기준과 비교해봅시다. 만약 우리가 2,500만 유로(324억 5,600만 원)의 적자를 적어 제출했던 예산안이 승인 거부당한 것을 고려해 이를 1,000만 유로(129억 8,200만 원)로 축소시킨다면, 치프리아니 추기경의 제안처럼 국무원의 기준에 부합하여 예산안을 승인받을 수도 있을 겁니다.

펠   지금로서는 우리의 현주소가 어디인지를 알기 위해 바꿀 수 있는 것은 거의 없다고 생각합니다. 우리는 앞으로 세 달 동안은 어떤 큰 혁명도 원치 않습니다….

칼카뇨   고맙습니다. 먼저 우리의 협력 의지는 지난 몇 개월 동안 프로몬토리, COSEA와 협력했을 때만큼 충만하다는 것을 다시 한 번 확인시켜 드리고 싶습니다. 그래서 말인데 만약 교황청의 일상적인 활동을 위한 예산이 오늘 통과된다면, 이는 APSA가 존립하느냐 마느냐의 문제일 뿐 아니라, 교황청이 반드시 앞으로 나아가야만 하기 때문일 겁니다. 당신께서 책임지고 이끌어나갈 새 조직은 분명 책략과 제안 등을 만드셔야 하겠지요.

어느 추기경　책략….

칼카뇨　(…) 하지만 기본적으로 예산안은 현재 연도의 틀 안에서 결정되어야 합니다. 이미 올해가 시작되었으니까요!

펠　(…) 우리의 현주소는 한 해의 예산을 승인하는 게 아닙니다. 임시의 무언가를 통과시켜야죠.

발리니　(…) 새 조직은 우리에게도 친숙한 도구를 마련할 겁니다. (…) 펠 추기경이 이 모든 일이 이미 완료되었고 교황의 친필 자발 교령에 따라 우리가 오늘 아침에야 듣게 된 새 조직의 기능을 규율할 법령이 마련되었다고 말해주지 않는 한….

마이즈너　형제님들, 저는 먼저 오랫동안 우리와 함께한 펠 추기경의 앞날에 축복이 있기를 바랍니다. 우리는 같이 열심히 일해 왔습니다. 새로운 해결책을 찾은 것이 매우 기쁩니다. 시드니에서 로마로 오는 길은 고난의 길이 아니라 승리의 행진이어야 합니다. 우리는 새로 개정된 예산을 받았습니다. 우리가 오늘, 그리고 내일 해야 하는 일은 새 조직이 아니라 예산안에 관한 것입니다. 그리고 결과를 도출해야 합니다.

펠 추기경은 교황의 자발 교령을 인용했다. 교황 자발 교령의 제목은 누가복음의 한 구절인 '믿음이 있고 사려가 깊은 관리자'를 포함하고 있었다.

교황청의 경제와 재정을 맡는 일은 교황을 보편 교회의 성자로 모시는 일뿐 아니라, 인류 발전의 관점에서 공통의 선에 어떻게 부합할 것인가 하는 우리의 임무와 긴밀히 연결되어 있습니다.

신설된 경제사무국은 재정 계획을 맡고, 당장에 예산안을 준비하게 되었다. 이 조직은 경제를 관리하고 교황청과 바티칸시국을 감시하는 책임을 맡았다. 이런 역할들은 원래 국무원에서 하는 일들이었지만 이제부터 국무원은 오로지 외교관계에만 관여하며, 국무원과 경제사무국은 동등한 지위를 갖게 되었다. 둘은 교황 성하의 부름에 즉시 응답해야 하며, 파롤린과 펠은 함께 일해야 했다. 하지만 둘의 사이는 그리 좋지 않았다. 교황은 펠이 포함된 8인 추기경 자문단을 확장해 파롤린을 포함시킬 생각은 없었다.

경제사무국의 설립은 국무원뿐 아니라, 경제 관련 조직들에도 충격을 안겼다. 감사 기관의 창립이 모든 회계를 통솔하게 되면서, 교황청 재무심의처는 결과적으로 무효화되었다. 2014년 7월부터 APSA는 둘로 나뉘어 원래의 역할에 대한 관할권을 잃고, 펠 추기경에게 넘겨주게 되었다. 이제 이 조직은 중앙은행으로서의 기능만을 수행하게 되었으며, 주택과 사무실, 궁전 등의 막대한 부동산에 대해서는 통제권을 잃었다. 하지만 이 계획 또한 순조롭게 시작되지 않았다.

바티칸은행의 비리가 터지고 나서, 프란치스코는 이 문제에 관여하지 않기로 했다. 이는 경제사무국의 관할 범위 밖에 있었다. 경제사무국은 내부 회계에 대해서는 완전한 통제권이 없었다. 롬바르디 신부는 기자회견을 통해 '바티칸은행은 이번 재조직 사업과 관련이 없으며, 재조직 사업은 훨씬 더 넓은 경계를 갖고 있지만 바티칸은행에 대해서는 계속해서 연구와 성찰을 할 것'이라고 말했다.

04

예산안을 언제
승인할 것인가?

회의가 막바지에 이르고 있었다. 누군가가 나서서 예산안 거부를 둘
러싼 교착 상태를 끝내야 했다. 가장 현실적인 제안은 밀라노의 대주교
인 안젤로 스콜라(Angelo Scola) 추기경으로부터 나왔다.

스콜라	우리는 1년짜리 승인이나 2, 3개월짜리 승인을 내줘선 안 됩니다. 예산안을 고칠 수 있는 상황이 되면 그때 가서 다시 고치고 제출할 것입니다. 안타깝게도 저는 내일 오후부터 회의에 참석할 수 없습니다. 밀라노는 결코 작은 교구가 아닙니다. 저는 벌써 8일이나 자리를 비우고 있습니다.
파롤린	내일은 다들 여기에 없을 겁니다.

스콜라	그렇다면 961만 2,000유로(124억 7,900만 원)를 절약하는 것을 추천하며, 논의를 그만 끌고 싶네요. 저는 개정된 예산안을 승인합니다.
통	저도 조지 펠의 신임을 축하합니다. 저는 신설 기관이 두 가지에 집중하기를 바랍니다. 첫째, 일련의 표준들을 점진적으로 만들어가려는 노력을 해주십시오. (…) 임금 등급표도요. (…) 모두가 공짜로 일하기를 기대할 수는 없지 않겠습니까.
펠	사람들이 예산안 짜는 법을 배우려면, 그들을 파리나 마드리드에 보내 행정, 경제와 관련된 단기 또는 장기 과정을 수강하게 할 수 있을 것입니다. 우리는 효율과 절약에 대해 많은 일을 할 것이지만, 종교나 영적인 영역에는 개입하지 않을 것입니다. 교황께서 말씀하신 것처럼, 우리는 은행가일 뿐입니다.
파롤린	좋은 말씀을 해주셨습니다. 셰레르 추기경님.
셰레르	우리가 위원회로서 할 일은 끝났다는 것을 이제 더 분명히 이해하게 되었습니다. 예산안을 승인할 것인가 말 것인가 하는 문제에 관해 이미 오랫동안 기다려왔습니다. 필요하다면 2개월 정도 더 기다릴 수도 있습니다. (…) 하지만 한 가지 말씀드리고 싶은 것이 있습니다. 예산안을 짤 때 몇 가지 규칙과 일반적인 원칙을 세워놓는다면 매우 유용

할 것입니다. 그렇지 않으면 모든 사람이 각자 마음에 드는 방식으로 예산안을 만들 것입니다.

펠　우리는 사람들을 앞혀놓고 이렇게 말할 겁니다. '이번 해에는 이러이러한 이유로 이만큼의 돈을 지출했으니 이만큼의 직원만을 쓸 수 있습니다만, 결정과 책임은 당신의 몫입니다'라고요. (…) 만약 그 이상으로 지출한다면 다음해에 우리는 예산을 감축할 것이고 돈이 더 필요하다면 그들이 갖고 있는 비축금을 써야 할 것이라고 말입니다. 많은 곳에서 비축금이 충분하니 얼마나 다행입니까. (…) 교황청에는 지금 많은 과제가 있지 않습니까. (…) 하지만 우리가 알고 있던 것보다 훨씬 많은 돈이 있습니다. 회계 장부에는 결코 드러나지 않는 돈들이요. 이렇게 곳곳에 묻혀 있는 보물들이 있으니, 신께 감사드릴 일입니다.

파롤린　좋습니다. 회의를 잠시 중단하는 것도 괜찮을 것 같습니다. (…) 새 기관이 예산안을 내놓을 때까지 개정된 예산안으로 끌고 가지요.

이날 회의의 결론은 두 가지였다. 하나는 교황청의 경제 및 재정 구조와 관련된 교황청의 위계질서를 재편하는 일이었다. 다른 하나는 신설된 경제평의회가 예산안을 승인해야 한다는 것이었다. 펠 추기경이 전투에서 승리했다. 수개월 동안 예산안은 통과되길 기다리며 공중에 붕

떠 있을 것이고, 교황청은 재정적 지옥에 남겨지게 될 것이었다. 파롤린의 정책인 감사관들이 개정한 예산안은 프란치스코의 새 위원회가 행동을 취할 때까지 이어질 예정이었다.

교착 상태는 3월 21일까지 계속될 것이었다. 그때가 되면 칼카뇨의 오른팔인 루이지 미스토(Luigi Misto) 신부가 APSA에 보고했던 모든 부서를 대상으로 '최초에 계획된 지출을 바로잡고 수정함으로써 국제 감사관들의 견해를 반영해' 2014년 예산안을 다시 쓰도록 지침을 보내줄 것이다.

펠 추기경은 자신이 교황청의 비밀을 잘 알고 있다는 것을 확실히 언급했다. 그는 15인 추기경 평의회를 마무리하면서 그곳에 모인 추기경들에게 COSEA의 전문가들이 교황청의 재정을 낱낱이 밝혀냈다고 미리 경고했다. 교황청의 행정기관들이 회계 장부에 기록되지 않은 '땅에 묻힌 보물'을 갖고 있다는 사실 말이다. 정체가 베일에 싸인 예산 외의 보유금이 위기 상황에 있어 천우신조라고 착각하지 말라. 적자가 계속해서 불어나고 있는 지금, 앞으로 나아가기 위해서는 그것들을 계속 놔둘 순 없다.

2014년 3월 펠 추기경은 새 임무를 시작했다. 그는 종종 프란치스코 교황과 기밀회동을 해 경제평의회의 새 위원들로 누구를 뽑을 것인지에 대해 합의했다. 그는 말타로 날아가 자라를 만났다. 자라는 새 위원회의 5인의 평신도 위원 중 한 사람이 될 예정이었다. 나머지 2인의 평신도에는 자라의 친구인 이탈리아 출신의 프란치스코 베르미글리오(Francesco Vermiglio)가 있었다. 베르미글리오의 선정은 불만과 비판을 불러일으켰다. 잠재적 이익 충돌이 있었기 때문이다. 이탈리아 잡지 〈레스프레소〉의 조사에 따르면, 베르미글리오와 자라는 미스코 컨설팅 회사에서 파트너로 함께 일했다. 이 회사는 지중해의 작은 섬 말타에서 이탈리아인들의 투자를 촉진하기 위해 설립된 합작 벤처 회사였다.

15인 추기경 평의회에서 활동했던 추기경들 중에 새 조직에서 활동할 7인의 추기경도 확정되었다. 새 조직에서 활동할 고위 성직자들 가운데 새로운 얼굴은 두 명뿐이었다. 경제사무국의 사무실은 세인트 존 타워에 위치할 예정이었다. 이 타워는 바티칸 정원에서 가장 높은 곳에 위치한 중세 구조물이었고, 일반적으로 귀빈을 맞이할 때 사용됐다. 전체 시국에서 유일하게 사용 가능한 건물이었다.

물류를 담당하는 프란치스코의 개인 비서는 '컴퓨터 20대, 프린터 6대, 유선전화 21대, 전화 송수신용 스피커'를 마련했다. 그리고 4층에 있는 사무실과 인터넷으로 연결시켜 즉시 사용할 수 있도록 했다.[2] 또한 민감한 사안이 담긴 서류들의 보안을 위해서 주요 사무실에 파쇄기도 배치했다.

새 위원회는 2014년에 네 가지 주요한 일정이 있었다. 첫 일정은 교황청의 살라 볼로냐에서 5월 2일에 예정되어 있었고, 나머지는 각각 7월, 9월, 12월에 있었다. 첫 번째 일정에 참석할 참석자들의 좌석 배치도만 봐도 이미 무언가가 변화하고 있음이 감지되었다. 성직자들과 평신도들이 한자리에 앉는 것은 권력의 분배를 보여주는 일이었을 것이다. 하지만 안타깝게도 그런 일은 일어나지 않았다. 프란치스코가 선택한 이 조직은 서로 다른 문화와 배경 출신을 가진 강한 성격의 소유자들로 구성되어 독설과 악의적인 험담, 덫이 난무했다. 시간이 지날수록 최초의 야심 찬 기획은 점차 축소되어 갔다.

05

펠 추기경,
소아성애 스캔들의 생존자

요한 바오로 2세는 2003년에 펠을 추기경으로 임명했다. 과거가 논란이 되었던 터라 그의 추기경 승격은 그만큼 주목을 받았다. 베네딕토 16세는 2010년에 그를 언급하며, 그가 지오바니 바티스타 르(Giovanni Battista Re)가 정년퇴직하고 나면 주교회의 의장이 될 가능성도 있다고 말했다. 하지만 프란치스코가 처음 바티칸에 도착했을 때는 펠을 알지 못했다. 그들은 적어도 친구는 아니었다. 펠이 13대 주교회의의 의장으로 임명된 2012년에 만난 적이 있었을 뿐이었다.

프란치스코가 교황이 되자마자 펠은 15인 추기경 평의회의 위원이 되었다. 이 위원회는 존엄한 기관임은 틀림이 없지만, 대단한 권력을 갖고 있지는 않다. 하지만 내부 감사에서 이 기관의 기능이 확대되며, 프란치스코 교황이 추진하는 부드러운 혁명의 손이 될 가능성이 있었다.

2013년 봄, 펠은 앞으로의 변화를 짐작하며 교황과 가장 긴밀한 관계를 유지하는 위원들이 누구인가를 알아내려고 노력했다. 그는 교황이 바라는 교황청의 새 분위기가 무엇인지 제대로 알고 있었으며, 바티칸을 재건하는 일에서 핵심적인 역할을 맡고 싶었다. 특별히 그는 프란치스코 교황의 좋은 친구이자, 바티칸은행의 차기 회장인 산토 아브릴 이 카스텔료 추기경과 시간을 많이 보내기 시작했다. 또한 교황청 재무심의처의 비서이자, 이후에 COSEA의 코디네이터가 되는 바예호 발다에게도 접근했다. 바예호 발다는 성모대성전의 비리를 시작으로 폰티프에게 치명적인 결점들을 보고했던 고위 성직자였다. 마침내 펠 추기경은 온두라스의 수도 테구시갈파(Tegucigalpa)의 대주교이자, 당시 8인 추기경 자문단의 코디네이터였던 오스카 로드리게스 마라디아가와 확고한 관계를 발전시켰다.

펠을 비방하는 사람들의 주장에 따르면, 펠 추기경에게는 오로지 한 가지 목적만이 있었다. 소아성애와 관련된 호주 왕실위원회의 공격적인 조사를 피해, 시드니를 떠나 교황청에서 한자리를 차지하려 한다는 것이었다. 펠이 대주교로 있던 1996년부터 2001년까지 멜버른 교구 내에서 소아성애 건수가 매우 많이 보고되었다. 이 사안과 관련하여 펠은 조사관들에게 적극 협조하지 않고 오히려 교구 내의 신부들에게 피해 입은 아이들의 이야기를 은폐했다는 의심을 받았다.

또한 펠 자신도 1961년 사제의 미사 집전을 돕기 위해 복사 수업에 참여한 열두 살 학생을 성추행한 혐의를 받았다가 2012년 10월에 무혐의로 풀려났다. 그리고 그가 장관으로 임명된 지 얼마 되지 않아서 존 엘리스라는 전 복사가 펠을 상대로 고소장을 내기도 했다. 1974년부터 1979년 사이에 그를 고통스럽게 한 가해자가 이미 죽었으므로 폭력의 책임이 교회에 있다고 지목한 것이다. 그는 2007년 첫 번째 재판에서 패소했다. 조사 중 그의 몸에서 여러 상처가 발견되어 학대받았다는 것이 증명되었지만, 이 끔찍한 사건에 대해 교구의 법적 책임은 인정되지 않았다.

그는 법적으로는 깨끗했지만, 전 세계적으로 이미 뉴스거리가 되었다. 그를 고소했던 인물 중 가장 잘 알려진 사람은 피터 손더스(Peter Saunders)였다. 그는 어린 시절 영국 윔블던에서 학대를 받았다. 2014년 12월 프란치스코가 그를 수사보호 특별위원회에 보냈고 손더스는 계속해서 펠이 해임되어야 한다고 주장했다. 호주의 탐사보도 TV 프로그램에서 손더스는 펠이 발뺌을 하고 있으며, 그가 조사단의 질의에 응답하지 않고 있다고 말했다. "그는 성폭력의 피해자인 어린이들을 웃음거리로 만들었다. 펠은 아주 위험한 인물로 소시오패스에 가깝다고 할 수 있다. 그는 냉담하며 서늘한 심장을 갖고 있다."

또한 '멜버른의 대응'의 비판을 잊어선 안 된다. 이는 펠이 1996년 승인한 프로토콜로, 소아성애 신부들에게 당한 피해자들이 입은 피해를 최소한으로 명시했다. 이 문서에서는 피해 액수가 약 5만 달러(5,800만 원)로 적혀 있지만 피해자들이 법정에서 인정받은 액수는 그것의 여섯

배를 넘는다. 펠은 이렇게 대답했다. "우리에게 보상금을 받은 대부분의 사람들은 법정에서는 아무것도 못 받았거나 거의 받지 못했을 것이다." 하지만 호주 왕실위원회가 사전 보고서에서 찾아낸 발견들은 참으로 부정적이었다.

 기독교인의 관점에서 보면, 그 고위 성직자는 공정하게 행동하지 않았다. 그가 관할하는 대교구는 정의를 제공하는 것이 아니라 그들의 자원을 지키고 보호하는 쪽을 선호했다.

펠은 공식석상에서의 발언으로도 유명했다. 그는 이슬람에 대해 '근본적으로 싸우기 좋아하는 종교이며 코란은 폭력을 부추기는 어구들로 가득하다'고 말하기도 했다. 또 한 번은 2014년 8월 22일 왕실위원회와의 화상 청문회에서 '소아성애 신부들은 트럭에 탄 승객을 추행한 트럭 기사와 같다고 할 수 있다. 교회나 트럭회사나 이 일에 대해 책임이 없다'고 주장해서 법원의 분노를 사고 여론의 뭇매를 맞았다. 다만 여러 사람 앞에서 종교적으로 고백하는 시간에 그가 자신의 대교구가 공정하게 행동하지 않았다고 말했다는 점은 짚고 넘어가야 할 것 같다.

06

위원회는 얼마를 받고
일하는가?

펠 추기경의 질주를 막을 것은 아무것도 없는 것처럼 보였다. 그는 교황청의 회계를 합리화하는 일로 일정이 빡빡했다. 이는 2014년부터 2016년까지 3년 동안 계획되고 발전될 것이다. 많은 갈등과 적들의 존재가 예상되었지만, 상당한 규모의 자원이 뒷받침되어 있었다.

경제사무국의 예산은 420만 유로(54억 5,300만 원)로 꽤 컸다. 어떻게 사용되었는지 이해하기 위해 먼저 장부를 살펴보자. COSEA에 들어간 돈이 250만 유로(32억 4,600만 원)였다. 위원회의 회원들은 모두 무상으로 일을 도왔기 때문에 대부분의 지출은 컨설턴트들의 자문료였다.

나는 이 문서에 대한 접근권을 얻은 덕분에, 누가 얼마를 지급받았는지를 상세히 적을 수 있는 최초의 사람이 되었다. 프로몬토리가 APSA 감사에 대한 대가로 98만 유로(12억 7,200만 원)를, 맥킨지가 바티칸 텔레비전 방송국 감사 건으로 42만 유로(5억 4,500만 원)를 받았다. 올리버 와이만이 연금기금을 분석한 대가로 27만 유로(3억 5,000만 원)를, 언스트 앤영이 장관실 조사 건으로 23만 유로(2억 9,000만 원)를 받았다. 마지막으로 KPMG가 회계 업무에 대한 대가로 11만 유로(1억 4,300만 원)를 받았다. 비록 이보다 더 세세한 내용은 밝혀지지 않았지만, 이런 컨설팅 비용을 바탕으로 교황에 대한 첫 공격이 개시되었다. '교황 자신이 컨설팅 비용으로 이렇게 많은 돈을 쓰는데, 어떻게 교황청의 예산을 맞추겠다는 것인가?'

경제사무국은 자체적인 법규와 규정이 승인되는 2015년 3월 전까지는 활동을 시작하지 않는다. 하지만 신문 보도 내용들을 종합해보면, 2014년에만 여행, 컴퓨터, 의류, 컨설팅 비용으로 50만 유로(6억 5,000만 원)가 지출되었다. 펠의 오랜 친구이자 경제학자인 대니 케이시(Danny Casey)는 월 1만 5,000유로(2,000만 원)를 받은 것으로 전해졌다.

경제사무국은 코로나리 거리에 위치해 있는 임대료 월 2,900유로(380만 원)의 아파트를 케이시에게 제공했으며, 최상급의 사무실과 홈 인테리어도 제공했다. 실제로 '도배' 항목으로 7,292유로(950만 원), '가구와 수납' 항목 중 4만 7,000유로(6,100만 원)이 나갔다. 기타 작업료는 3만 3,000유로(4,300만 원)였다. 또한 1798년부터 교황청의 의복을 제작하는 양복점에서 직접 수표를 썼다. 일반적으로 추기경들은 성직자들이 입는

옷인 카속과 모자를 자비로 구매하지만, 경제사무국의 경우 의복 항목으로 2,508유로(330만 원)를 지급받았다.[3]

펠은 논란의 여지가 있는 과거 행적과 고급 취향에도 불구하고 여전히 위협적인 존재였으며, 교황청의 다수에게는 바로 이런 사실들이 그에 대한 공격의 주요한 이유가 되었다. 마라디아가 추기경은 아마 이런 보도를 중상모략으로 치부할 것이다. "펠을 공격하는 것은 마치 마르크스주의라는 사상을 공격하지 못해 그 사상을 만들어낸 사람을 공격하는 것과 같다. 그는 검약한 사람이며, 사치를 좋아하지 않는다."

07

독처럼 퍼지는 악소문

경제사무국 국장 취임 첫날부터 펠을 고립시키고 지치게 하기 위한 악소문이 독처럼 퍼져나갔다. 하나의 관리감독 기관 아래에 모든 경제 부서들을 통합하는 일은 더디게 진행되었다. 각 부서의 기능을 이전하는 일에도 몇 개월 동안이나 진전이 없었다. 예를 들어, 국무원의 인사과를 펠 직속의 단일 기관 아래로 옮기는 것이 그랬다.

주요직이 여전히 공석으로 남아 있었다. 모든 경제 부서들의 상황이 이전과 정확히 똑같았다. 새 조직의 탄생이 공표된 것 말고는 아무것도 변하지 않았다. 부동산 관리 같은 APSA의 일반과가 펠의 관할로 이전된다는 공표가 있었지만, 실제로 이행된 것은 없었다.

교황청 재무심의처는 가능한 한 빠른 시일 내에 폐쇄하기로 예정되었지만, 2015년 여름까지도 여전히 운영되고 있었다. 감사장은 2014년 2월에 권한을 부여받았지만 6개월 뒤인 2015년 6월 5일까지 아무런 일정이 없었다.

감사장 자리에 임명된 사람은 딜로이트 컨설팅 회사에서 32년의 경력을 갖고 있고 그중 절반을 이탈리아 지사 CEO로 근무한 리베로 밀론(Libero Milone)이었다. 부동산에 관한 기록을 누가 보관할 것인가 하는 문제를 놓고 경제사무국과 APSA는 2015년 여름까지 대립을 계속했다. 결국 한쪽이 관리를, 다른 한쪽이 감독을 맡기로 했다.

바티칸의 관리자들은 펠과 프란치스코의 계획에 반기를 들고 방해 공작을 펼쳤다. 그들은 이렇게 지속적으로 소모전을 펼침으로써 혁신에 제동을 걸고 교황의 명예를 실추시킬 수 있다고 믿었다. 한 추기경이 나에게 이런 말을 했다.

"그들은 가톨릭교회가 2000년을 존립해왔고, 앞으로 일부의 신부가 남더라도 교회는 살아남을 것이라 말하곤 했다. 애석하게도 교황청에 존재하는 몇몇 썩은 사과들은 교황이 바뀌어도 여전히 살아남을 것이라는 사실을 그들도 받아들여야 한다."

08

교황청의 청소부

프란치스코 교황은 종교와 재정의 개혁을 가속화하고 반대파의 세력을 떨어뜨리기 위해, 이 조그마한 나라를 지휘 통제하는 기관의 장을 맡고 있는 원로들을 교체하기 시작했다. 그는 먼저 일을 쉽게 할 수 있도록 도와줄 수단을 마련했다.

2014년 가을, 부처장들의 정년퇴임 연령을 75세로 규정하는 법규가 제정되었다. 또한 파롤린이 2014년 11월 5일에 통과시킨 문서에 따르면, 교황은 이른 은퇴를 권하고 싶은 사람이 있는 경우에 '형제간의 대화'를 통하여 해당 인물에게 요청의 이유를 알리고 나서 이른 은퇴를 요청할 수 있다.

이를 통해 교황청 내 다수의 추기경들이 해고되었다. 또한 교황은 펠을 돕기 위해 새 규정의 초안을 마련했다. 교황은 교황청 최고재판소장 자리에서 미국 출신 레이먼드 레오 버크 추기경을 임명했다. 버크는 매우 영예로운 직위인 몰타 기사단의 후원자가 되었다. 버크 추기경은 매우 보수적이며, 교황을 따르는 일부 사람들 사이에서 한때 '사막에서 피아노를 연주하는 자'라고 불렸다. 그는 총회가 끝난 뒤에 이렇게 말했다. "우리가 타고 있는 교회라는 배가 길을 잃어 뱃멀미를 느끼는 신자들이 많다."

2015년 3월, 교황청의 또 다른 구성원, 교황청 재무심의처 처장 베르살디 추기경이 가톨릭 교육성으로 이동되었다. 몬시뇰 마리아노 크로치아타(Mariano Crociata)는 이탈리아 주교회의의 장에서 라티나(Latina)라는 작은 교구의 주교로 강등되었다. 또한 프란치스코가 당선된 날 그가 이끄는 이탈리아 주교회의는 안젤로 스콜라 추기경이 베드로의 왕좌 자리에 오른 것을 환영한다는 언론 보도를 내보내는 결례를 범한 것으로도 유명하다.

그의 자리를 대체한 눈치오 갈란티노(Nuncio Galantino)는 2015년 8월 이탈리아의 정치를 두고 '패거리와 사기꾼들의 집합소, 국민은 지도하고 몰아야 하는 양떼가 아니다'라고 공개 비판했다. 그는 또한 북부 연맹의 반이민정책을 가리켜 '다른 이들의 등에 기대어 표를 얻지 말라'고 꼬집었다.[4]

09

제시카,
한 성직자의 숨겨진 이름

　프란치스코 교황은 수개월 동안 대성당 수사 신부로 강등된 프란치
스코 카말도(Francesco Camaldo)와 소리 없는 힘겨루기를 해야 했다. 카말
도는 2013년 3월 13일 저녁, 교황이 선출되었음을 알리는 하얀 연기가
걷힌 뒤에 성 베드로 광장을 내려다보는 교황의 왼쪽 뒷줄에 자리한 고
위 성직자였다. 이 사진은 전 세계에 공개되었고, 프란치스코 교황으로
서는 당연했기에 당황스러운 일이 아니었다.

　카말도는 수년 동안 전 로마교구의 우고 폴레티(Ugo Poletti) 추기경의
비서로 있었다. 두 사람의 이름은 엠마누엘라 오를란디(Emanuela Orlandi)
의 실종에 대한 조사 중에 등장했다. 엠마누엘라 오를란디는 교황궁내
원에서 일하는 한 직원의 딸인 10대 소녀로, 1983년 6월 22일 그녀가

다니던 로마의 한 음악학교에서 수업을 마친 뒤 행적이 묘연해졌다. 이탈리아 검사들은 그녀의 실종과 레나티노 데 페디스(Renatino De Pedis)의 석연치 않은 죽음 사이에 연결고리가 있다고 생각하고 오랫동안 조사했다.

1980년대에 로마의 마약 시장을 틀어쥐었던 범죄조직인 마글리아나의 출납 업무를 맡은 페디스는 알 수 없는 이유로 성 아폴리네르 성전의 지하실에 묻혔다. 폴레티 추기경이 이를 허가했지만, 자세한 사항들은 그의 출장비서 역할을 한 카말도가 결정했을 것으로 조사관들은 믿었다.

검사들의 조사 과정 중에 카말도가 수도 곳곳에서 또 다른 이름인 제시카로 불리는 것이 드러났다. 교황의 측근으로 알려진 성직자의 이름으로는 전혀 어울리지 않았다. 독특한 별명을 가진 사람은 그뿐만이 아니었다. 샴페인과 수녀를 애호하는 시칠리아 출신 성직자의 별명은 '수녀원장(Mother Superior)'이었다. '공작새'는 바티칸시국의 외부 업체를 운영하는 잘생기고 젊은 기업인에게 응석을 부리는 허영심 가득한 한 추기경의 별명이었다. 그 외에도 '모니카 르윈스키(Monica Lewinsky)' 등 수많은 별칭이 있었다.

동성애 로비단체는 이처럼 성직자들의 출신이나 성적 취향을 따라 지어진 별명을 많이 보유했다. 그들은 자신들을 보호해주는 고위 성직자들을 만족시키기 위해, 로마의 술집과 나이트클럽을 배회하는 전과 있는 젊은 남성 평신도들을 찾아다닌다고 한다. 성매매 알선자들은 그 대가로 수고비를 받으며, 안정적인 정부 일자리를 제공받는 동시에 해당 업무의 내용이나 난이도에 비해 보통 사람보다 높은 임금을 받는다고 한다.

프란치스코는 바티칸시국에서 동성애 로비단체를 찾아내지 못했다. 다시 말해 이 단체는 공식 일정이 있거나 계약서가 존재하거나 돈줄, 혹은 사람들의 삶과 직업을 쥐고 있는 조직적인 동성애 단체가 아니란 뜻이다. 하지만 현실은 그보다 더 심각하다. 성직자들 사이에서 동성애는 비밀스러운 것이며, 발설해선 안 되는 약점이다. 금기를 어긴 것이고, 협박의 대상이 되기 쉽다. 익명을 요구한 한 바티칸의 컨설턴트이자 은행가는 이렇게 설명한다. "다수의 추기경들이 악행을 저지르고 있다. 누구는 소년을 좋아하고 누구는 모델을 선호하며 누구는 음식과 와인에 탐닉하고 누군가는 돈을 밝힌다. 타인의 약점을 잡아 돈을 뜯어내고 싶은 사람이 있다면, 추기경의 약점을 잡는 게 쉬울 것이다. 안달 난 추기경의 욕구를 채워주기만 하면, 넉넉히 보상받을 것이다."

내가 그런 일은 세계 어느 곳이나 관료 체계에서는 일어나는 일이 아니냐고 묻자 그는 대답했다. "그렇지 않다. 바티칸의 추기경들은 섹스 스캔들에 대한 위선적인 두려움을 안고 살아간다. 이런 두려움은 그들의 선택과 반응에 영향을 미치며, 이는 세계의 다른 곳과는 비교도 안 된다. 그들은 신자들이 진실을 알고 신앙을 버릴까 두려워 계속해서 모든 것을 숨기려고 한다. 엄청난 비용을 들여서라도 말이다. 그들은 점점 더 큰 압박과 협박을 받고 있다. 프란치스코 교황이 이 상황을 종식시키려 노력하고 있지만, 거센 저항에 부딪히고 있다."

이어서 그는 동성 매춘업소에 다니다가 꼬리를 밟힌 어느 추기경의 이야기도 들려줬다. 자신의 모습이 선명히 찍힌 사진을 받아든 추기경은 이를 순순히 인정할 수밖에 없었다고 한다. 협박을 피하고자 하는 사람은 완벽한 익명성이 보장되는 특별한 웹사이트에 가입해 파트너를 만나야 한다. 하지만 가끔은 이런 만남 또한 비극으로 이어지기도 한다. 몇 년 전에는 로마의 한 청년이 자신이 일하는 건물에서 뛰어내렸다. 그는 연인관계에 있던 추기경이 압력과 협박편지에 시달리는 것을 보면서 힘들어했다.

프란치스코 교황은 당선 직후에 베네딕토 16세가 남긴 글을 읽었다. 누락된 서류에 관한 보고서였다. 자신을 도와 일해야 할 협력자들의 윤리와 관습이 통제 불가능한 수준임을 깨달은 그는 주요 고문관들의 급료와 월급이 적혀 있는 서류를 요청했고, 월 1만 5,000유로(2,000만 원)를 받는 비서들이 있다는 사실을 알게 됐다. 프란치스코의 협력자들 중 한 사람은 이렇게 말했다. "바로 이것이 성관계의 목적이자 우정의 증표이다."

끝내며

프란치스코도 결국 사임하게 될까?

불완전한 혁명

지금까지 프란치스코가 교황으로 선출된 이후 관성과 스캔들, 절도, 부정, 불투명한 이해관계로 혼란스러운 교황청의 모습을 살펴봤다. 교황청의 무책임함 때문에 베네딕토 16세는 사임했고, 교회는 다수의 신앙인을 잃었다. 이를 바꾸기 위해 프란치스코는 유능한 인재들을 바티칸에 투입했고, 외부의 전문가들을 고용해 수백만 유로를 지출하며 교황청의 회계를 조사하게 했다. 이는 꼭 필요한 과정이었다. 이렇게 해야만 냉전시대에 뿌리를 두고 수십 년 동안 몸집을 키워온 구세력의 중심을 해체할 수 있다. 또한 종교적 소명과 신자들 등에서 만성적인 위기를 겪고 있는 교회가 완전한 신뢰와 미래를 되찾을 수 있다.

교황의 임기 첫해에 개혁을 통틀어 순조로운 시작을 보인 곳은 거의 없다. 불행하게도 이는 한 가지를 의미한다. 성전의 상인들을 몰아내려는 프란치스코의 계획이 3년째 달성되지 못하고 있다는 점이다. 유

346

일하게 구체화된 사업은 홍보처가 신설됨에 따라 홍보의 발판이 마련되었다는 것이다. 나머지 사업과 변혁들은 공표되었을 뿐, 여전히 서랍 안에 들어 있거나 부분적으로만 실현되었다. 이런 상황의 원인은 도처의 불만 때문이다. 점점 더 많은 추기경들이 교황을 비판한다. 슬로베니아 출신의 프랑크 로드(Franc Rodé), 슬로베니아의 수도인 전 류블랴나(Ljubljana)의 대주교는 공개적으로 교황을 비판하기도 했다.

로드는 슬로베니아 국영 언론사와의 인터뷰에서 이렇게 말했다. "교황이 소통의 귀재라는 사실은 의심의 여지가 없다. 그는 대중과 미디어, 신자들과 매우 잘 소통한다." 그가 이어서 말했다. "그의 장점은 사람들에게 호감을 준다는 점이다. 반면에 자본주의나 사회 정의에 관한 견해는 지나치게 좌측으로 치우쳐 있다. 이는 교황이 출신 지역의 환경에 영향을 받아서이다. 남미에서는 많은 사회적 이슈들이 존재하고, 이에 대해 매일 뜨거운 토론이 진행된다. 그들은 말이 많지만, 정작 문제를 해결하지는 않는다."

또한 경신성사성의 장관이자 기니의 추기경인 로버트 사라(Robert Sarah)도 있었다. 2015년 3월, 프랑스 방문을 마치고 돌아온 그는 이렇게 말했다. "현재 가톨릭교회 내부는 근본적인 교리와 윤리, 규율에 관해 혼란이 존재합니다."

일부 추기경들은 더욱 노골적으로 반대 의사를 드러내곤 했다. 신앙교리성 장관 게르하르트 루트비히 뮐러(Gerhard Ludwig Muller)는 교황의 신학 해석에 공감하지 못한다는 이유로 미사에 참석하지 않았다. 전 이탈리아 주교회의 장 카밀로 루이니(Camillo Ruini)는 재혼 문제에 대한 의견 차이로 2014년 10월, 주교회의 끝에 교황과의 악수를 거부했다.

또한 뮐러, 레이몬드 리 버크(Raymond Lee Burke), 벨라시오 데 파올리스, 이탈리아의 카를로 카파라(Carlo Caffarra), 오스트리아의 월터 브랜드뮐러(Walter Brandmüler) 등 다섯 명의 추기경은 자신들의 책을 통해 이혼한 사람들도 성례에 참석할 수 있어야 한다는 의견에 정면으로 반박했다. 또 어떤 사람들은 공개적으로 성명을 발표하기도 했다.

일의 진척에 관해서는 바티칸의 재정 통합을 목표로 펠 추기경이 이끌고 있는 경제사무국부터 살펴보자. 이는 프란치스코 교황의 바람이었지만, 아직까지 실현되지 못하고 있다. 경제사무국의 동위 기관인 국무원이 그들이 쥐고 있던 자원을 계속 쥐고 있다. 전 세계의 교구로부터 들어오는 관대한 베드로 성금은 본래 가톨릭교회의 목회자를 지원하는 데 사용되어야 하지만 여전히 행정 조직의 적자를 만회하는 데 사용되고 있다.

경제사무국이 성금의 관리 권한을 이전받기로 되어 있었지만, 파롤린 측은 거세게 저항했다. 이런 이유 때문에 펠과 파롤린은 진정한 협력 관계를 맺은 적이 없으며, 가끔은 격렬히 충돌하기도 했다. 펠은 2014년 12월과 2015년 2월에 바티칸 대차대조표에 보고되지 않은 수억 유로가 조사 결과 밝혀졌다는 말을 퍼뜨렸다.

"2015년 2월 13일 기준, 이전에 밝혀진 9억 3,600만 유로(1조 2,200억 원)에 더해 행정 조직 내에 4억 4,200만 유로(5,700억 원)의 추가적인 자산이 존재합니다." 결과적으로 대차대조표에 나타나지 않은 총액은 14억 유로(1조 8,200억 원)로 드러났다.

그러자 파롤린이 매섭게 대답했다. "국무원도 만일을 대비해 모아둔 돈이 그렇게나 많을 줄 몰랐습니다." 일부 바티칸 전문가들은 펠의 발언을 파롤린에 대한 공격으로 해석했다. 바티칸 언론 홍보부는 즉시 정정 보도를 내보내 장부에 적혀 있지 않은 돈은 비자금이 아니라 예비금이라고 명료하게 밝혔다.

하지만 의미심장한 사실은 장부 밖에 비축된 대규모 현금이 최근까지 완벽한 재량권으로 이것들을 관리해온 사람들로부터 자원뿐 아니라 권리까지 빼앗아왔다는 점이다.

나머지 조직들에 대해 말하자면 장관실과 선전부, APSA는 여전히 자율적으로 운영되고 있다. 기존에 APSA가 관리하던 임대수입이 펠의 관할로 넘어가긴 했지만, 그들은 여전히 부동산에 대한 관할권이 있다. 여기에서도 펠 측 사람들과 칼카뇨 사람들 사이에 매일 팽팽한 긴장감이 감돌고 있다. 가장 최근의 일로는 2015년 7~8월에 막대한 부동산 관련 기록을 누가 보관할 것인가 하는 문제를 두고 APSA와 경제사무국 사이에 다툼이 있었다. 이 서류들에는 알음알음 매매되거나 임대된 궁전과 주택에 관한 비밀이 담겨 있다. 이 기록물들은 누구의 관할인가? 자산의 소유주인 APSA인가, 아니면 임대수익을 더 요긴하게 사용하려고 노력하는 펠 추기경의 사람들인가? 이 사안은 분열과 오해의 또 다른 원인이 되었다.

교황청의 예술품에 대한 조사와 평가도 논의되고 있었지만 아직도 성공적으로 착수되지는 못하고 있다. 직원 연금 개혁도 COSEA의 예측대로라면 8억 유로(1조 400억 원)의 손실이 추가로 발생하는 데도 여전히 계획 단계에 머무르고 있다. 건강보험이나 단일 인사과의 신설과 관련된 사업도 제자리다. 국무원장 파롤린은 여러 인사부를 통합하려고 노력했지만 성과를 거두지 못했다. 그것이 사익과 특권을 배양하는 수많은 세력과 그들의 반목을 막아줄 방책임에도 불구하고 말이다.

바티칸 재정 관련 부서의 컨트롤 타워인 감사관실의 업무 개시는 1년 뒤로 미뤄졌다. 감사관실은 교황 직속 기관이지만 업무 개시를 할 수 있게 하는 법규가 승인되기 전까지 그 역할과 책임이 정의되지 않은 채로 있다. 결국 표준화되고 신뢰할 만한 재정 보고서를 얻는 데 필요한 회계 절차에는 약간의 진전이 있었다.

저항, 태업, 가짜 도청장치

프란치스코 교황은 이토록 거세고 험난한 저항에 맞닥뜨리게 될 줄 결코 상상하지 못했을 것이다. 교황이라는 직함을 달고 있음에도 추잡한 돈 거래를 밝혀내는 일은 쉽지 않았다. 무엇보다 증거를 수집하는 것이 어려웠다. 바티칸 사람들은 부정을 고발하지 않았고, 서로를 신뢰하거나 비밀을 털어놓지 않았다. 프란치스코 교황의 개혁은 언제나 흑색선전과 태업의 대상이 되었다. 익명의 편지나 절도, 은밀한 위협뿐 아니라 불법 도청처럼 범죄 행위도 행해졌다.

주기적으로 이와 같은 이야기가 알려지면서 작은 시국이 온통 술렁였다. 가장 최근에는 2015년 3월에 바티칸에서 사건이 일어났다. 하지만 여느 때처럼, 성벽 밖으로는 어떤 이야기도 새어나가지 않았다. 교황청 재무심의처의 일부 사무실에서는 누군가 몰래 숨겨둔 마이크가 발견되었다. '알 수 없는 손'이 그곳에서 일하는 신부들의 차와 사무실, 집에 도청장치를 심어 놨다.

그들은 일반적인 성직자와 몬시뇰들이 아니라, 교황청의 재정 시스템을 총괄하는 핵심이다. 추기경들과 몬시뇰들은 도대체 누가 왜 이런 짓을 했는지 도무지 알 수가 없었다. 프란치스코 교황 개인 비서의 집무 책상에도 이 소식이 날아들었다. 한 가지 사실이 상황을 미궁으로 빠지게 만들었다. 숨겨둔 그 도청장치들 중 일부는 가짜였다. 그것들은 교황의 협력자들에게 경고를 보내기 위해 설치된 것이다.

또 한 가지 이해가 가지 않는 것은 헌병대가 조사에 관여하지 않고 있다는 사실이었다. 이런 사건에 내부 보안 병력이 아니면 누가 범인을 밝혀낸단 말인가?

이상의 질문들은 프란치스코 교황의 뜻에 공감하고 그와 협력하기로 선택한 사람들을 곤경에 빠트렸다. 그리고 그들은 세상 끝에서 로마로 날아온 교황에게 더욱 각별히 주의할 것을 당부했다. 바티칸의 재앙에 책임이 있는 것으로 간주되는 이탈리아 출신의 추기경들이 이토록 한마음으로 확고하게 아르헨티나 출신의 교황에게 저항하는 것은 우연이 아닐지도 모른다. 그들 중 다수가 요직에서 물러나긴 했지만 모두가 그런 것은 아니다. 베르텔로는 여전히 바티칸시국의 장관이며, 칼카뇨는 APSA를 이끈다. 베르살디는 교황청 재무심의처를 떠났지만, 가장 중요한 부서 중 하나인 가톨릭 교육성에서 새로운 업무를 맡았다.

프란치스코 교황의 행동은 결코 경솔하지 않았다. 교황은 그들이 80세가 되어 자리에서 물러나야만 하는 때가 올 때까지 참을성 있게 기다리고 있다. 동시에 그가 신임하는 스페인 출신의 페르난도 베르게즈 알자가 주교 같은 사람들을 통해 적을 주시하고 있다. 알자가 주교는 장관실의 비서로 진급한 이후 오랫동안 아르헨티나 출신의 에두아르도 프란치스코 피로니오(Eduardo Francisco Pironio)와 가깝게 지냈다. 피로니오는 프란치스코가 1980~1990년대에 부에노스아이레스에서 로마를 방문할 때면 반갑게 만났던 추기경들 중 한 명이다. 프란치스코 교황은 몬시뇰이나 추기경이 오푸스 데이, 그리스도의 군대(the Legionnaires of Christ), 또는 국제마리아사업회(Focolari) 같은 조직에 소속되어 있는 것을 꺼리지 않는 것처럼 보인다. 그가 추기경들을 볼 때 가장 중요하게 생각하는 가치는 독립성과 신뢰성, 일관성이다. 실수를 범하는 자는 쫓아낸다.

들려오는 이야기로는, 프란치스코 교황이 언젠가 책임 있는 자리에 있으면서도 성직자로서 적절하지 못한 몬시뇰을 만났다고 한다. 프란치스코는 눈 하나 깜빡하지 않고 이렇게 말했다고 한다. "내일이 되기 전까지 여기를 떠나십시오. 어디로 가야 할지는 우리가 결정하겠습니다." 이게 사실인지 소문인지는 프란치스코만이 알고 있다. 그러나 이 이야기는 충분히 그럴듯하며, 프란치스코 교황의 성격을 완벽하게 짚어내고 있다고 할 수 있다.

분할 정복

갈등의 축을 둘로 단순하게 축소하는 것은 오해를 빚어낼 소지가 있다. 한쪽에 프란치스코 교황과 함께 펠, 자라, 드 프랑쉬가 있고, 반대편에 그를 방해하고 저지하는 쿠리아의 '이탈리아인'들이 있는 것은 아니다. 상황은 훨씬 더 복잡하게 얽히고설켜 있다. 가장 쉬운 예시는 '바티칸 자산관리센터'로 프랑쉬가 바티칸의 자산을 더 잘 관리하기 위해 실현한 사업이다.

바티칸 자산관리센터의 시스템은 두 가지 형태가 있다. 첫째, 국부펀드를 새로 만들어 바티칸의 모든 부동산 자산을 한데 모은다. 그 후 바티칸은행의 투자금 일부를 미국의 무제한 상호펀드와 같은 시카브 펀드에 투자한다. 프랑쉬는 COSEA의 일원으로서, 동맹관계를 구축할 목적으로 2014년 1월에 이 계획안을 적극 알렸다. 그리고 국무원의 웰스 몬시뇰, 당시 바티칸은행의 회장이었던 에른스트 폰 프라이베르크 등과 만찬이나 회의를 자주 진행했다. 프랑쉬와 자라는 미스코에서 함께 일한 이후로 줄곧 알고 지냈기 때문이다. 미스코는 자라가 몰타에 이탈리아인들의 투자를 유도하기 위해 세운 회사다. COSEA는 이런 식으로 공개 지지를 나타냈다. 프랑쉬는 바티칸은행의 승인을 받기 위해 바티칸 자산관리센터 사업안을 제출했다. 바티칸은행을 이끄는 산토 아브릴 이 카스텔료 추기경은 이에 거부권을 행사했지만 프랑쉬는 이 사업이 앞으로의 근간을 이룰 것이라 생각했기 때문에 곧장 교황에게 접촉하기로 결심했다.

결국 바티칸 자산관리센터에 대한 내용은 프란치스코 앞으로 전해졌다. 5월의 마지막에 교황도 이 제안을 거절해 친구인 카스텔료 추기경의 결정을 재차 확인해줬다. 프란치스코는 소수의 사람들에게 지나치게 많은 권한을 쥐어주고 싶지 않은 것처럼 보인다. 로마인들의 '분할 정복'이라는 말처럼 하급자와 상급자 사이에 권력을 분할하는 것이다. 2015년 프랑쉬에 대한 신뢰는 예전 같지 않았지만, 그리 큰 차이가 있는 것은 아니었다. 2년 전에 베르토네가 다음 바티칸은행의 회장으로 프랑쉬를 언급했기 때문이다.

2014년 6월, 프란치스코에게 프랑쉬와 자라의 관계, 그리고 자라와 베르미글리오 법률팀의 관계에 관한 자세한 서류 더미가 전달됐다. 그들의 관계는 완벽하게 투명하고 공정했지만 교황은 평신도가 지나치게 많은 권력을 쥐고 있는 것은 아닌지 검토해볼 수밖에 없는 상황이었다.

2013년과 2014년에 교황청 구조 개혁을 위한 감사업체를 선정하는 일에서도 골칫거리가 있었다. 미국 기업 프로몬토리 파이낸셜 그룹은 매우 까다로운 업무를 일부 맡았는데 그중에는 바티칸은행의 회계를 감독하는 일도 있었다. 프로몬토리는 설립자이자 CEO인 유진 루트비히 (Eugene A. Ludwig)를 품질 보증서로 내세우는 기업이다. 프로몬토리는 빌 클린턴 전 미국 대통령과 로스쿨 동문이었고 친구 사이이기도 하다. 이 회사의 관리자들 중 많은 인원이 연방 기관 출신이다. 바티칸의 호사가

들과 음모론자들은 프로몬토리를 CIA와 동일시할 정도이다.

이 막강한 미국 기업을 두고 교황청 내에서는 모순된 관행이라며 비판을 쏟아냈다. 익명의 한 고위 성직자는 2015년 6월 TV매거진 〈리포트〉와의 인터뷰에서 "투명성을 원한다면 독립적인 컨설턴트가 회계를 증명해야 합니다. 지금 바티칸은행의 회계를 감사하는 주체는 바티칸은행이 고용한 미국 기업입니다. 그들은 고용주가 듣고 싶은 말을 할 겁니다. 프랑쉬의 아들이 프로몬토리에서 일자리를 제안받은 것은 말할 것도 없지요"라고 했다. 실제로 프랑쉬의 아들 루이 빅터 프랑쉬(Louis Victor de Franssu)는 인디애나의 노트르담에서 공부를 마친 후 런던의 골드만삭스에서 인턴 과정을 거쳐 하원에서 보좌관으로 일하다가 프로몬토리에 입사해서 지금은 리스크 관리 관련 일을 하고 있다.

게다가 미국의 한 일간지는 프로몬토리가 2011년 이란이 경제적 제재 조치하에 있었을 때 영국의 스탠다드차타드은행 뉴욕지점에서 이란으로 자금을 이동시킨 혐의로 조사받고 있다고 보도했다. 프로몬토리의 고문관들이 바티칸은행을 감사하는 동안 온갖 민감한 정보를 검토했기 때문에 바티칸으로서는 당황스러운 일이 아닐 수 없었다. 결과적으로 2015년 여름, 모든 외부 자문에 대해서는 철저한 통제가 이뤄져야 한다는 명령이 내려졌고, 꼭 필요한 감사 기관이 아니면 작업을 유예하라는 지시가 떨어졌다.

바티칸은행 개혁은 또 다른 문제다. 그 문제를 자세히 다루지 않는 이유는 이 책이 초점을 맞추고 있는 COSEA에게 바티칸은행은 1차적인 조사 범위로 포함되지 않기 때문이다. 오늘까지도 바티칸은행은 여전히 여러 부분에서 뚫을 수 없는 영역이다. 요한 바오로 2세 재임 당시 재무 보고도 하지 않고 고객의 돈을 세탁하던 것보다는 나아졌지만, 바티칸 은행은 여전히 신뢰할 수 없는 기관이다. 국제 감사단체들은 새로 도입된 투명성 평가 방법에 대해 긍정적인 견해를 밝혔다. 프란치스코 교황은 아직 내부 구조에 대해 분명한 언급이나 행동을 보이지는 않았지만, 여전히 깊은 의구심을 품고 있다. 원로 공직자들과 감독관들은 요직을 굳게 지키고 있으며, 고티 테데스키 전 총재 때의 상황이 되풀이될 수도 있다는 것을 두려워한다. 지도부가 모르는 사이에 계속해서 돈이 부정하게 사용될 수도 있다는 걱정 말이다.

프란치스코 교황은 승리할 수 있을까?

이 물음에 확실한 대답을 내놓을 수는 없다. 그의 프로젝트가 연기되지는 않을 것이다. 하지만 그의 야심 찬 소명이 성공적으로 완수될 것이라 단언하기도 힘들다. 교황청의 성벽 안팎에 너무 많은 이해관계가 얽혀 있다. 마피아는 범죄조직을 통해서 막대한 규모의 돈을 세탁해 정상적이고 합법적인 돈으로 바꾼다. 그들은 자신들의 조직을 무너뜨리려던 모든 사람들과 싸웠다. 이런 이유 때문에 니콜라 그라테리(Nicola Gratteri)를 비롯해, 범죄조직에 대해 잘 아는 이탈리아의 검사들은 프란치스코 교황의 안전에 대해 지속적으로 우려를 표하고 있다. 하지만 그는 반드시 가야만 하는 길을 가고 있는 것이며, 결코 위축되지 않을 것이다. 그가 종종 암시하는 것처럼 더는 견딜 수 없어서 사퇴해야겠다고 느끼지 않는다면 말이다.

위대한 교황인 프란치스코에게 매일 그의 곁을 지키는 친구들의 수를 세어보기를 권한다. 그렇게 함으로써, 자신이 혼자가 아님을 기억할 수 있을 것이다.

PART 1. 프란치스코 교황의 충격적인 고발

1. 2013년 7월 28일, 교황의 기자회견 중에서.
2. 8인의 추기경 중 총리 주세페 베르텔로 추기경만 로마에 거주했다. 나머지는 칠레, 온두라스, 미국, 인도, 독일, 콩고, 호주 출신이었다.
3. 새 조직의 수장은 라파엘레 파리나 추기경으로 교황청의 기록담당관이자 사서였다. 책임자는 스페인 출신의 주교인 후안 이냐시오 아리에타 오코아 디 친체트루였다. 비서는 피터 브라이언 웰스 몬시뇰로 국무원 총무 위원이었으며 그 외에 메리 앤 글렌든 전 주교황청 미국 대사와 장 루이 피에르 토랑 전 종교간대화평의회 의장도 있었다. 장 루이 피에르 토랑은 3월 12일 성 베드로 광장이 내려다보이는 발코니에서 프란치스코가 가톨릭교회의 새 교황으로 선출되었음을 공표한 인물이다.
4. 서신에서 감사관들은 그들이 감사 중에 알게 된 거대한 이행 충돌을 강조한다. '부서 간에 재정과 관련된 업무에 분명한 구분이 없습니다. 똑같은 사람들이 재정과 관련된 결정을 내리고, 이를 이행하며, 거래내용을 기록하고, 그것들을 상위 기관에 보고한다는 뜻입니다. 이렇게 되면 부정을 감독하고 오류를 찾아내며 개선할 기회가 제한됩니다. 효율성 증진에도 걸림돌임은 말할 것도 없습니다. 막대한 부동산의 관리부터 연금기금까지 사례는 다양합니다.' 감사관들은 교황에게 보내는 편지에서 말을 이어갔다. '부동산 관리의 실패는 매우 가시적입니다. 바티칸의 외부 감사관들은 이에 대해 수년 동안 감독 체계의 부재, 임대소득 수거의 어려움, 기타 관련 문제점들을 지적해왔습니다. 또한 연금기금과 관련한 어떤 전문적인 분석도 이뤄지지 않은 것이 우려스럽습니다.'
5. 감사관들은 교황이 점진적으로 행동해 부정이 더욱 불거지는 것을 막아야 한다고 제언한다. 문서에는 계속해서 다음과 같이 적혀 있다. '계획, 예산 및 감독, 그리고 회계 절차가 개선되기 전에 통합이 먼저 이뤄지는 것은 우려스러운 일입니다.'

6. 도메니코 칼카뇨는 2002~2007년까지 사보나의 주교를 지냈으며, 2007년 7월 이후로는 베네딕토 16세의 임명을 받아 APSA 비서로 활동했다. 그는 베르토네의 사람들 중 한 명으로서 말썽이 잦았으며 기괴한 사건들의 중심에 있었다. 자세한 것은 뒤에서 살펴볼 수 있다.

7. 타르치시오 베르토네는 국무원장을 지내다가 2013년 10월 15일에 80세의 나이로 정년퇴임했으며, 피에트로 파롤린 추기경이 그 뒤를 이었다.

8. 프란치스코는 1973년부터 1980년까지 최연소 예수회 아르헨티나 관구장이었다.

9. 교황은 교황청 실태 점검에 관해 조언을 구하기 위해 2013년 4월에 8인 자문단을, 그다음에는 종교 사업 기구 자문 위원회, 세 번째로 COSEA를 설립했다.

10. 교황청 재무심의처의 법규와 규정은 다음과 같다. '제10항. 본처의 수장은 특정 수의 추기경에게서 보좌와 비서실의 지원을 받는 한 명의 추기경 회장과 고문관들로부터 조언을 받는 회계사가 맡는다. (…) 제20항. 본처는 고문관, 전문가, 국제 감사관 사이의 협력을 활용한다. 그들은 역량과 보편성을 기준으로 선별되며, 무상으로 수고를 제공한다. 제23항. 다섯 명의 국제 감사관은 특히 회계 감사와 재무 증명서 분석에 능한 전문가들로 구성된다. 그들은 교황이 임명하며 재임기간은 3년으로 최대 세 번까지 연장될 수 있다.'

11. 추정 비용과 실제 비용 사이에는 큰 차이가 존재한다. 감사관 중 한 명인 살바토레 콜리타는 회의에서 몇 가지 사례를 제시했다. '예산안 구성의 결점들 때문에 예산안 계획 단계에서 추정 비용과 실제 비용 사이에 최대 100%까지 차이가 발생한다. 나는 6개월마다 예산안을 개정할 것을 권고한다. 정부 물품의 조달 절차는 불완전하다. 공급자에 대한 참조가 없고, 고위층의 동의도 없다. (…) 부동산 임대료 연체액은 믿을 수 없는 수준이고, 종종 신용거래액을 초과한다. 시스템에 문제가 있다. 세입자별로 조사를 벌이고 물어보아야 이해할 수 있는 이례적인 경우들도 있다. 일시해고 인원과 관련해서, 우리는 법률 관련 부서와 부동산 관련 부서에 하위 팀을 늘려야 한다.'

12. 이탈리아에 본거지를 둔 은행 방카 포플라레 디 손드리오(Banca Popolare di Sondrio)에서의 손실은 한 추기경이 내린 결정에서 비롯되었다. 감사관들의 의사록에서 회계사 프랄레오니는 다음과 같이 분명히 설명한다. '행정처가 이 지분을 구매한 연도에 바티칸시국 총리를 맡기도 했던 에드먼드 카시미르 스조카(Edmund Casimir Szoka) 추기경은 같은 은행을 통해 시국의 몇몇 활동을 한 곳으로 모으길 원했다. 그는 이 주식에서 수익이 발생

할 것이라고 믿었지만, 실제로는 예상처럼 전개되지 않았다. 결국 그 기간 동안에 누적 손실액은 192만 9,000유로(25억 430만 원)에 달했다.' 의사록에는 가시 돋친 질문들과 극적인 긴장감이 감돌았다. 그중에는 바티칸의 예술품 복원 후원 자금을 마련하는 '미국바티칸박물관예술품후원회'와 관련된 질문도 있었다. 의사록에 다음과 같이 기록되어 있다. '쿠이에가 박물관을 후원하는 미국 후원회에 대해 문제를 제기했다. 예술품 복원과 관련된 자금은 달러로 마련되어 있다. 이와 같은 수입은 회계 장부에 어떻게 기록되어 있는가? 연도별로 나뉘어 기록되는가? 프랄레오니는 이 자금이 박물관에서 근무하는 임시 노동자들의 임금을 지불하는 데 사용되었다고 설명한다. 자금이 현금으로 보유되고 다른 활동에는 투자되지 않는 이유 중 하나가 이런 것 때문이다. 그의 말에 따르면, 이 자금은 회계 장부에 기록될 때 수입으로 기록되어서는 안 되고 점차 감소하는 자본으로 기록되어야 한다.' 하지만 쿠이에는 전혀 듣지 않았다. '만약 후원회의 후원금이 별도 항목 아래 기록되지 않으면, 전반적인 재무제표가 날조될 것이다.'

13. 타이파 왕국은 1031년 우마이야 왕조(Umayyad Caliphate)가 해체 및 폐지된 이후 스페인에 설립된 소규모 국가들을 지칭한다.

14. 2013년 3월, 산토 아브릴 이 카스텔료 추기경은 성당의 예산안과 관련해 문제가 있음을 발견하고, 이를 새로 취임한 프란치스코에게 알렸다. 그는 성당의 재정관 몬시뇰 브로니슬로프 모라비에츠에 초점을 맞췄다. 바티칸의 검사장 지안 피에로 밀라노(Gian Piero Milano)가 조사한 사실에 따르면, 모라비에츠는 실제로 존재하지 않는 스위스 은행 '통합거래 자문회사(Integrate Trade Consulting SA)'에게 부동산 중개료를 지불하기 위해 성당 명의의 바티칸은행 계좌에서 21만 유로(2억 7,300만 원)를 인출했다. 밀라노에 따르면 '회계 장부상의 심각한 부조리와 거짓 거래, 수입과 지출의 대응성 기록에 대한 관례 부재 등의 문제가 명백히 드러났다'. 모라비에츠는 공금 횡령과 공문서 위조죄로 3년형을 선고받았다. 산타 마리아 마조레 대성당은 가장 부유한 성당 중 하나로 수천 채의 아파트, 토지, 그리고 기타 부동산을 소유하고 있다. 모라비에츠의 혐의는 21만 유로 횡령뿐이 아니었다. 그는 삽화가 들어간 책자를 출간하는 데 100만 유로(12억 9,800만 원)의 비용을 성당으로부터 지출한 것으로 알려졌다.

PART 2. 성인들을 찍어내는 공장

1. 몬시뇰 피터 브라이언 웰스는 프란치스코 교황이 2013년 6월에 신설한 종교 사업 기구 자문 위원회의 비서였다.

2. 조셉 자라는 몰타 출신의 경제학자이자 MISCO의 설립자이다. MISCO는 재정 및 경영 컨설팅 업체로서 몰타, 사이프러스, 이탈리아에서 활동하고 있다. 그는 전 몰타중앙은행장(1992~1996년)이자 전 발레타은행장(1998~2004년)으로서 2008년에는 몰타에 유로화를 끌어오기 위해 설립된 위원회를 이끌었다. 그는 2010년 교황청백주년재단(Centesimus Annus Pro Pontifice Foundation) 이사회의 위원으로 바티칸에 들어왔다. 그가 재무심의처에 들어온 것은 2011년이었다.

3. 루시오 앙헬 바예호 발다 몬시뇰은 1961년 6월 12일 스페인 비얄메디아나 데 이레과(Villamediana de Iregua)의 중산층 가정에서 태어났다. 여덟 살에 신학교에 입학했고, 철학과 신학을 전공했다. 2011년 9월에 교황청 재무심의처의 비서로 임명되었다.

4. 마르코 폴리티(Marco Politi), 《늑대들 사이의 프란치스코 교황(Francesco tra i lupi)》, Roma-Bari: Laterza, 2014.

5. 조지 여는 1954년 출생으로, 공군의 선임 장교였으며 1985년부터 1986년까지 참모총장을 지냈고, 1986년부터 1988년까지는 국방부의 합동작전기획실 감독관이었다. 싱가포르의 중도우파 정당인 인민행동당에서 활동했다. 1991년부터 2011년까지 정보예술부 장관(1991~1999년), 보건부 장관(1994~1997년), 통상산업부 장관(1999~2004년), 외교부 장관(2004~2011년)을 지냈다. 2011년 중도좌파가 정권을 잡자 그는 정계에서 은퇴했다. 케임브리지대의 크라이스트 컬리지 소속으로 공학을 전공했으며 국가의 전산화를 강력하게 밀어붙인 한편 인터넷 검열에도 우호적이었다. 그의 검열 정책은 '사이버 공간의 오염 방지 수단' 정도에 머물렀다. 그는 2000년에 〈월스트리트저널〉과의 인터뷰에서 이렇게 말했다. '검열은 교육의 일환이다. (…) 상징적인 검열을 통해서 젊은 사람들의 머릿속에 약간의 옳고 그름의 표준을 심어주는 것이다.' (출처: affariitaliani.it.)

6. 시드니 교구의 대주교인 조지 펠도 프란치스코 교황이 로마의 권력 집중을 막고 교황청을 개혁하기 위해 2013년 4월 신설한 조직인 8인의 추기경 중 한 사람이다.

7. 그가 바티칸에 왔을 때 등장한 전기에 따르면, 그는 '컨설팅 회사 인시피트의 회장이며, 투

자관리회사인 인베스코 유럽지사의 전 CEO로서 전 세계 인베스코를 관할하는 경영위원회의 위원이었다. 인베스코에 들어오기 전에는 프랑스 기업인 예금공탁금고의 임원이었다. ESC 랭스 비즈니스 스쿨을 졸업했고 영국의 미들섹스대에서 유럽경영행정으로 학사학위를 받았으며, 파리의 피에르-마리퀴리대에서 보험회계로 석사학위를 받았다. 그는 유럽펀드자산관리협회(EFAMA)의 부회장을 역임하고 현재는 회장으로 있으며, 타게스 캐피탈과 까미낙 게스통의 비상임이사이다. 그는 또한 유럽과 미국의 여러 자선단체의 이사회의 이사이다'. 2014년 7월부터 바티칸은행의 회장으로 활동하고 있다.

8. 에반젤리나 히미티안(Evangelina Himitian), 《프란치스코, 민중의 교황(Francesco, Il Papa della gente)》, Milano: Rizzoli, 2013.

9. 사전 준비 자료는 2013년 여름부터 프란치스코 교황의 수정 지시를 반영하기 시작해, 2014년 2월 18일에 완성되었다.

10. COSEA 위원회의 문서 '위원회 회의 No. 1/13'에서 발췌.

11. 교황청 시성성, 〈시성(Le Cause dei Santi)〉, LEV, 2011.

12. 이는 2014년 2월 18일에 추기경들과 교황에게 제출된 위원회의 사전 준비 자료를 직접 인용한 것이다. COSEA는 '성인과 가난한 자들을 위해서, 자금을 관리하는 분명하고 일관된 절차가 정의되어야 한다'고 제안했다.

13~16. 12에서 언급된 자료 중.

17. 2013년 9월 14일에 몬시뇰 바예호 발다가 COSEA의 여러 위원들에게 제시한 숫자였다.

18. 이후 얼마 지나지 않아 2013년 11월 30일에 롤란도 마란치(Rolando Marranci)는 일부의 반대에도 불구하고 바티칸은행의 총감독으로 임명되었다. 교황청의 대변인은 새 인사 발령을 다음과 같이 발표했다. '마란치가 새로 임명됨으로써, 파올로 치프리아니와 마시모 툴리의 퇴임 이후 에른스트 폰 프라이베르크(Ernst von Freyberg) 임시회장의 임기도 끝이 났습니다.' 치프리아니와 툴리는 2013년 7월에 퇴임했다. 두 사람은 바티칸은행과 관련한 자금세탁방지법 위반으로 로마 검찰의 조사를 받았다. 그들은 이탈리아 은행인 크레디토 아르티지아노(Credito Artigiano)를 통해서 JP모건 프랑크푸르트와 방카 델 푸치노에 총 2,300만 유로(300억 원)를 송금한 혐의를 받고 있다. 재판은 2015년 9월 기준 여전히 진행 중이다. 이는 COSEA 위원회의 '회의에서 실행 결정에 관한 기밀보고서 no.3'의 항목 1에 명백히 나와 있다.

PART 3. 성금은 어디로 흘러 들어가는가?

1. 마르코 폴리티, 《늑대들 사이의 프란치스코 교황》, Roma-Bari : Laterza, 2014.
2. 베네딕토 16세 교황은 2006년 2월 25일 성 베드로의 모임 회원들 앞의 연설에서 베드로 성금은 실용적인 가치를 지닐 뿐 아니라, 교황과의 교감과 신자들의 필요에 대한 관심으로 서 고도의 상징적인 의미가 있다고 강조했다.
3. 요한 바오로 2세는 2003년 2월 28일에 성 베드로의 모임 전의 연설에서 더욱 분명히 말했다. "여러분도 아시다시피 교황의 요구는 커져가고 있으며, 교회 공동체, 특히 미션 국가의 요구도 증가하고 있고, 불우한 환경에 있는 사람들로부터의 요청도 커져가고 있습니다. 그들 중 다수는 다른 어떤 곳에서도 구할 수 없는 도움을 사도좌에 요청하고 있습니다. 이런 관점에서 볼 때, 베드로 성금은 복음 전도 사업에 참여하는 진실되고 적절한 방법 중 하나입니다."
4. 요청한 서류를 제출하지 않은 회사와 단체가 여전히 아주 많았다. 몬시뇰 파롤린에게 보내는 서신에는 다음과 같은 요청사항들이 적혀 있었다.

' 》 다음 개체들의 재무제표(또는 유사자료)와 내규를 요청함.
- 아기예수 소아과 병원
- 고통 완화의 집 구호단체
- 성 바오로 대성당
- 성 베드로 대성당/성 베드로 대성당 관리성성(내부 정보가 없음)

》 재무, 회계 정보가 누락된 기타 목록 :
- 교황청 선교 사업회(우리가 갖고 있는 자료는 세입에 관해 출간된 서적뿐임.)
- 시성 청원자 기금(바티칸은행 계좌와 개별 잔고에 대한 자세한 사항)
- 피아 오페라(Pia Opera)의 2012년 완결 재무보고서
- 카스텔 간돌포 교구
- 바티칸 성 안나 교구
- 라테란 교도소
- 라이베리아 교도소

- 바티칸 교도소
- 로마 소신학교
- 베네딕토 16세의 결혼가정 재단
- 요한 바오로 2세의 사헬 재단
- 요한 바오로 2세의 청소년 재단
- 반 투안(Van Thuan) 추기경을 추모하는 성 마태오 재단
- 산타마르타 독립 소아의료재단
- 비오 12세의 평신도 재단
- 가톨릭교회 자산 및 예술 재단
- 성 요세피나 바키타 재단
- 성 미카엘 대천사 재단
- 살바토레 디 조르지 추기경 재단
- 과학과 신앙 재단
- 엔니오 프란치아 재정 기금'

5. 문서에 나타난 총액은 2012년도에 해당되는 것이다.

6. 맥킨지의 컨설턴트들은 외국 주재의 교황 대사 관련 지출에 대해서도 질의했다. "550만 유로(73억 원)의 특별 지출이라고 표기된 항목에는 교황 대사의 건물 매입 비용이 포함됩니까? 예를 들어 주 러시아 교황대사의 공관처럼 APSA는 교황 대사들의 건물을 모두 소유하고 있으면서, 한 푼의 비용도 지불하지 않습니다. 회계의 관점에서 볼 때, 부동산을 구매하는 데 들어간 비용은 어떻게 설명할 수 있습니까? APSA에 기부된 것인가요? 만약 부동산이 판매되어 수익이 발생하면, 그것은 누구의 것입니까? 어째서 기관마다 성금을 일컫는 명칭이 다른 거죠? 예를 들어, 2012년에 2,000만 유로(270억 원)는 '베드로 성금'으로, 2만 6,400만 유로(3,500만 원)는 '국무원'으로, 9,500만 유로(1,260억 원)는 또 다른 이름으로 기록되어 있습니다."

7. 저자가 쓴 책 《교황 성하》에 이렇게 나와 있다. '이는 독일 출판사와 명칭이 똑같은 출판사였다. 이 출판사는 2008년 가을에 뮌헨에 사무실을 차렸고, 하우크앤아우프하우저라는 은밀한 개인 은행에 계좌를 얻었다. 이 은행은 룩셈부르크, 스위스, 독일에 지점을 갖고 있다.'

1. 파올로 멘니니가 2013년 10월 23일에 칼카뇨 추기경에게 보낸 쪽지를 보면, APSA를 중앙은행으로 지정하려는 움직임은 1940년에 시작되었다. '6월 10일 서신에서 당시 특별부서의 대표였던 베르나르디노 노가라(Bernardino Nogara)는 워싱턴 주재 교황대사 몬시뇰 치코냐니(Cicognani)를 통해 그동안 런던에서 관리되던 특별부서의 금을 새 보관 계좌를 개설해서 관리할 수 있게 허가해달라고 요청하였다. 미국 재무부의 권한으로 허가를 받았고 거래는 상업은행 JP모건 뉴욕에 의해 진행되었다. 1954년 2월 15일, 연방준비은행은 미 달러 계좌를 개설해달라는 APSA의 요청을 거절했다. 연방 정책에 따라 오직 중앙은행에만 그 시설이 허락된다는 이유였다. 1976년 3월 2일과 3월 8일 서신에서 연방준비은행은 볼커(Volcker) 의장과 연방준비제도 이사회의 신속한 승인에 따라서, APSA가 완전한 시설과 함께 달러 계좌를 개설할 수 있게 허락했다. 완전한 시설에는 투자와 주식 보관도 포함되어 있었다. 서신에는 중앙은행들에만 적용되는 대우와 운영원칙들이 동봉되어 있었다.'

국제규제은행(International Regulations Bank)에 관해서 'APSA는 금을 모두 팔되 예금은 활성화된 채로 남겨뒀고, 현재는 미 달러 계좌를 유지하고 있다'. 잉글랜드은행과 APSA의 관계는 1989년 10월 2일로 거슬러 올라간다. 당시 APSA는 '잉글랜드은행에 다른 중앙은행들처럼 금 보관 계좌를 개설해달라고 요청했다. 그러면서 뉴욕의 연방준비은행, 바젤의 국제관계은행(International Relations Bank), 워싱턴의 세계은행과 진행 중인 거래를 참고로 언급했다. 1989년 11월 2일에 잉글랜드은행은 APSA가 금 보관 계좌와 파운드화 계좌를 개설할 수 있도록 허락하고, 관련 조항과 조건들을 동봉했다. 최근 잉글랜드은행은 중앙은행들의 골드바 보유량에 대한 변동사항들을 우리 측에도 보내오고 있는데, 이는 그들이 APSA의 중앙은행으로서의 지위를 인정하고 있음을 보여주는 것이다'.

2. 2013년 11월 24일, 〈석간신보(Corriere della Sera)〉.

3. 2014년 1월 22일에 APSA의 처장 칼카뇨 추기경에게 전송된 이메일.

4. 2014년 2월 18일, 프란치스코의 개혁을 돕는 8인의 추기경들이 회의를 앞두고 COSEA의 사업에 대해 사전 준비한 문서 중.

5. 4에서 언급된 자료 중.

1. 2월 23일 성 베드로 대성당에서 열린 신임 추기경들을 위한 미사에서 교황의 연설.

2. 니콜리니는 그의 보고서에서 프로젝트에 '결점'이 많다는 것을 강조했다. '인적자원에 대한 적절한 관리의 완전한 부재로' 여러 대책이 필요했다. 그가 제시한 대책들 중에는 '상당한 규모의 인원 감축을 위한 중장기 대책, 결근율 증가를 막기 위한 유인책, 급여 불리기가 아니라 관리자가 인력을 활용하는 도구로서의 초과 근무 사용' 등이 있었다.

3. 바티칸 소유의 나머지 주유소 중에서 세 군데가 로마에 위치해 있고, 다른 하나는 교황의 저택 근처에, 또 다른 하나는 바티칸 라디오 방송국 인근에 있다.

4. 문서에 따르면 단체는 '실행 결정'이 내려진 10월 12일 회의에서 창설되었다. 엔리케 야노스(Enrique Llanos)가 이끌고 회원으로는 자라, 몬시뇰 바예호 발다, 장 비들랭 세베스트르가 있다.

5. 최종본은 2014년 2월 18일에 완성됐으며, 서로 다른 13개의 사업에 대한 COSEA의 조사 진행 상황이 보고되어 있다.

6~7. 5에서 언급된 자료 중.

8. 2014년 9월 21일 저자와 넬로 로시(Nello Rossi)의 대화 중에서.

9. 8에서 언급된 자료 중.

10. 계속해서 문서에는 다음과 같이 나와 있다.

'EY는 부족한 점을 개선하고 상업 활동의 운영 및 경제적 위험성을 줄이기 위해 다음과 같은 조치를 취할 것을 권고한다.

- 구매인의 신용카드 관련 : 신용카드 발행과 관련된 정책 및 요건 재검토, 한시적 신용카드의 유효성 점검, 신용카드 사용 규제.

- 하청 업체 및 계약 관련 : 새로운 파트너십 전략과 신뢰할 수 있는 물품 조달 절차가 확립되기까지 임시로 협약 연장. 상업 활동과 관련해서는 세입과 기본적인, 다시 말해 과도하지 않은 수익 발생에 주목해야 한다. 그러기 위해 필요한 각 활동별 상세 사항들을 다음과 같이 적는다.

- 슈퍼마켓 : 대상 고객을 한정하고 제품 종류를 줄임. 또한 슈퍼마켓의 대안도 평가한다.

- 주유소 : 대상 고객을 한정한다. 매장의 수와 위치를 평가하고 제3자와의 파트너십을 고

려한다.
- 약국: 대상 고객을 한정하고 제품의 종류를 줄인다.
- 옷가게&전자제품가게: 대상 고객을 한정하고 제품의 종류를 줄인다. 장기적으로 운영을 중단하도록 한다.
- 담배: 대상 고객을 한정하고 가격을 인상한다. 이탈리아의 담배 가격 수준으로 끌어올리 며 장기적으로 운영을 중단하도록 한다.
- 향수: 이탈리아의 가격 수준으로 바티칸의 가격을 끌어올린다. 대상 고객을 한정하고 카 드 구매의 최고 한도액을 설정한다. 장기적으로 운영을 중단하도록 한다.'

11. 이메일은 바티칸시국 행정처의 관리자에게 전송되고 사기업의 관리자가 서명한다.

12. 바티칸시국 행정처의 장관 주세페 베르텔로 추기경은 행정처를 재편할 계획을 갖고 있다. 이 계획 또한 멈춰 있다. 그는 '23개의 부처 및 중앙부서를 10개로 줄임으로써 행정처가 더 능률적이고 기능적인 새 구조를 갖추도록' 촉구했다.

PART 6. 바티칸의 막대한 부동산 자산

1. 카를로 마리아 비가노가 그의 행위를 정당화하고 국무원장 베르토네를 비판하기 위해 교 황 베네딕토 16세에게 보낸 서신에 저자가 묘사하는 극적인 시기가 잘 표현되어 있다.
'교황 성하, 행정처의 업무 수행과 제 자신에게 영향을 미치고 있는 납득하기 어렵고 심각 한 상황 때문에 부득이 호소드립니다. (…) 제가 행정처에서 물러난다면, 행정처에 깊이 뿌 리박힌 부조리와 권력 남용을 근절할 수 있다고 믿었던 이들이 낙심할 것입니다. (…) 제가 국무원장께 보낸 이 서신을 교황님께 드리오니, 교황님의 뜻에 따라 교회의 선을 위해 활 용해주십시오. 깊은 존경심을 담아, 성하의 헌신적인 아들 올림.'
며칠 뒤에 비가노는 그의 행동 조치에 대해 설명하는 글을 교황 베네딕토 16세에게 개인적 으로 전달했다. 다음은 해당 글에서 발췌한 내용이다.
'저는 2009년 7월 16일에 처음 행정처에서의 임무를 수락했을 때, 앞으로 감수해야 할 위 험들을 인지하고 있었습니다. 하지만 이렇게 끔찍한 상황을 마주하게 될 것이라고는 상상 하지 못했습니다. 저는 종종 기회가 있을 때마다 국무원장께 저 혼자서는 이 일을 할 수 없으며, 지속적인 도움이 필요하다고 말씀드렸습니다. 행정처의 재무 상태는 세계 경제 위기로 인해 이미 타격을 입은 상태에서 관리자의 무능으로 인해 50~60%의 손실마저 겪었습니다. 상황을 개선하기 위해 몇몇 주요 은행가들로 구성된 재정 및 경영 위원회 앞으로 두 개의 국무원 기금에 대한 관리 권한이 주어졌지만, 그들은 이해관계를 좇기 바빴습니다. 예를 들어 2009년 12월에 한 차례의 결정으로 무려 250만 달러(29억 원)의 손실이 발생했습니다. 저는 국무원장과 교황청 재무심의처장께 이 사실을 보고드렸습니다. 사실 이 위원회의 존재 자체가 불법으로 간주되었습니다. 저는 이 은행가들과 지속적으로 만나 그들의 행보를 막아보려고 노력했습니다만 종종 그들의 의견에 반대하지 않을 수 없었습니다. 위원회의 행실과 관련해서 고티 테데스키 씨로부터 더 들으실 수 있습니다. 그는 바티칸은행에서 일하기 이전에 위원회의 위원이었으며, 제가 위원회의 행실을 통제하기 위해 얼마나 많이 애썼는지 잘 알고 있습니다.'

2. 옛 이름인 포교성성으로 잘 알려진 이 기관은 전 세계 가톨릭 선교활동의 제반을 이끌고 관리하는 교황청의 기관이다. 현재 추기경, 주교, 대주교를 포함한 61명으로 구성되어 있다. 현재 인류복음화성의 장관은 추기경 페르난도 필로니이다. 그는 2011년 5월에 교황 베네딕토 16세에게 임명받았다.

3. APSA(총 매입액의 약 45%), 연금기금(약 17%), 인류복음화성(약 10%)의 부동산 자산이 여기에 해당한다.

4. 만약 세입자가 APSA의 비용으로 아파트 전체를 고친다면, 그는 15%의 추가 요금을 지불해야 한다. 그러나 만약 그가 부분적인 개조를 원하거나 전 세입자가 똑같은 일을 했다면, 지불해야 하는 추가 요금은 10%로 낮아진다.

5. 2013년 9월 30일자 감사 자료.

6. 2013년 5월 21일자 감사 자료.

7. 칼카뇨 추기경이 받아서 보내준 문서에는 APSA의 점진적인 하향세가 강조되어 있다. 'APSA의 역할이 점진적으로 좁아지고 희석되고 있는 점에 주목해야 한다. 이미 다수의 업무를 빼앗겼을 뿐 아니라, 교황청 내에서 APSA의 행정적 기능이 박탈당하는 여러 정황이 드러나고 있으며 앞으로도 그럴 것이다(교황령 '선한 목자' 제172항). 이 모든 것으로 인해 재무 관리자로서의 권한은 줄어들었다. 사실상 모든 형태의 관리감독에서 자유롭고 간혹 바티칸은행 외의 투자에 방해되는 행정 관리가 시작되었다.'

8. 이는 1977년 1월 이탈리아 주간지 〈유로피오(Europeo)〉에 실린 조사보도에도 나와 있다. '1976년 8월 6일, 교황청은 모랄리 형제자매로부터 상당한 양의 기부를 받았다. 22ha의 토지와 비아 로렌티나 1351(Via Laurentina 1351)의 라 만드리아(La Mandria)에 위치한 전원 건물들이 그것이다. 이 기부와 관련해서 주목할 만한 점이 두 가지 있다. 첫째는 여느 경우와 마찬가지로 기부된 자산의 감정가가 5억 유로(6,638억 원)에 불과하여 신뢰할 수 없는 것이며 둘째는 조반니 레오네(Giovanni Leone) 이탈리아 대통령의 법령에 따라 교황청은 모든 것을 5년 이내에 매각해야 한다'.는 사실이다.

9. 2014년 7월 24일에 실린 에밀리아노 피티팔디의 조사 보고서 '100억 달러의 바티칸(Un Vaticano da 10miliardi)' 중에서.

10. 피티팔티는 다음과 같이 적는다. '스탈린그라드(Stalingrad)와 엘 알라메인(El Alamein)이 대립하는 동안 다이버사 사(Diversa SA)가 1942년 8월에 스위스 루가노(Lugano)에 세워졌다. 현재는 알프스 산의 반대편에 있는 교황을 변호하는 스위스 변호사 길레스 크레톨(Gilles Crettol)이 이끌고 있다. 그의 이름은 거의 모든 스위스 기업에 등장한다.'

11. 2013년 7월 31일에 프로피마는 제3자가 제공하는 서비스에 대해 9만 8,000 스위스 프랑(1억 1,700만 원) 이상의 돈을 지불해야 했다. 예를 들어 PwC의 회계 감사 건으로 2만 6,924 프랑(3,200만 원)을, 다이버사 사의 회계 전문가들에게 7만 프랑(8,400만 원)을 지불했다. 만약 6인의 위원들이 봉사 차원의 일에 대해 전혀 대가를 받지 않았다면, 길레스 크레톨이 2012년 한 해 동안 3만 6,000(4,300만 원)프랑을 받은 셈이 된다.

12. 2014년 1월 31일에 수집된 자료에 따르면, 나머지 네 명의 임원이 각각 8,240파운드(1,400만 원)를 받은 반면에 로빈 허버트(Robin Herbert) 회장은 무려 1만 2,357파운드(2,000만 원)를 지급받은 것으로 보인다.

PART 7. 연금기금에 구멍이 뚫리다

1. 2013년 추정 예산안 중에서.

2. 베를린 교구의 위기를 계기로 독일주교회의는 맥킨지 컨설턴트들의 개입을 받아들이기로 결정했다. 2014년 1월 17일자 〈에스프레소 온라인〉의 기사로, '프란치스코의 교황청은 다

국적 기업들의 천국'에 따르면, 독일주교회의는 '뮌헨 지사의 관리인인 토마스 폰 미쉬크–
콜란데에게 계좌를 정상화해달라고 요청했다. 또한 그는 독일주교회의가 비용과 인원을 절
감할 수 있는 방안도 알려줬다'.

3. 2012년 6월 21일 감사관 회의의 의사록 중에서.

4. 메세머는 다음과 같이 강조한다. '현업 종사자들을 기준으로 계산해볼 때, 그들이 벌어들일
돈은 4억 9,400만 유로(6,505억 원)이며, 그들 앞으로 달려 있는 채무액은 7억 8,200만 유
로(1조 382억 원)로 그들이 벌어들이는 액수가 채무액에 비해 2억 8,800만 유로(3,823억
원) 모자란다.

둘의 간극은 순자산과 미래의 직원들이 충당할 수 있을 것으로 추정된다. 또한 대부분이 1
억 8,000만 유로(2,389억 원)의 손익계좌에서 채워질 것이다. 간단히 말해, 미래 직원들의
출자금이 5억 7,500만 유로(7,634억 원)에 이를 것으로 생각되며, 이에 반해 이들의 채무
액은 3억 9,500만 유로(5,244억 원)일 것으로 추정된다.

이를 보다 간결하게 말하자면 이렇다. 미래 직원들이 현재 직원들의 연금 중에 1억 8,000
만 유로(2,389억 원)를 출자할 것이다. 현재 인건비를 줄이는 것은 미래 연금기금 출자액의
재정적인 기반을 축소시키는 것임에도 불구하고, 인건비 감축의 필요성을 주장하는 사람에
게는 비현실적으로 보일 것이다. (⋯)

현재 가장 중요하고 시급하게 분석되어야 하는 것은 자산과 채무 간의 대응성이다. 우리는
현재와 미래의 자산에서 발생하는 수입(위험률과 수익률에 근거한 전망)이 채무를 이행하
는 데 필요한 수준의 수익을 보장한다고 확언할 수 없다. 현재 이자율은 약 4.7%이다. 또한
언급해야 할 점은 독일 정부 채권(10년)의 현재 이자율은 1.3%라는 것이다.

또한 스와프이자율(20년)이 2%인 것을 보면, 우리는 앞으로 급격한 이자율 하락을 목격하
게 될 텐데, 5%의 목표 이자율은 매우 야심 찬 목표이다. 상황을 더욱 복잡하게 만드는 것
은 자산의 3분의 1이 부동산이라는 사실이다. 우리가 어떤 유형의 자산을 말하고 있는 것
인가? 우리가 말하는 자산은 어떤 형태를 띠고 있는가? 향후 예산 구조에 변화를 가져올
투자가 있는가?'

5. 그는 5개월 전, 2012년 6월 21일에 특히 혹독했다. 국제감사관 회의의 의사록에는 다음과
같이 나와 있다.

'메세머 씨는 몇 년 안에 바티칸의 경제 및 재정 활동에 대해 전체론적 관점을 얻을 수 있

기를 바라고 있습니다. (…) 그렇기 때문에 연금기금이 분명한 위험 평가를 수행하고 정확한 보험 계리를 수행하는 것이 중요합니다. 메세머 씨는 몇 가지 중요한 필요성에 대해 다음과 같이 강조했습니다.

1) 신입 직원들의 연금 시스템 변화를 확인하라.

2) 연금기금의 이자율 범위가 2~3%라는 사실을 이해하라.

3) 자산과 채무 간의 상호 대응을 구체적으로 확인하라. 이에 대해 몇 가지 참조할 만한 방법이 있다.

4) 항상 대응하는 위험을 평가하라. 일류 보험 회사들은 절대 이 점을 간과하지 않는다. 어떤 은행의 보험 정책이 마련되었다면, 가장 먼저 그 은행이 상환 능력이 있는지 확인하라.

5) 직원들에게 한 약속은 반드시 지켜라. 이는 연금기금과 건강보험기금 모두에 해당한다.

6) 언론의 회의적인 태도에는 차분하고 침착하게 대응하라. 현재 벌어지고 있는 일에 대해 지나치게 걱정하고 있는 것처럼 들리지 않게 말하라.'

나머지 감사관들은 메세머가 우려하는 점들을 언급한다. '프라토 씨는 신입 직원들에 대한 출자 시스템 도입 이후의 연금기금, 그리고 급여와 출자, 두 개의 시스템에 대한 논의로 돌아갔습니다. 하지만 바티칸의 신입 직원 채용률이 낮은 것을 고려하면, 두 시스템의 병존으로 야기될 수 있는 무질서를 방지하기 위해 모든 직원들을 하나의 출자 시스템으로 완전히 전환할 시점을 정하는 것이 더 좋을 것 같습니다. 메세머 씨는 두 개의 시스템을 분리하는 것이 가장 직접적인 해결책이라고 주장합니다. 만약 옛 시스템이 여전히 잘못 이해되고 있다면, 새 시스템으로의 전환은 문제를 발생시킬 것입니다. 또 한 가지 우려되는 점은 시스템 간에 자금이 이동되어 신입 직원들의 연금으로 기존 직원들의 연금을 지불하는 것입니다.'

6. 문서는 계속해서 다음과 같이 강조한다.

'교황청 아래 모든 행정기관 내 모든 인사 부서는 이제까지 어떤 사실상의 또는 법적인 재량권을 행사해왔는지와 무관하게, 인사와 관련된 모든 기능을 수행할 단일 행정 기구로 통합될 것이다. 일부의 기능은 부분적으로나 전부 특정한 기간 동안 위임될 수 있다.

• 이 기구의 명칭은 교황청 인사실이 될 것이며, 이 기구는 교황청 재무심의처에 보고한다.

• 이 기구는 인사실장으로 임명된 사람이 이끌며, 그는 각 행정기관에서 해당 분야의 업무를 수행하는 모든 직원들을 감독하고 조정한다.

- 이 기구는 두 부류로 나뉜다. 종신제 전임 근무자들을 관리하는 부류와, 그 외 무보수 협업자들과 교황청의 행정조직을 위해 일하는 모든 형태의 협업자들을 관리하는 부류이다.
- 각 행정기관에서 따르는 모든 기존의 규정은 상위 규정 및 공정과 정의의 보편 원칙에 부합하는 한 여전히 유효하다.'

7. 2012년 12월 2일 감사관 이사회 회의의 의사록 중에서.

8. 2014년 2월 17~18일 추기경 평의회 제출을 위해 작성된 위험 식별 문서.

9~10. 8과 같은 보고서 중에서.

11. '2013년 현재까지의 예산(YTD Budget) 및 2014년 추정 예산에 대한 보고서' 중에서.

12. 이어서 3,500만의 바클레이스은행 채권(ordinary bonds), 2,500만의 코메르츠은행 채권, 2,500만의 제너럴일렉트릭 채권, 1,230만의 프랑스(Govd. Of) 채권, 그리고 800만의 프랑스전력공사 채권이 있다. 상당한 규모의 주식 중에는 14만 3,000유로(1억 9,000만 원) 상당의 이탈리아 국영 에너지기업 Snam 주식과 14만 1,000유로(1억 8,700만 원) 상당의 독일 글로벌 화학 기업 BASF 주식, 12만 7,000유로(1억 6,900만 원) 상당의 이탈리아 국영 에너지기업 Eni 주식, 6만 4,000유로(8,500만 원) 상당의 이탈리아 에너지 공기업 Enel 주식, 7만 3,000유로(9,700만 원) 상당의 네덜란드와 영국 합작 석유회사 로얄더치쉘의 주식이 있다. 연금기금과 관련해서, 2014년 추정 예산안에서 상당량의 주식과 채권 투자가 1,120만(1,060만유로와 60만 달러)으로 증가할 것이다. 이와 비교해, 2013년까지의 예산은 1,090만으로 증가했다.

13. '2013년 현재까지의 예산(YTD Budget) 및 2014년 추정 예산에 대한 보고서' 중에서.

14. 2014년 여름, 프란치스코 교황은 교황청 자산의 개혁안을 승인했다. 막대한 규모의 바티칸 유산은 현재 명시되어 있는 윤리 및 가톨릭교회의 기준에 근거해, 단일 부서에서 관리하게 될 것이다. 이번 개혁의 참신함은 바티칸은행, APSA, 인류복음화성, 행정처의 경영 방식에 있다. 새로운 기관인 바티칸 자산관리센터가 모든 자산을 관리한다. 변화의 과정은 점진적으로 이뤄진다. 교황이 말한 것처럼, 시스템이 집중화될수록 감독이 용이해지며, 과거에는 이 점이 항상 빠져 있었다. 하지만 단일기관과 소수의 추기경들이 과도한 권력을 쥐게 되면, 그것도 관리 부실의 위험을 초래할 수 있다.

PART 8. 개혁에 대한 반격이 시작되다

1. 마리아 안토니에타 칼라브로(Maria Antonietta Calabro), 〈코리에레 델라 세라〉, 2014년 7월 11일.

2. '바티칸의 기록: 새로운 교황청은 어떤 모습인가(Diario Vaticano/La nuova curia prende forma cosi),' 2013년 10월 22일.

3. 안토니오 스파다로(Antonio Spadaro), '프란치스코(Francesco)', 〈치빌타 카톨리카(La Civilta Cattolica)〉, 2013년 9월 19일.

   프란치스코 교황은 인터뷰에서 다음과 같이 강조한다. '교회의 성직자들은 자비로워야 하며, 사람들을 책임지고, 착한 사마리아인처럼 이웃을 씻겨주고 닦아주고 일으켜 세우며 그들과 동행해야 한다. 그것이 순결한 복음이다.'

4. 에우제니오 스칼파리, 〈라 리퍼블리카〉, 2013년 10월 1일.

5. 파롤린은 파두아 병원에서 간담도 수술을 받고 회복 중이었고 11월 18일에 취임할 예정이었기 때문에 자신의 새 직위가 부재 상태인 것으로 생각했다. 그동안은 부서의 관리자들이 그의 역할을 대신 수행했다.

6. 예를 들어 파롤린이 그의 자리를 대체할 것이라는 발표가 있었던 다음 날 베르토네는 시라쿠사에 있는 눈물의 성모 마리아 대성당 같은 자리를 빌려, 그를 향한 무수히 많은 '혐의들'에 대해 대답했다. "물론 많은 문제점들이 지적되었지요. 특히 지난 2년 동안 까마귀와 뱀의 무리가 저에게 많은 혐의를 씌웠지요. 하지만 그것이 제가 생각하는 긍정적인 결과를 흐리는 일은 없어야 합니다."

   그의 이야기를 요약하면 다음과 같다. 그에게도 '결점은 있다'. 하지만 그는 자신의 '전부를 바쳤다'. 누구도 그가 '교회를 위해 일하지 않았다'고 말할 수는 없다. '마치 국무원장이 모든 것을 결정하고 통제하는 것처럼 비치는데, 사실은 그렇지 않다. 몇몇 사건들은 통제 밖에 있다. 왜냐하면 이런 문제들은 국무원과 협력하길 거부하는 특정한 인물들의 통제하에 엄폐되었기 때문이다.'

7. 엔리케 야노도 비슷한 입장을 밝혔다. '재무부를 만들어 최고 기관 즉, 국무원 총리의 견해가 우세할 경우 또는 교황 외무부의 견해가 우세할 경우 보고하도록 만드는 것에 적극 찬성한다. 재무부는 교황청과 행정처의 재정 통제에 대해 궁극적으로 책임져야 한다.'

8. 프란체스카 샤우키도 연단에 섰다. "짚어야 할 문제점이 두 가지 있습니다. 첫째, 당장 교황을 돕기 위해 재정 관리를 어떻게 개혁할 것인가. 둘째, 베르니니, 미켈란젤로 등이 있던 과거의 로마는 세계의 문화적 지주였고, 문명의 모체였습니다. 어떻게 하면 그와 같은 재능의 원천이 되어, 신의 복음을 전도하고 청렴한 재정 체제를 갖출 수 있을까요? 우리는 반드시 모범이 될 만한 재정 체제를 구상해야 합니다."

PART 9. 전쟁 제1막 : 예산 감축과 관료주의 폭력

1. 마르코 폴리티, 《늑대들 사이의 프란치스코 교황》, Roma-Bari: Laterza, 2014.

2. 또한 그는 행정처의 문제점들을 지적했다. "마치 상태가 양호한 것처럼 보일 수 있습니다. 실은 아닌데 말이죠. (…) 박물관의 중요한 프로젝트들 때문에 비용이 늘어난 것이라고 정당화할 수도 있겠죠. 하지만 박물관과 헌병대의 인사 비용은 갈수록 높아져만 갑니다."

3. 프라토는 행정처의 회계를 비판했다. "재무심의처가 지적한 또 다른 요소는 고도의 전문성을 갖춘 전문가들의 '여러 서비스'에 대한 대가로 1,100만 유로(146억 원) 이상을 지불한 것입니다. 이는 행정처가 극도로 '자유'로운 경영을 펼치고 있음을 보여주며, 심의처의 지침을 무시하고 맥락이 결여되어 있습니다. 특히 문화 활동과 과학적 연구 관련 추산된 일반 경영 비용이 두 배로 늘어난 것에 주목해야 합니다."

4. 2013년 12월 18일 국제 감사관 회의의 의사록 중에서.

5. 바티칸 라디오 방송국은 1931년에 세워졌다. 현재는 60개국 출신 400명의 직원들이 근무하고 있으며, 31개 언어로 방송된다.

6. 2014년 5월, 산타 마리아 디 갈레리아의 송신 시설이 재정상의 이유로 폐쇄되었다.

7. 2015년 6월 26일 교황은 그의 자발 교령에 이렇게 적었다. '정해진 기간 안에 다음의 조직들은 새로운 부서로 통합된다. 사회홍보평의회, 교황청 공보실, 바티칸 통신, 바티칸 라디오 방송국, 바티칸 텔레비전 방송국, 〈로세르바토레 로마노〉, 바티칸 인쇄소, 사진부, 바티칸 출판사.'

8. 주세페 프로피티는 베르토네와 매우 가까웠다. 그는 7년 동안 아기예수병원의 병원장이었고, 나중에 일련의 스캔들에 휘말렸다. 그는 이후에 제노바의 파기원에 의해 무죄를 선고

받았고, 현재는 비셸리에(Bisceglie)에 위치한 신의섭리병원의 파산과 관련해 조사를 받고 있다. 그는 2015년 1월에 사임했다.

9. 장문의 이메일에서 언급된 나머지 항목은 다음과 같다. '1) 연금기금, 2) 인적자원의 통합, 3) APSA의 여러 이사회에서 파올로 멘니니의 자리 교체, 4) COSEA의 지출에 필요한 자금 마련.'

10. 스테파니아 파라스카, '파롤린과 평화외교의 복음.' 「Avvenire」, 2014년 2월 8일.

PART 10. 전쟁 제2막 : 떠오르는 펠 추기경

1. 이탈리아어와 영어로 작성된 'COSEA 회의 요약보고 No.7(2014년 2월 21일)' 중에서.
2. 2014년 4월 초, 도메니코 칼카뇨 추기경이 받은 서신 중에서.
3. 에밀리아노 피티팔디, '설교자의 호사,' 〈레스프레소〉, 2015년 3월 5일.
4. '피에베 테시노 알치데 데 가스페리 미술관에 대한 강연', 〈TN〉, 2015년 8월 18일.

성전의 상인들

초판 1쇄 2016년 6월 1일

지은이 잔루이지 누치 **옮긴이** 소하영
펴낸이 전호림 **제2편집장** 권병규 **담당PD** 이정은 **펴낸곳** 매경출판㈜
등 록 2003년 4월 24일(No. 2 – 3759)
주 소 우)04557 서울시 중구 충무로 2(필동 1가) 매일경제 별관 2층
홈페이지 www.mkbook.co.kr
전 화 02)2000 – 2610(기획편집) 02)2000 – 2636(마케팅) 02)2000 – 2606(구입 문의)
팩 스 02)2000 – 2609 **이메일** publish@mk.co.kr
인쇄 · 제본 ㈜M – print 031)8071 – 0961

ISBN 979–11–5542–468–1(03300)
값 16,000원